# Mittelpunkt neu B2/C1

**Deutsch als Fremdsprache für Fortgeschrittene**

## Textsorten für Studium und Beruf
### Intensivtrainer mit Audio-CD

Anke Backhaus
Ilse Sander
Johanna Skrodzki

Ernst Klett Sprachen
Stuttgart

Abkürzungen und Symbole in **Mittelpunkt neu B2/C1 Intensivtrainer Textsorten für Studium und Beruf**

**C1 3** ▶ Verweis auf die passende Lektion in Mittelpunkt neu B2 bzw. C1, z. B. Lektion 3 in Mittelpunkt neu C1

◉ 1 Verweis auf Tracknummer der Audio-CD

▶ HV D Hören detailliert

▶ HV G Hören global

▶ HV N Hören Notieren

▶ HV S Hören selektiv

▶ LV D Lesen detailliert

▶ LV S Lesen selektiv

▶ TA E Textaufbau erkennen

▶ TM R Textmerkmale reflektieren

▶ TS Ü Textsorte üben

▶ VW A Vorwissen aktivieren

▶ WS Wortschatz

1. Auflage 1 5 4 3 2 1 | 2019 18 17 16 15

© Ernst Klett Sprachen GmbH, Stuttgart 2015.
Alle Rechte vorbehalten.
Internetadresse: www.klett-sprachen.de/mittelpunkt-neu

**Autoren:** Anke Backhaus, Ilse Sander, Johanna Skrodzki

**Redaktion:** Angela Fitz-Lauterbach, Anneke Peters
**Layoutkonzeption:** Anastasia Raftaki, Nena und Andi Dietz, Stuttgart
**Gestaltung und Herstellung:** Anastasia Raftaki
**Gestaltung und Satz:** Jasmina Car, Barcelona
**Illustrationen:** Jani Spennhoff, Barcelona
**Umschlaggestaltung:** Julia Eden
**Druck und Bindung:** LCL Dystrybucja Sp. z o.o., Lódz
Printed in Poland

ISBN 978-3-12-676617-3

9 783126 766173

# Der Mittelpunkt neu B2 / C1 Intensivtrainer Textsorten für Studium und Beruf

## Warum ein Intensivtrainer für Textsorten in Studium und Beruf?

Deutschlernende, die sich auf ein Studium in Deutschland vorbereiten oder bereits in Deutschland studieren, müssen über gute Fähigkeiten im schriftlichen und mündlichen Ausdruck verfügen. Dies gilt ebenso für Lernende, die in Deutschland bzw. bei einer deutschen Firma im Ausland arbeiten möchten. Auch auf den Niveaustufen B2 und C1 haben jedoch viele Lernende noch große Schwierigkeiten, schriftliche Texte zu verfassen bzw. sich zusammenhängend mündlich zu äußern.

Hier setzt der **Intensivtrainer Textsorten für Studium und Beruf** an: Er analysiert die zentralen Merkmale ausgewählter Textsorten, die im Studium oder Berufsleben von Bedeutung sind, erläutert deren Aufbau, trainiert die Schritte von der Planung bis zur endgültigen Ausarbeitung und gibt weitere wichtige Hinweise, die einem bei der Formulierung helfen können. Diese werden häufig zusätzlich am Ende des Kapitels in einer „Checkliste" zusammengefasst. Darüber hinaus wird im Laufe der Kapitel immer wieder zum kulturellen Vergleich von Textsorten aufgefordert.

## Arbeiten mit dem Mittelpunkt neu B2/C1 Intensivtrainer Textsorten für Studium und Beruf

Nicht alle Kapitel des **Intensivtrainers Textsorten für Studium und Beruf** haben Textsorten zum Thema; einige behandeln Aspekte, die als Grundlage für die Erstellung von schriftlichen bzw. mündlichen Texten wichtig sind (z. B. Kapitel „Stilebenen") oder Bestandteil eines größeren Textes sein können (z. B. die Beschreibung von Diagrammen).

Die Kapitel folgen einer Reihenfolge, die von den Grundlagen zu komplexeren Textsorten hinführt. So wird z. B. im Kapitel „Notizen und Mitschriften" eine Fertigkeit trainiert, die bei der Erstellung von Protokollen vonnöten ist, aber auch hilft, wenn man Vorträge hört. Im Kapitel „Formelle E-Mails" werden beispielsweise Aspekte reflektiert, die einem bei der Vorbereitung eines Informations- oder Beratungsgesprächs nützlich sein können. Die Textsorte „Erörterung" kann wiederum Bestandteil einer Hausarbeit sein, und Diskussionen können z. B. im Anschluss an Präsentationen oder Vorträge stattfinden. Sie finden daher des Öfteren auch Verweise zwischen den einzelnen Kapiteln.

▶ TM R  Darüber hinaus gibt es zur Orientierung in der Marginalspalte Hinweise auf die trainierten Strategien, z. B. Textmerkmale reflektieren. Die Bedeutung aller Hinweise finden Sie auf der Impressumsseite links.

▶ HV S  Bei Hörtexten ist zudem die entsprechende Tracknummer angegeben, z. B. Track 1.
◉ 1

## Beziehung zwischen dem Intensivtrainer und „Mittelpunkt neu B2" bzw. „Mittelpunkt neu C1"

Die meisten Kapitel des **Intensivtrainers Textsorten für Studium und Beruf** haben über die Textsorte und / oder das Thema einen Bezug zu einer Lektion in Mittelpunkt neu B2 oder C1. So knüpft z. B. das Kapitel „Stilebenen" thematisch an die Lektion 3 in Mittelpunkt neu C1 an und die Textsorte „Referat" wird in den Lektionen 5 und 11 in Mittelpunkt neu C1 behandelt.

C1 3 ▶  Bei den Kapiteln, die einen Bezug zu Mittelpunkt neu B2 bzw. C1 haben, findet man neben der Kapitelüberschrift einen Verweis, z. B. im Kapitel „Stilebenen" auf Mittelpunkt neu C1, Lek. 3.

In diesen Fällen bietet es sich an, die Textsorten in Kombination mit der jeweiligen Lektion zu bearbeiten. Es ist jedoch auch möglich, den **Intensivtrainer Textsorten für Studium und Beruf** völlig unabhängig von Mittelpunkt neu B2 bzw. C1 zum Training verschiedener Textsorten einzusetzen.

Einige Kapitel haben aus unterschiedlichen Gründen keinen direkten Bezug zu Mittelpunkt neu B2 oder C1. Dennoch haben wir uns entschieden, auch diese Textsorten aufzunehmen, weil sie im Rahmen eines Trainers für Textsorten in Studium und Beruf nicht fehlen dürfen.

## Der Intensivtrainer im Selbststudium

Der Lösungsschlüssel im Anhang ermöglicht es Ihnen, den **Intensivtrainer Textsorten für Studium und Beruf** als Textsortentrainer auch im Selbststudium einzusetzen. Aus diesem Grund findet man dort auch zu offeneren Aufgaben Musterlösungen. Die Lösungen sind so abgefasst, dass man sich an ihnen auch in der Formulierung orientieren kann; wenn es z. B. Lösungen zu Aufgaben sind, in denen man Notizen machen soll, so findet man dort Stichwörter, Abkürzungen und Symbole. Auf diese Weise soll gezeigt werden, wie Notizen gestaltet sein können, um möglichst knapp, aber dennoch hilfreich zu sein.

Viel Spaß und Erfolg beim Training Ihrer mündlichen und schriftlichen Ausdrucksfähigkeit wünschen Ihnen der Verlag und das Autorenteam!

# Inhaltsverzeichnis

## Schriftlicher Ausdruck

# Mündlicher Ausdruck

# Stilebenen C1 3

## 1 Mündliche und schriftliche Textsorten

VW A **a** Besprechen Sie in Gruppen, wie sich mündliche und schriftliche Textsorten im Deutschen bzw. in Ihrer Muttersprache unterscheiden. Berücksichtigen Sie dabei auch folgende Punkte.

- Wortwahl
- Satzlänge
- grammatikalische Konstruktionen

*bekommen* · *kriegen* · *erhalten*

**b** Tauschen Sie Ihre Ergebnisse im Kurs aus.

**c** Sammeln Sie mündliche sowie schriftliche Textsorten und notieren Sie sie in der folgenden Tabelle. Tipp: Schauen Sie sich dazu auch das Inhaltsverzeichnis dieses Textsortentrainers an und ergänzen Sie ggf. weitere Textsorten.

| Mündliche Textsorten | Schriftliche Textsorten |
| --- | --- |
| Präsentation, … | E-Mail, … |

**d** Besprechen Sie Ihre Ergebnisse im Kurs.

## 2 Stilebenen: umgangssprachlich, neutral oder formell?

TM R **a** Lesen Sie die Auszüge aus den Texten A, B und C und beantworten Sie folgende Fragen.

1. Bei welchem Text handelt es sich um einen mündlichen, bei welchem um einen schriftlichen Text?
2. Welcher Textsorte aus dem Schüttelkasten entsprechen jeweils die Texte A, B und C?
3. In welcher Stilebene sind die Texte A, B und C jeweils gehalten: formell, neutral, umgangssprachlich?

Telefongespräch | Referat | Artikel aus Fachzeitschrift | Rede | Interview | Hausarbeit | Vortrag | private E-Mail

**A**

**Fehler erkennen – Probleme lösen**
Peter Schart: „Sie haben in Ihrer Studie, die Sie in deutschen Betrieben durchgeführt haben, untersucht, wie Manager und Angestellte auf Fehler reagieren. Was genau haben Sie herausgefunden?"
Prof. Sauer: „Wir haben festgestellt, dass viel zu oft mit dem Finger auf Kollegen gezeigt wird, wenn ihnen ein Missgeschick passiert ist. Auch hat unsere Untersuchung ergeben, dass man in Deutschland Fehler besonders wenig toleriert. Deshalb fordert man jetzt, dass man gemeinsam nachdenkt und aus Fehlern lernt, anstatt diese zu bestrafen. Hinter dieser Forderung steht, dass man, wenn man Fehler gründlich analysiert, eine Basis schaffen kann, um Probleme effektiver zu lösen." …

**B**

**Fehleranalyse –
Basis für Problemlösungen**

Anhand einer in deutschen Betrieben durchgeführten Studie zur Reaktion auf Fehler von Managern und Angestellten kam man zu folgender Feststellung: Es gibt eine schnelle Schuldzuweisung bei Missgeschicken und eine geringe Fehlertoleranz.
Aufgrund der Erkenntnisse besteht nun die Forderung nach gemeinsamer Reflexion mit dem Ziel „Lernen aus Fehlern statt Bestrafung."
Der Hintergrund dieser Forderung ist die Erkenntnis, dass durch gründliche Fehleranalyse eine Basis für effektivere Problemlösungen geschaffen werden kann. …

**C**

… nun bin ich schon drei Monate hier im Betrieb und hab nix als Ärger. Ich versuch ja echt, mich anzustrengen, aber bei dem kleinsten Fehlerchen wird mein Vorgesetzter gleich sauer und die Kollegen lachen und reden über mich. Zwar hinter meinem Rücken, aber das kriegt man ja doch mit. Statt mir mal richtig zu erklären, wie ich es besser machen könnte, nur Meckern und Lästern. Echt ätzend! Was würdest du denn machen an meiner Stelle? …

TM R **b** Tauschen Sie sich im Kurs aus und begründen Sie Ihre Meinung.

**c** Lesen Sie die Texte A und B noch einmal und vergleichen Sie die unterstrichenen Satzteile. Sammeln Sie im Kurs, was die beiden Texte unterscheidet.

– Text A: viele Verben, ...
– Text B: ...

**d** Lesen Sie die folgenden Informationen und Beispiele zu Nominalstil und Verbalstil und ordnen Sie die Texte A und B den Stilebenen zu.

Text A: .....................................................................................................

Text B: .....................................................................................................

| Nominalstil = eher formell | Verbalstil = eher neutral |
|---|---|
| **1. Eher nominale Konstruktion:**<br><br>Der Versuch einer <u>Problemlösung</u> ist wichtig.<br>*... kam man zu folgender Feststellung: Es gibt eine*<br>*schnelle Schuldzuweisung ...* | **1. Eher Konstruktionen mit dass-Sätzen bzw. Infinitiven:**<br>Es ist wichtig, <u>dass man versucht, das Problem zu lösen</u>.<br>*Wir haben festgestellt, dass viel zu oft mit dem Finger*<br>*auf Kollegen gezeigt wird.* |
| **2. Eher Verwendung von Nomen-Verb-Verbindungen:**<br>Es konnte nicht <u>in Erfahrung gebracht</u> werden, wer den Fehler begangen hat. | **2. Eher Verwendung von einfachen Verben:**<br>Man hat nicht <u>erfahren</u>, wer den Fehler gemacht hat. |
| **3. Eher Partizipialkonstruktionen:**<br><u>Die in letzter Zeit begangenen Fehler</u> sollen nun analysiert werden. | **3. Eher Relativsätze:**<br>Die <u>Fehler, die in letzter Zeit begangen wurden</u>, sollen nun analysiert werden. |
| **4. Eher Präpositionalkonstruktion:**<br><u>Zur neutralen Darstellung der Fehler</u> sollten diese von Außenstehenden analysiert werden. | **4. Eher Verwendung von Konnektoren:**<br><u>Um die Fehler neutral darstellen zu können</u>, sollten diese von Außenstehenden analysiert werden. |
| **5. Gehäuft Genitive:**<br>Bei der Analyse ist die Berücksichtigung möglichst <u>aller Faktoren der Fehlerentstehung</u> wichtig. | **5. Kaum Genitive:**<br>Bei der Analyse ist es wichtig, möglichst <u>alle Faktoren</u> zu berücksichtigen, <u>durch die Fehler entstehen</u> können. |
| **6. Häufiger Verwendung von Präpositionen mit Genitiv:**<br><u>Aufgrund der negativen Reaktionen</u> auf Fehler entsteht häufig ein schlechtes Betriebsklima. | **6. Häufiger Verwendung von Konnektoren:**<br><u>Weil die Reaktionen auf Fehler so negativ sind</u>, kommt es häufig zu einem schlechten Betriebsklima. |
| **7. Häufiger Passivkonstruktionen:**<br>Durch ein offenes Klima unter den Kollegen <u>können</u> Fehler gemeinsam <u>erkannt</u> und <u>korrigiert werden</u>. | **7. Häufiger Aktivkonstruktionen:**<br>Wenn alle Kollegen offen miteinander umgehen, <u>können</u> <u>sie</u> Fehler gemeinsam <u>erkennen</u> und <u>korrigieren</u>. |

**e** Suchen Sie in den Texten A und B Beispiele für Merkmale im Nominal- und im Verbalstil und tragen Sie sie in die Tabelle in Aufgabenteil d ein.

**f** Lesen Sie nun den Text C noch einmal und arbeiten Sie heraus, in welcher Hinsicht sich dieser von den Texten A und B unterscheidet.

▶ TM R

– Verkürzungen (z. B. hab)
– ...

▶ WS  **g** Überlegen Sie, zu welcher Stilebene die folgenden Wörter und Ausdrücke am besten passen, und ordnen Sie sie in die Tabelle ein.

| | | |
|---|---|---|
| 1. bekommen | kriegen | erhalten |
| 2. finanzielle Mittel | Geld | Moos |
| 3. herumlaufen | rumrennen | umherlaufen |
| 4. eintreten | hineinkommen | reinkommen |
| 5. rauskommen | heraustreten | herauskommen |
| 6. überlegen | mit sich zu Rate gehen | sich den Kopf zerbrechen |
| 7. Schiss haben | Befürchtungen hegen | Angst haben |

| umgangssprachlich | neutral | formell |
|---|---|---|
| kriegen | bekommen | erhalten |
| | | |
| | | |

**h** Vergleichen Sie Ihre Ergebnisse im Kurs. Falls Sie allein lernen, schauen Sie im Lösungsschlüssel nach.

### ❸ Mündliche und schriftliche Textsorten und ihre Stilebenen

> **Stilebene**
>
> Die Wahl der Stilebene hängt nicht davon ab, ob es sich um einen mündlichen oder einen schriftlichen Text handelt, sondern davon, für welche Zielgruppe, welche Gelegenheit, mit welcher Intention etc. der Text verfasst wird. Zum Beispiel wird ein wissenschaftlicher Vortrag mündlich gehalten, ist aber auf der sprachlichen Ebene wie ein schriftlich formeller Text konzipiert. Bedenken Sie zudem, dass die Stilebenen meist nicht in Reinform vorkommen, sondern in einer Mischung, in der die eine oder andere Ebene überwiegt.

▶ TM R  **a** Entscheiden Sie, welche Stilebene eher geeignet ist, um einen Text zu folgenden Situationen zu entwerfen. Kreuzen Sie an: formell (f), neutral (n), umgangssprachlich (u). Die Informationen rechts können Ihnen helfen.

1. Bachelorarbeit an der Universität ☒ n u
2. Produktpräsentation in der Firma f n u
3. Präsentation von biografischen Fotos bei einer Hochzeitsfeier f n u
4. Referat in einem Seminar eines Masterstudiengangs f n u
5. E-Mail an einen Dozenten f n u
6. Rede zum Geburtstag eines Freundes f n u
7. Hausarbeit f n u
8. E-Mail an einen Kommilitonen f n u
9. Kündigung eines Mietvertrags f n u
10. Urlaubspostkarte an einen Nachbarn f n u
11. Rede zum 80. Geburtstag des Seniorfirmenchefs f n u
12. Referat über eine Projektarbeit an der Schule f n u

**b** Besprechen Sie Ihre Ergebnisse und vergleichen Sie sie mit Ihren Überlegungen aus Aufgabenteil 1a. Gibt es Abweichungen? Wenn ja, welche und warum?

## ④ Wie verfasse ich formelle Texte? – Die geeignete Stilebene

**a** Formulieren Sie aus den folgenden Vorschlägen Stichpunkte. Achten Sie dabei auf die Veränderung der Adverbien und Temporalangaben.

1. Es wäre sinnvoll, bald einen Betriebsausflug zu planen.

   *baldige Planung eines Betriebsausflugs*

   ......................................................................

2. Es ist notwendig, dass Fehler umfassend analysiert werden.

   ......................................................................

3. Es ist sinnvoll, sich jeden Monat in Arbeitsgruppen auszutauschen.

   ......................................................................

4. Es ist unser Ziel, zukünftig die Arbeitsabläufe zu optimieren.

   ......................................................................

**b** Formen Sie die Relativsätze in Partizipialkonstruktionen um. Beachten Sie dazu das Beispiel und die Hinweise rechts.

1. Der Betriebsrat berichtet über Konfliktpotentiale, die zwischen Mitarbeitern besten.

   *Der Betriebsrat berichtet über zwischen den*

   *Mitarbeitern bestehende Konfliktpotentiale.*

2. An der Diskussion, die sich daran anschloss, beteiligten sich viele Mitarbeiter.

   ......................................................................

3. Die Vorschläge, die kurz angesprochen wurden, werden in Arbeitsgruppen ausgearbeitet.

   ......................................................................

4. Dabei sollen auch Probleme, die ansonsten aufgetreten sind, besprochen werden.

   ......................................................................

5. Die Arbeitsgruppen, die abteilungsübergreifend zusammengesetzt sind, werden bald ihre Arbeit aufnehmen.

   ......................................................................

6. Weitere Fragen, die man nicht sofort klären konnte, wurden auf die nächste Sitzung verschoben.

   ......................................................................

---

### Adverbien und Temporalangaben

Bei der Umformulierung vom Verbal- zum Nominalstil werden aus Adverbien und temporalen Angaben Adjektive:

z. B. Adverb → Adjektiv: heute → heutig; bald → baldig; hier → hiesig; immer mehr → größer / stärker; kaum / nicht → mangelnd / fehlend

z. B. Temporalangabe → Adjektiv: viele Jahre lang → langjährig; mehrere Monate → mehrmonatig; viele Tage lang → tagelang; jedes Jahr → jährlich

---

### Partizipialkonstruktionen

Achten Sie bei der Umformung von Relativsätzen auf die Zeit des Verbs und darauf, ob es im Aktiv oder im Passiv verwendet wird.

1. Transitive / intransitive / reflexive Verben im Aktiv (Präsens oder gleichzeitiger, nicht abgeschlossener Vorgang) → Partizip I:
   - Den Vortrag, der gerade läuft, habe ich schon mal gehört. → Den gerade laufenden Vortrag habe ich schon mal gehört.
   - Der Referent, der den Vortrag hielt, sprach sehr undeutlich. → Der den Vortrag haltende Referent sprach sehr undeutlich.
   - die Mitarbeiter, die sich streiten → die sich streitenden Mitarbeiter

2. Transitive Verben im Aktiv oder Passiv (Vergangenheit oder abgeschlossener Vorgang) → Partizip II:
   - Der Vortrag, den ein Student ausgearbeitet hat, ist interessant. / Der Vortrag, der von einem Studenten ausgearbeitet wurde, ist interessant. → Der von einem Studenten ausgearbeitete Vortrag ist interessant.

3. Intransitive Verben im Perfekt mit „sein" (abgeschlossener Vorgang) → Partizip II:
   - der Referent, der gerade angekommen ist → der gerade angekommene Referent

4. Konstruktion mit Modalverb „müssen" / „sollen" od. „können" → Partizip I mit „zu":
   - der Bericht, den man schreiben muss / soll → der zu schreibende Bericht
   - das Problem, das man nicht leicht lösen kann → das nicht leicht zu lösende Problem

Partizipialkonstruktionen werden häufig auch in erweiterter Form verwendet – besonders bei wissenschaftlichen Textsorten:
   - die Antwort auf die Fragen, die gerade diskutiert wurden → die Antwort auf die gerade diskutierten Fragen

TS Ü **c** Erweitern Sie die Sätze schrittweise wie im Beispiel 1a bis c und beachten Sie dabei auch die Hinweise in den Aufgabenteilen a und b.

1. **a** Die Betriebsratssitzung wurde bekannt gegeben. → *die Bekanntgabe der Betriebsratssitzung*

   **b** Betriebsratssitzung ist heute, öffentlich. → *die Bekanntgabe der heutigen öffentlichen Betriebsratssitzung*

   **c** Es gab einen Aushang am Schwarzen Brett. → *die Bekanntgabe der heutigen öffentlichen Betriebsratssitzung durch einen Aushang am Schwarzen Brett*

2. **a** Arbeitsgruppen werden gebildet. →

   **b** Sie werden abteilungsübergreifend gebildet. →

   **c** Die Firmenleitung unterstützt, dass sie gebildet werden. →

3. **a** Die Mitarbeiter engagieren sich. →

   **b** Die Mitarbeiter engagieren sich immer mehr. →

   **c** Deswegen entstehen Überstunden. →

**d** Lesen Sie folgenden Text und tragen Sie die unterstrichenen Konnektoren in die Tabelle ein.

## Wie reagieren Führungskräfte auf Fehler von Mitarbeitern?

Nicht nur auf der Seite der Angestellten, sondern auch auf der Seite der Führungskräfte gibt es häufig Defizite im Umgang mit Fehlern. Der Grund dafür sei, so der Unternehmensberater Martin Zimmermann, dass viele Chefs Probleme aussitzen würden, da sie unsicher seien und sich wünschen würden, bei allen Mitarbeitern beliebt zu sein. Aber richtiges Verhalten einer Führungskraft gegenüber Mitarbeitern sieht anders aus, so seine Feststellung. Nicht dadurch, dass man Konflikten aus dem Weg geht, sondern durch die Fähigkeit, angemessen auf den Fehler zu reagieren, ist man ein guter Chef, so Zimmermann. Dies heißt jedoch nicht, dass alle Mitarbeiter gleich behandelt werden sollen, denn mit einem sensiblen Mitarbeiter muss man anders umgehen als mit einem Mitarbeiter, der hart im Nehmen ist. Obwohl manche Probleme zunächst unwichtig und persönlich erschienen, empfiehlt Zimmermann, im Zweifel nicht darüber hinwegzugehen, weil bereits auch eine subjektive Wahrheit reiche: Denn immer wenn man zu oft über scheinbare Kleinigkeiten hinweggehe, bestehe die Gefahr, dass man irgendwann explodiere. Deshalb lautet sein Tipp, frühzeitig auf seinen hohen Anspruch hinzuweisen, sodass der Angestellte weiß, woran er ist. Bevor nämlich ein gemeinsames Verständnis von fehlerhaftem Verhalten möglich ist, muss es zunächst eine Rückmeldung geben, was eigentlich als Fehler verstanden wird. Und nur wenn beide Seiten das wissen, kann Ärger vorgebeugt werden. Übrigens liege der Grund für die meisten Konflikte in Unternehmen nicht auf der sachlichen Ebene, sondern auf der Beziehungsebene. Daher spiele diese auch eine wichtige Rolle, um Fehler angemessen bewerten zu können.

| Bedeutung | | Verbale Konstruktionen: Sätze | Nominale Konstruktionen: Präpositionen + Nomen |
|---|---|---|---|
| **Zeit** **(temporal)** | vorzeitig | *nachdem* | |
| | gleichzeitig | | *bei* |
| | nachzeitig | | |
| **Grund (kausal)** | | | |
| **Gegengrund (konzessiv)** | | | |
| **Gegensatz (adversativ)** | | | |
| **Alternative** | | *anstatt dass / zu* | |
| **Art und Weise (modal)** | | | |
| **Folge (konsekutiv)** | | | |
| **Bedingung (konditional)** | | | |
| **Ziel, Zweck (final)** | | | |

**e** Ordnen Sie die folgenden Präpositionen bzw. präpositionalen Ausdrücke in die Tabelle ein.

anstelle | aufgrund | bei | bei | durch | entgegen | für | im Gegensatz zu | infolge | mit | nach | trotz | ungeachtet | im Falle von | vor | wegen | zu | zwecks

TS Ü

**f** Markieren Sie den Konnektor im Ausgangssatz und nominalisieren Sie dann den Satz, indem Sie eine Präpositionalkonstruktion bilden.

1. Da es häufig zu Konflikten unter den Mitarbeitern kam, hat die Firmenleitung gemeinsam mit dem Betriebsrat einen Maßnahmenkatalog entwickelt.

   *Wegen häufiger Mitarbeiterkonflikte hat die Firmenleitung gemeinsam mit der Betriebsleitung einen*
   
   *Maßnahmenkatalog entwickelt.*

2. Dadurch, dass man frühzeitig darauf hinweist, was man von seinem Mitarbeiter erwartet, können Fehler vermieden werden.

3. Anstatt Fehler unangemessen zu sanktionieren, sollten mögliche Fehlerquellen auf allen beteiligten Ebenen analysiert werden.

4. Um größere Konflikte zu vermeiden, ist auch die Berücksichtigung der Beziehungsebene wichtig.

5. Obwohl es viele Studien zur Bedeutung der Beziehungsebene gibt, wird diese oft noch zu wenig beachtet.

**g** Besprechen Sie Ihre Ergebnisse im Kurs. Falls Sie allein lernen, schauen Sie im Lösungsschlüssel nach.

## ❺ Checkliste: Darauf muss ich achten!

TM R

**a** Achten Sie beim Verfassen von Texten auf die Punkte rechts.

**b** Wiederholen Sie die Merkmale von Verbal- und Nominalstil. Notieren Sie jeweils ein Beispiel. Die Übungen in den Grammatiktrainern B2 und C1 können Ihnen helfen. ,

1. Entscheiden Sie bitte, bevor Sie den Text konzipieren, ob ein eher umgangssprachlicher, neutraler oder formeller Stil bzw. eine Mischform, in der die eine oder andere Form überwiegt, angemessen ist.
2. Vermeiden Sie bei neutralem und formellem Stil, insbesondere auch bei wissenschaftlichen Textsorten, umgangssprachliche Formulierungen.
3. Achten Sie bei schriftsprachlichen Texten im formellen Stil auf die stärkere Verwendung von komplexeren Satzstrukturen, von Passivformen, von Nominalisierungen und auf Variation im Wortschatz.
4. Verwenden Sie für mündliche Textsorten eher kurze Sätze, lieber Aktiv- statt Passivformen und nutzen Sie den Verbalstil, es sei denn, es handelt sich z. B. um eine hochoffizielle Rede oder einen wissenschaftlichen Vortrag.

| Nominalstil | Verbalstil | Übungen in Mittelpunkt neu B2 bzw. C1 |
|---|---|---|
| 1. nominale Konstruktion: *Die Auseinandersetzung mit Fehlern ist wichtig.* | 1. dass-Sätze / Infinitive: *Es ist wichtig, sich mit Fehlern auseinanderzusetzen.* | C1: Lek. 2 |
| 2. Nomen-Verb-Verbindungen: | 2. einfache Verben: | C1: Lek. 11 |
| 3. Partizipialkonstruktionen: | 3. Relativsätze: | B2: Lek. 10, C1: Lek. 4, 8, 12 |
| 4. Präpositionalkonstruktionen: | 4. Konnektoren: | B2: Lek. 3, 7 – 10, C1: Lek. 6 |
| 5. Gehäuft Genitive: | 5. Kaum Genitive: | C1: Lek. 1, 4 |
| 6. Präpositionen mit Genitiv: | 6. Konnektoren: | C1: Lek. 11 |
| 7. Passivkonstruktionen: | 7. Aktivkonstruktionen: | B2: Lek. 5, C1: Lek. 3, 12 |

# Formelle E-Mails

## 1 Formelle E-Mails

VW A   **a**   Sammeln Sie Situationen, in denen Sie formelle E-Mails schreiben.

**b**   Überlegen Sie, was eine formelle E-Mail von einer privaten unterscheidet, und notieren Sie Stichworte.

*– Anrede (formell, informell)*

*– ...*

## 2 Worauf muss man achten?

TM R   **a**   Lesen Sie die folgende E-Mail und überlegen Sie, wie sie auf Sie wirkt.

| | |
|---|---|
| Von: cooler.baer@xpu.de | Datum: 01.03.2010 |
| An: u.voss@uni-wallstadt.de | |
| Betreff: Referat | |

Liebe Frau Voss,

am Schwarzen Brett steht, dass wir uns bei Ihnen melden sollen, um die Referatsthemen abzusprechen. Das ist gut, denn ich habe keine Ahnung, was ich machen soll.

Da das Studentenleben sehr teuer ist, jobbe ich im Moment in der Firma von meinem Onkel, daher habe ich keine Zeit, in Ihre Sprechstunde zu kommen. Aber am Montag habe ich frei, wie wäre es da am Nachmittag?

Übrigens: Das letzte Seminar mit Ihnen war super. Freue mich schon auf das hier. :-)

Liebe Grüße

Tobi Müller

**b**   Lesen Sie die E-Mail noch einmal, sammeln Sie, was problematisch ist, und begründen Sie Ihre Entscheidung.

*– E-Mail-Adresse: unprofessionell, da nicht erkennbar ist, von wem die E-Mail stammt*

*→ besser E-Mail-Adresse mit Vor- und Nachname*

*– Betreff:*

*–*

*–*

**c**   Lesen Sie nun die E-Mail auf der nächsten Seite und notieren Sie, was sie von der E-Mail in Aufgabenteil a unterscheidet. Vergleichen Sie anschließend Ihre Notizen mit Ihrer Lösung aus Aufgabenteil b. Wo gibt es Unterschiede? Warum?

> Hinweise und Übungen zur Unterscheidung von Sprachstilen finden Sie im Kap. „Stilebenen".

*– E-Mail-Adresse professionell: Vor- und Nachname*

*– Betreff:*

*–*

*–*

*–*

*–*

---

**Von:** tobias.mueller@xpu.de
**An:** u.voss@uni-wallstadt.de
**Betreff:** Bitte um Termin wegen Referatsabsprache

**Datum: 01.03.2010**

Sehr geehrte Frau Dr. Voss,

im Wintersemester habe ich bei Ihnen das Seminar „Lehrwerksanalyse" besucht. Für das Sommersemester habe ich mich für Ihr Seminar „Sozialformen im Unterricht" angemeldet. Da ich zurzeit dazu verdiene und deshalb zeitlich sehr eingeschränkt bin, kann ich leider nur schwer in Ihre Sprechstunde kommen, um das Referatsthema abzusprechen. Wäre es daher möglich, einen anderen Termin zu vereinbaren? Montags z. B. habe ich immer frei. Wenn das nicht gehen sollte, werde ich versuchen, in Ihre Sprechstunde am 17.03. zu kommen.

Mit freundlichen Grüßen
Tobias Müller

---

**TS Ü** **d** Formulieren Sie nun eine E-Mail an Ihren Professor, in der Sie ihn um einen Termin bitten, um die Gliederung Ihrer Hausarbeit zu besprechen. Begründen Sie auch, warum Sie nicht zur regulären Sprechstunde kommen können.

**TM R** **e** Überlegen Sie, wie eine formelle E-Mail in dieser Situation in Ihrer Heimat aussehen würde. Wo gibt es Überschneidungen, wo Abweichungen? Gehen Sie dabei auch auf folgende Punkte ein.

- Anrede • Einleitung • Schluss • Grußformel • Stil

## ③ Termine, Termine, Termine

**TA E** **a** Ein Terminvorschlag: Ordnen Sie folgende Inhalte der E-Mail unten zu.

Bitte um Antwort | Dank für Interesse | Grußformel | Terminvorschlag | ~~Anrede~~ | Bezug auf früheren Kontakt | Ansprechpartner bei Rückfragen | weitere Informationen | Unterschrift mit Signatur | Grund der E-Mail

---

**Von:** s.kraus@schuh-mahler.com
**An:** w.zach@sportler.com
**Betreff:** Termin für Produktlinienpräsentation

**Datum: 05.02.2010**

Sehr geehrter Herr Zach,                                            ← *Anrede*

haben Sie vielen Dank für Ihr Interesse an unserer neuen Sportschuhkollektion. Wie   ←
bereits telefonisch besprochen, möchten wir Ihnen einen Präsentationstermin Ende März   ←
anbieten. Nach Rücksprache mit der Marketing-Abteilung können wir Ihnen folgenden   ←
Termin vorschlagen: Donnerstag, 25.03., 13.30–17.30 Uhr.                          ←

Bei unserem Präsentationstermin möchten wir das Hauptaugenmerk auf die Laufschuh-   ←
entwicklung legen, da es hier die größten Veränderungen gegenüber der Kollektion vom
letzten Jahr gibt.

Bitte informieren Sie uns bald, ob Ihnen der vorgeschlagene Termin passt. Bei Rückfragen   ←
stehe ich Ihnen gern zur Verfügung.                                              ←

Mit freundlichen Grüßen                                                          ←
Silke Kraus
Vertriebsassistentin                                                             ←
∗∗∗∗∗∗∗∗∗∗∗∗∗∗∗∗∗∗∗∗∗∗∗∗∗∗∗∗∗∗∗∗∗∗∗∗∗∗∗∗∗∗∗∗∗∗∗∗
Schuh-Mahler
Industriestr. 150
D-76180 Karlsruhe

---

**WS**    **b**    Termine bestätigen oder absagen: Ordnen Sie die folgenden Redemittel in die Tabelle ein.

> Leider kann ich den vereinbarten Termin nicht einhalten, weil … | Hiermit bestätige ich den (mündlich) vereinbarten Termin am … um … | Leider habe ich am … / um … schon einen anderen Termin; können wir unsere Besprechung auf … Uhr / auf den Nachmittag / auf den nächsten Vormittag / … verschieben / auf den Vormittag / auf … Uhr / … vorziehen? | Der von Ihnen vorgeschlagene Termin am … um … passt mir sehr gut. | Es tut mir leid, aber ich kann an keinem der von Ihnen genannten Termine. Alternativ möchte ich Ihnen folgenden Termin vorschlagen: … | Leider muss ich den mit Ihnen vereinbarten Termin am … absagen, da …

| Termin bestätigen | Termin absagen | Alternative vorschlagen |
|---|---|---|
| | *Leider kann ich den vereinbarten Termin nicht einhalten, weil …* | |

**TS Ü**    **c**    Schreiben Sie eine Antwort für Herrn Zach, in der Sie Bezug auf die E-Mail aus Aufgabenteil a nehmen und den Termin entweder bestätigen oder einen Alternativvorschlag machen.

## 4   Beschwerden

**TA E**    **a**    Lesen Sie die Beschwerde-Mails auf der nächsten Seite und zeichnen Sie jeweils ihren Aufbau nach. Verwenden Sie dafür die Stichpunkte im Schüttelkasten. Beschreiben Sie anschließend, was sich mit fortlaufender Beschwerde verändert.

> Stand der Dinge | Problembenennung | Anrede | Forderung | bisheriges Vorgehen zur Problemlösung | Information über Gegenstand, Kunde etc. | Ankündigung von Maßnahmen | Grußformel und Unterschrift

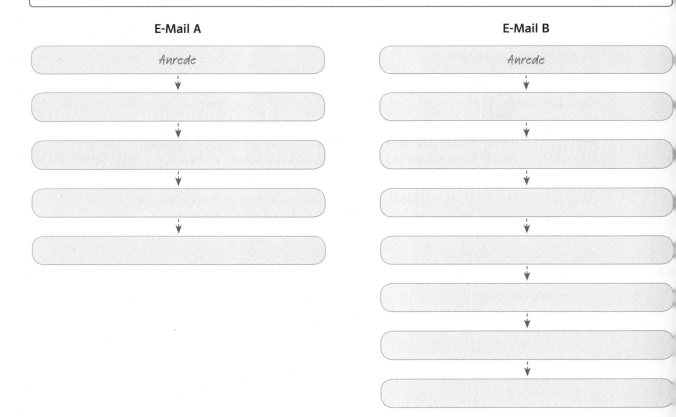

**A**

| | |
|---|---|
| Von: | greiner-architekturservice@xpu.de |
| An: | telefonnetz@service.com |
| Betreff: | Störung: Anrufbeantworter, Kundennr.: 89445-19 |

Datum: 16.02.2010

Sehr geehrte Damen und Herren,

am 29.01. haben Sie bei uns einen Anschluss für das Telefon und das Internet installiert (Kundennr.: 89445-19, Tel.-Nr.: 0711/12883).

Wie wir leider jedoch nach Kurzem feststellen mussten, können Anrufer seitdem nicht immer auf den Anrufbeantworter sprechen, da öfters nach dem Signalton das Besetztzeichen kommt.

Wir möchten Sie bitten, diese Störung möglichst schnell zu beheben, da wir als Freiberufler den Anrufbeantworter dringend benötigen.

Mit freundlichen Grüßen

Lukas Greiner

**B**

| | |
|---|---|
| Von: | greiner-architekturservice@xpu.de |
| An: | telefonnetz@service.com |
| Betreff: | Störung: Anrufbeantworter, Kundennr.: 89445-19 |

Datum: 09.03.2010

Sehr geehrte Damen und Herren,

am 29.01. haben Sie bei uns einen Anschluss für das Telefon und das Internet installiert (Kundennr.: 89445-19, Tel.-Nr.: 0711/12883).

Wie wir leider jedoch nach Kurzem feststellen mussten, können Anrufer seitdem nicht immer auf den Anrufbeantworter sprechen, da öfters nach dem Signalton das Besetztzeichen kommt.

Wir haben deshalb bereits vor drei Wochen Kontakt mit Ihrem Kundendienst aufgenommen (s. E-Mail vom 16.02. im Anhang). Man hat uns daraufhin geraten, ein anderes Telefon auszuprobieren, um so zu sehen, ob der Fehler dann auch auftritt. Nachdem wir unsere Anlage mit einem anderen Telefon ausprobiert haben und es zu dem gleichen Problem kam, haben wir uns telefonisch an Ihren Kundendienst gewandt. Man versprach uns, dass sich ein Techniker melden würde, damit wir einen Termin vereinbaren könnten. Seit diesem Telefongespräch sind zwei Wochen vergangen und es hat sich niemand gemeldet, bei Rückfragen unsererseits wurden wir immer wieder vertröstet.

Wir benötigen aus beruflichen Gründen aber dringend den Anrufbeantworter. Wir möchten Sie daher bitten, die Störung innerhalb der nächsten Woche zu beheben, andernfalls sehen wir uns leider gezwungen, den Vertrag mit Ihnen zu kündigen und uns einen neuen Anbieter zu suchen.

Mit freundlichen Grüßen

Lukas Greiner

**b** Schreiben Sie nun zwei E-Mails zu folgender Situation. Die Redemittel auf der nächsten Seite können Ihnen helfen.

- Sie sind umgezogen und haben einen neuen Telefonanschluss erhalten. Seitdem rauscht ihr Telefon ständig.
- Aufgrund Ihrer Beschwerde war ein Techniker da und hat den Schaden „behoben", aber das Telefon hat nach kurzer Zeit wieder angefangen zu rauschen. Als Sie sich daraufhin telefonisch an den Kundendienst gewandt haben, hat man Ihnen mitgeteilt, dass der Schaden behoben sei und man nichts mehr machen könne.

> Weitere Redemittel für Beschwerden finden Sie in Mittelpunkt neu B2, Lek. 12, und in Mittelpunkt neu C1, Lek. 9.

> **Bezug:** Am … haben wir von Ihnen … erhalten … | Am … haben Sie uns … geliefert / bei uns … installiert / durchgeführt.
> **Problem:** Leider mussten wir feststellen, dass … nicht funktioniert / defekt ist / … | Leider müssen wir Ihnen mitteilen, dass seitdem folgendes Problem auftritt: …
> **Forderung:** Wir möchten Sie bitten, … | Bitte …! | Wir verlangen daher, … | Wir fordern von Ihnen, …
> **Maßnahmenankündigung:** Andernfalls sehen wir uns leider gezwungen, den Vertrag mit Ihnen zu kündigen / rechtliche Schritte einzuleiten. | Falls das Problem nicht bis … behoben ist, müssen wir leider / sehen wir uns leider gezwungen, …

## ⑤ Mitteilungen und Fragen

TA E **a** Lesen Sie die folgende E-Mail und überlegen Sie, was hieran typisch für eine informative E-Mail ist.

---

Von: schneider@schulungen.com
An: a.wolff@medien-pt.com
Betreff: Ablauf Schulung „Bildbestellung"

Datum: 15.01.2010

Sehr geehrte Frau Wolff,

wie besprochen, habe ich inzwischen das Konzept für die Schulung am 04.03., 8.00 – 12.00 Uhr, zum Thema „Bildbestellung" ausgearbeitet. Ich stelle mir den Ablauf folgendermaßen vor:

– Warum ein neues Bildbestellungsprogramm? → Darstellung der Vorteile des neuen Programms
– Erläuterung des Arbeitsablaufs: Motivbeschreibung, Bildsuche, Bildauswahl, Bildbestellung
– Einzelarbeit: beispielhafte Durchführung einer Bildbestellung
– Raum für Fragen → Klärung von Problemen
– Kaffeepause
– Gruppenarbeit (anhand von mir vorbereiteter Materialien):
    1. Gruppe: Motivbeschreibung: Wie geht man vor, um passende Fotos zu finden?
    2. Gruppe: Bildstil: Was muss man bei der Bildauswahl beachten?
    3. Gruppe: Bildrechte: Verträge mit Bildagenturen, Umgang mit Fotos aus Internetportalen
– Präsentation der Gruppenergebnisse
– Austausch über Seminar, Beantwortung noch ausstehender Fragen

Auf das Thema Online-Rechte für Bilder wollte ich nicht eingehen, da dieser Aspekt nur für einige Teilnehmer von Interesse ist. Ich schlage vor, hierzu später gezielt eine Schulung anzubieten. Falls Sie es jedoch für wichtig halten, dass das Thema Online-Rechte bereits jetzt angesprochen wird, könnte ich es noch in die Schulung einbauen, und zwar in Form einer weiteren Gruppenarbeit. In dem Fall würde ich vorschlagen, dass man das Seminar erst um 12.30 Uhr enden lässt.

Falls es Ihnen passt, könnten wir morgen Nachmittag über meinen Ablaufplan sprechen, da ich morgen bei Ihnen im Haus bin. Andernfalls können wir gern einen anderen Termin vereinbaren.

Mit freundlichen Grüßen

Simone Schneider

---

*Anrede, Bezug auf Vorausgegangenes (Gespräch, E-Mail),*

TS Ü **b** Schreiben Sie eine E-Mail zu einer der beiden folgenden Situationen. Stellen Sie Ihr Vorhaben dar und erläutern Sie ein Problem oder eine Frage. Orientieren Sie sich dabei an der E-Mail oben.

- Sie stellen per E-Mail Ihrem Dozenten die Gliederung für Ihre Hausarbeit vor.
- Sie stellen per E-Mail Ihrer Abteilungsleiterin Ihr Konzept für eine Präsentation vor, z. B. zur neuen Abteilungsstruktur oder zu einem Thema Ihrer Wahl.

## 6 Formelle Briefe

TM R

Vergleichen Sie den Brief mit der E-Mail und beschreiben Sie, was die beiden unterscheidet.

Ursula Weis

Blumenstr. 128
66111 Saarbrücken
Tel: 0681/49881
E-Mail: u.weis@xpu.de

Fa. Holz & Boden
Herrn Klaus Steiner
Poststr. 131
66663 Merzig

Saarbrücken, 20.11.2009

Bodenbelag: Laminat / Parkett

Sehr geehrter Herr Steiner,
haben Sie vielen Dank für Ihre zwei Angebote für den neuen Bodenbelag vom 17.11. Wir haben uns nun für das Angebot mit dem Parkett entschieden, weil es eleganter aussieht.
Bitte informieren Sie uns bald, wann Sie mit den Arbeiten beginnen könnten. Wenn Sie noch vor Weihnachten fertig werden könnten, wären wir Ihnen sehr dankbar.

Mit freundlichen Grüßen
*Ursula Weis*
Ursula Weis

| Von: | u.weis@xpu.de | Datum: 20.11.2009 |
| An: | steiner@holz-boden.com | |
| Betreff: | Bodenbelag Laminat/Parkett | |

Guten Tag Herr Steiner,

haben Sie vielen Dank für Ihre zwei Angebote für den neuen Bodenbelag vom 17.11. Wir haben uns für das Angebot mit dem Parkett entschieden. Bei den Kindern wäre vielleicht das Laminat praktischer, aber das Parkett ist einfach schöner!

Wann können Sie mit den Arbeiten beginnen? Wenn es Anfang Dezember noch klappen könnte, wären wir sehr froh, denn dann wäre an Weihnachten schon alles neu und schön.

Viele Grüße

Ursula Weis

*****************************

Blumenstr. 128
66111 Saarbrücken
Tel: 0681/49881

– Anrede in E-Mail: Guten Tag!

Anrede in Brief: Lieber

– ...

## 7 Checkliste: Darauf muss ich achten!

TM R

Gehen Sie die folgende Checkliste durch und ergänzen Sie sie ggf. um weitere Punkte.

**Tipp**

Formelle E-Mails und Briefe unterscheiden sich nur wenig voneinander. In beiden muss man darauf achten, sein Anliegen klar strukturiert und verständlich zu vermitteln. Außerdem müssen in beiden Grammatik, Rechtschreibung und Zeichensetzung korrekt sein.

Wenn man den Adressaten aber schon ein wenig kennt, gibt es bei der E-Mail einen Unterschied zum Brief: Man darf sich hier etwas umgangssprachlicher ausdrücken. Aber hüten Sie sich auch hier vor einer zu lässigen oder emotionalen Ausdrucksweise!

Weitere Briefarten finden Sie in Mittelpunkt neu B2, Lek. 5 und 10, und in Mittelpunkt neu C1, Lek. 9.

1. Satzbau: besonders die Satzstellung der Verben in Haupt- und Nebensätzen, die Stellung der Angaben etc.

2. Rechtschreibung: besonders Groß- und Kleinschreibung, Verdreher von Buchstaben etc. und die Fehler, die Sie häufig machen

3. Zeichensetzung: besonders Kommasetzung

4. korrekte Brief-Form bzw. E-Mail-Form

5. Betreff: möglichste präzise, aber nicht zu lang

6. passende Anrede: bei unbekannten Personen „Sehr geehrte(r) ...", wenn man schon Kontakt hatte, auch „Liebe(r) ..."; in E-Mails, wenn man sich etwas kennt, auch „Guten Morgen ...", „Guten Tag ..." oder auch, wenn man sich noch besser kennt, „Hallo" möglich

7. klarer, logischer Aufbau: Bezug auf früheren Kontakt etc., Darstellung des Themas (z. B. Termin, Problem), evtl. weitere Informationen / Fragen, Bitte (z. B. um Antwort, Termin)

8. Inhalt: Sind alle wichtigen Punkte angesprochen?

9. ...

# 3

# Notizen und Mitschriften `B2 4, 7 / C1 4`

## 1 Warum mitschreiben?

**VW A** **a** Lesen Sie die folgende Definition von „Mitschrift" und sammeln Sie Situationen, in denen Sie Notizen machen bzw. eine ausführlichere Mitschrift anfertigen müssen.

> **Mitschrift**
>
> Als „Mitschrift" bezeichnet man die Gesamtheit der Notizen, die man sich bei einem Vortrag oder einer Vorlesung macht, ergänzt durch Anmerkungen, Fragen oder Ähnliches.

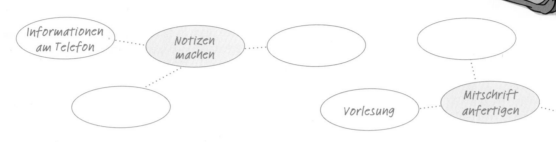

**b** Überlegen Sie, welche Vorteile es hat, bei einem Vortrag oder einer Vorlesung mitzuschreiben, und notieren Sie Stichworte.

– Förderung der Aufmerksamkeit
– ...

**c** Besprechen Sie Ihre Ergebnisse in Gruppen. Falls Sie allein lernen, schauen Sie im Lösungsschlüssel nach.

## 2 Notizblatt gestalten – aber wie?

**VW A** **a** Sie arbeiten an einer Hausarbeit zum Thema „Glück". Dafür wollen Sie sich einen Vortrag zum Thema „Massenmedien als Produzenten von Glück" anhören. Sammeln Sie im Kurs, was Sie zum Thema wissen.

> **Tipp**
>
> Bevor Sie in eine Vorlesung oder einen Vortrag gehen, überlegen Sie sich, was Sie schon über das Thema wissen. Das wird Ihnen das Verständnis erleichtern.

**HV S** **b** Hören Sie den Beginn des Vortrags und bearbeiten Sie folgende Aufgaben.
**1**

- Folgen Sie während des Hörens den Notizen auf Notizblatt A. Besprechen Sie in Gruppen, wie die Inhalte des Vortrags dort wiedergegeben sind.
- Vergleichen Sie dann Notizblatt A mit Notizblatt B auf der nächsten Seite: Was unterscheidet die beiden Notizblätter? Welches ist besser? Warum?
- Tauschen Sie sich im Kurs aus. Falls Sie allein lernen, schauen Sie im Lösungsschlüssel nach.

**A**

*Prof. Dr. Reichertz, Medienwissenschaftler – verschiedene Arbeiten zum Thema.*
*Fragen am Ende*
*Glück – was ist das? Versuch einer Definition*
*2. Die Medien und die Suche nach Glück, 3. Medien als Glückszuteiler, 4. Werbung,*
*5. Glück ist machbar und 6. Medienglück*
*1. Glück – was ist das?*
*Es variiert mit Alter, Geschlecht, Nationalität, Bildung, Gesundheitszustand, Situation, Wohnort, Zeit,*
*Religion und vielen anderen Faktoren.*
*Das Begehrenswerte – nicht erwartbar war*
*unterschiedliche Mischungsverhältnisse*

**B**

| Datum / Autor: | Thema: | |
|---|---|---|
| 14.01.2010<br>Prof. Reichertz | Glück als Konsumgut?<br>Oder: Massenmedien als Produzenten von Glück | |
| Notizen: | Ergänzungen: | Meine Anmerkungen / Fragen: |
| 1. Glück? → Definition<br>  – variiert: Alter, ♀/♂, Nationalit., Bildg., Gesundh.,<br>    Situat., Wohnort, Zeit, Relig., +++<br>  – das Begehrenswerte – nicht erwartb.<br>  – unterschiedl. Grade + Mischungsverhält.<br>  – überschreitet d. Erwartb. ≠ Zufriedenh. | wie Unglück | vgl. Glücksforscher Ben-Shahar!!<br>Glück nur individuell??<br><br>!!! |
| 2. Medien + Suche n. G. | | |
| 3. Med. = Glückszuteiler | | |
| 4. Werbg. | | |
| 5. G.: machb. | | |
| 6. Med-G. | | |
| Fazit: | | Literaturempfehlg.? |

Wichtig für Überarbeitung:

Kontakt: Prof. Dr. Reichertz, Kontaktdaten eruieren!!
Clara Wieland, Neurobiologie, Gene und Glück, S. 35 – 98!!

TM R    **C**    **Lesen Sie unten die „Tipps für Mitschriften" und bearbeiten Sie folgende Aufgaben.**

- Welche Tipps sind auf Notizblatt B realisiert?
- Tauschen Sie sich im Kurs aus, welche Techniken Sie selbst beim Mitschreiben anwenden.
- Ergänzen bzw. verändern Sie ggf. die Tipps.

> Tipps und Übungen zum Notizenmachen finden Sie auch in Mittelpunkt neu B2, Lek. 4 und 7.

**Tipps für Mitschriften:**

1. Einseitig auf Blatt im DIN A4-Format schreiben → besser zum Sortieren und Ergänzen
2. Notizblatt je nach Bedarf vorstrukturieren
3. Unten breiten Rand lassen für Daten, die für die weitere Verarbeitung wichtig sind
4. Mitschrift übersichtlich strukturieren: Nummerierung, Überschriften, Zeichen etc.
5. Deutlich schreiben
6. Platz lassen für spätere Ergänzungen
7. Fragen, Anmerkungen oder Hervorhebungen zum Vortrag in Extra-Spalte notieren
8. Aufzählungen → Aufzählungsstriche verwenden
9. Symbole und Zeichen benutzen → eigene Symbolik entwickeln (Achtung: „weniger ist mehr"!)
10. Abkürzungen: gängige Abkürzungen verwenden od. eigene entwickeln und bei der eigenen Systematik bleiben!
11. Mit verschiedenen Farben markieren, z. B. Definitionen, Kernaussagen, Literaturangaben, wichtige Schlussfolgerungen
12. Nicht nur Wörter benutzen → kleine Zeichnungen, Mind-Maps helfen Gehirn, Information besser zu verarbeiten
13. In eigenen Worten formulieren → so kann man sich besser eigene Gedanken merken und auch später Notizen noch verstehen
14. …

# 3

## ③ Abkürzungen und Symbole nutzen

TS Ü

**a** Überlegen Sie, was die Abkürzungen im Kasten links bedeuten. Ordnen Sie dazu die Abkürzungen den Erklärungen im Kasten rechts zu.

allg. | Bez. | bes. | Bankw. | BWL | Def. | eigtl. | Erg. | etw. | fachspr. | gebr. | Geol. | Ggs. | hist. | lat. | Lit. | med. | od. | s. | tlw. | u. | u.a. | u.Ä. | urspr. | vgl. | VWL | Zsf.

Geologie | Bezeichnung | allgemein | Gegensatz | Literatur | Zusammenfassung | besonders | vergleiche | ursprünglich | Bankwesen | Definition | eigentlich | Volkswirtschaftslehre | Betriebswirtschaftslehre | oder | etwas | unter anderem | lateinisch | medizinisch | siehe | fachsprachlich | und | Ergebnis | historisch | gebräuchlich | und Ähnliches | teilweise

*allg.: allgemein; …*

**b** Ordnen Sie die folgenden Symbole und Abkürzungen zu.

| | | | | |
|---|---|---|---|---|
| 1. etw. steigt | A. ↘ | 1. B | |
| 2. etw. sinkt | B. ↗ | 2. ☐ | |
| 3. etw. führt zu | C. ≠ | 3. ☐ | |
| 4. etw. entspricht etw. anderem | D. → | 4. ☐ | |
| 5. Widerspruch / im Gegensatz zu | E. = | 5. ☐ | |
| 6. -tät | F. -n. | 6. ☐ | |
| 7. -ung | G. -k. | 7. ☐ | |
| 8. -nis | H. -t. | 8. ☐ | |
| 9. -heit | I. -g. | 9. ☐ | |
| 10. -keit | K. -h. | 10. ☐ | |

**c** Sammeln Sie weitere mögliche Symbole und Abkürzungen und erstellen Sie eine Liste mit wichtigen Symbolen und Abkürzungen, die Sie sich mit der Zeit einprägen, sodass Sie sie beim Mitschreiben parat haben.

*– Lexikon = Lex.*

*– diskutieren = diskut.*

*– …*

## ④ Mitschreiben

HV N
2

**a** Hören Sie jetzt, wie der Vortrag weitergeht, und bearbeiten Sie folgende Aufgaben.

- Ergänzen Sie während des Hörens die Notizen zu Punkt 2 in der Spalte „Ergänzungen" in der Mitschrift auf der nächsten Seite.
- Verwenden Sie dabei aussagekräftige Abkürzungen und Symbole. Machen Sie Ihre Mitschrift jedoch nicht zu einem „Symbolwald": Weniger ist mehr!
- Wenn Ihnen bestimmte Aussagen besonders wichtig erscheinen oder Ihnen Beispiele oder Fragen einfallen, notieren Sie dies in der Spalte „Meine Anmerkungen / Fragen".
- Vergleichen Sie Ihre Mitschriften in der Gruppe und erstellen Sie gemeinsam eine „ideale Mitschrift".
- Präsentieren Sie diese Mitschrift im Kurs. Falls Sie allein lernen, schauen Sie im Lösungsschlüssel nach.

**Tipp**

Achten Sie beim Hören auf typische Wendungen, die den Text gliedern, wie z. B. „Kommen wir zu Punkt 2.", „Kommen wir nun zum nächsten Aspekt." „Zusammenfassend lässt sich sagen …" etc. Dies hilft Ihnen, Ihre Mitschrift zu strukturieren.

| Notizen: | Ergänzungen: | Meine Anmerkungen / Fragen: |
|---|---|---|
| 2. Medien + Suche n. G.<br><br>  – in letzt. Jahrzehnt. Bedeutg.<br>    Medien veränd.<br><br>  – G.-überbringer; G.-Schaffer<br>    → Kundsch. bringen<br><br>  – z.B.: Big Broth. | | |
| 3. | | |
| 4. | | |

HV N

3–4

b   Hören Sie den nächsten Teil des Vortrags und machen Sie Notizen zu den Punkten 3 und 4 auf dem Notizblatt von Aufgabenteil a.

c   Lesen Sie Ihre Notizen durch und ergänzen Sie sie aus dem Gedächtnis. Markieren Sie jeweils die Kernaussage mit einer Farbe, die Sie nur für Kernaussagen verwenden. Tragen Sie ggf. auch Ihre Anmerkungen oder Fragen ein.

d   Vergleichen Sie nun Ihre Notizen im Kurs. Falls Sie allein lernen, schauen Sie im Lösungsschlüssel nach.

## 5 Mitschrift überarbeiten – „LVV"

TS Ü

a   Überarbeiten Sie jetzt Ihre Notizen aus Aufgabe 4, indem Sie sie ausformulieren, dabei den „Roten Faden" überprüfen und die Notizen ggf. ergänzen bzw. neu strukturieren.

b   Besprechen Sie Ihre überarbeiteten Mitschriften in Gruppen und wählen Sie eine aus, die am besten den Kriterien im Tipp rechts entspricht und die Sie im Kurs vorstellen möchten.

c   Stellen Sie Ihre ausgewählten Mitschriften im Kurs vor und besprechen Sie sie.

**Tipp**

Überarbeiten Sie Ihre Mitschrift, indem Sie die Inhalte ausformulieren, ggf. neu strukturieren, um sie in einen sinnvollen Zusammenhang zu bringen. Überprüfen Sie dabei auch den „Roten Faden", also ob man den logischen Aufbau erkennen kann. So können Sie den Stoff besser lernen. Wichtig sind dabei die Kriterien LVV: „Lesbarkeit", „Verständlichkeit" und „Vollständigkeit".

Sie sollten die Mitschrift möglichst am Tag des Vortrags oder der Vorlesung überarbeiten, damit Sie die Inhalte noch frisch im Gedächtnis haben.

# Protokoll

## 1 Protokolle zu vielen Anlässen

VW A   **a**   Lesen Sie die folgenden Situationsbeschreibungen und ordnen Sie die jeweils passende Protokollform aus dem Schüttelkasten zu.

> Unfallprotokoll | Gerichtsprotokoll | Sitzungsprotokoll |
> ~~Seminarprotokoll~~ | Versuchsprotokoll

| Situationsbeschreibung / Anlass | Art des Protokolls | Funktion des Protokolls | Adressat des Protokolls |
|---|---|---|---|
| 1. Die Leiterin der Veranstaltung „Fachdidaktik DaF" hat bestimmt, dass Sie das heutige Protokoll zum Thema „Didaktik des Leseverstehens" übernehmen. | Seminarprotokoll | hält Ergebnisse des Seminars fest | Mitstudierende, Leiter/in der Veranstaltung |
| 2. Durch Zufall haben Sie beobachtet, wie zwei Autos aufeinander fuhren. Die Polizei interviewt Sie und andere Zeugen und nimmt die Aussagen zu Protokoll. | | | |
| 3. Mit einer Gruppe von Wissenschaftlern führen Sie ein aufwendiges Experiment im Labor durch. Sie protokollieren jeden Schritt des Experiments genau. | | | |
| 4. Sie nehmen an einem Prozess teil und erfahren, dass alle Äußerungen des Angeklagten und der Zeugen Wort für Wort ins Protokoll aufgenommen werden müssen. | | | |
| 5. In der letzten Besprechung Ihrer Abteilung haben Sie das Protokoll verfasst. Der Abteilungsleiter prüft Ihren Bericht der Besprechung und genehmigt Ihr Protokoll, indem er unterschreibt. | | | |
| 6. … | | | |

**b**   Überfliegen Sie die Situationsbeschreibungen in Aufgabenteil a noch einmal und überlegen Sie, welche Funktion das jeweilige Protokoll hat und für wen es bestimmt ist. Tragen Sie diese Informationen in die Tabelle ein.

**c**   Sammeln Sie in Gruppen weitere Anlässe, bei denen in Deutschland oder in Ihrem Heimatland ein Protokoll geschrieben wird bzw. werden muss. Überlegen Sie auch, ob ein Protokoll in Ihrer Heimat die gleiche Funktion wie in Deutschland hat.

## ② Aufbau und Bestandteile des Protokolls

TA E

Lesen Sie das folgende Protokoll und ergänzen Sie am Rand jeweils den passenden Baustein aus dem Schüttelkasten.

Uhrzeit | anwesende Teilnehmer | Protokollant/in |
Unterschrift des Protokollanten / der Protokollantin |
Vorsitz | Veranstaltung | Ort | Datum |
Tagesordnung mit Tagesordnungspunkten |
abwesende Teilnehmer (entschuldigt / unentschuldigt) |
Unterschrift des / der Vorsitzenden | Inhalt der Sitzung
in der Reihenfolge der Tagesordnungspunkte

**Protokoll**

Als Protokoll bezeichnet man einen knappen schriftlichen Bericht, der den Inhalt, den Verlauf und / oder das Ergebnis einer meist offiziellen Besprechung, Sitzung oder Veranstaltung ordnet und zusammenfasst. Es muss vom Protokollanten und oft auch vom Vorsitzenden unterschrieben werden. Damit stellt es ein wichtiges Dokument dar, das manchmal über einen längeren Zeitraum aufbewahrt werden muss. Im Firmenalltag werden Protokolle heute auch per E-Mail – und damit oft nur mit getippter oder ohne Unterschrift – verschickt.

# Protokoll

Vorstandssitzung der Firma Pauhlens Metallwaren
am: 21.01.2010
Beginn: 10:00 Uhr          Ende: 13:00 Uhr
Ort: Hauptgebäude, R. 306

Leitung: Hr. Dr. Möhring
Anwesend: Hr. Dr. Goecke, Fr. Hensche, Fr. Plewe, Fr. Dr. Sänger
Abwesend: Hr. Warmbold (entschuldigt), Hr. Meiner (unentschuldigt)
Protokoll: Fr. Plewe

**Tagesordnung:**
1. Situationsbericht
2. Notwendigkeit von Umstrukturierungsmaßnahmen
3. Vorschlag des Vorstands
4. …
5. …
6. Verschiedenes

**zu TOP 1:** Situationsbericht von Hr. Dr. Goecke: Im Jahr 2009 …

**zu TOP 2:** Bericht von Fr. Dr. Sänger: Aus Situationsbericht ergibt sich, …

**zu TOP 3:** Diskussion des Vorschlags vom Vorstand zu Umstrukturierungsmaßnahmen: …

**zu TOP 4:** …

**zu TOP 5:** …

**zu TOP 6:** …

_____F. Möhring_____
(Vorsitz)

_____A. Plewe_____
(Protokollant/in)

**Kopfteil**

← *Veranstaltung*
← .............................
← .............................
← .............................

← .............................
← .............................
← .............................
← .............................

← .............................

**Textteil**

← .............................
.............................
.............................

**Schlussteil**

← .............................
← .............................

## ③ Protokollieren – Mitschrift und Gliederung

TM R **a** Lesen Sie die folgenden Redebeiträge aus einer Sitzung, auf der der Geschäftsführer, die stellvertretende Geschäftsführerin und der Vertriebsleiter unter TOP 5 das Thema „Messebeteiligungen" diskutieren. Unterstreichen Sie beim Lesen wichtige Argumente der einzelnen Redner.

> **TOP 5: Messebeteiligungen**
> **Dr. Pfäfflin (Geschäftsführer):** Wir sollten die Messebeteiligungen einschränken. Die Firma erhält durch Messebeteiligungen nicht mehr Aufträge. Messen lohnen sich also nicht. Die Besucher- und Ausstellerzahlen sinken, was für eine abnehmende Bedeutung von Messen spricht. Wir sollten die Messekosten senken, um mehr Mittel für Außendienst und Internetauftritt zur Verfügung zu haben.
> **Fr. Hübner (stellvertretende Geschäftsführerin):** Ich sehe in Messen viele Vorteile: Sie ermöglichen einen direkten Kontakt zum Kunden. Außerdem kann man dort die Konkurrenten beobachten und das Firmenprofil erhöhen. Ich würde Messebeteiligungen nicht zugunsten anderer Kommunikationsinstrumente kürzen. Wenn der Außendienst verstärkt wird, entstehen nämlich ebenfalls Kosten. Und für den Internetauftritt unserer Firma gibt es noch keine Kosten-Nutzen-Rechnung.
> **Hr. Ott (Vertriebsleiter):** Die Zahlen zeigen, dass sowohl der Internetauftritt als auch die Messebeteiligungen wichtig sind. Die Bedeutung der Messen steht fest. Der Anteil und die absolute Zahl ausländischer Messebesucher steigen. Unsere Firma produziert vor allem für den Export, also sind ausländische Messebesucher wichtig. 75 % der ausländischen Fachbesucher sind außerdem Entscheider, d. h. sie treffen die Entscheidungen über wichtige Investitionen in ihrem Betrieb. Noch einmal: Messen und Internetauftritt sind von großer Bedeutung. Die Zahlen beweisen, wie wichtig diese Marketinginstrumente sind. Laut Statistik nimmt das Internet Platz 1 im Kommunikationsmix ein. Gleich auf Platz 2 steht dann die Messebeteiligung.
> **Dr. Pfäfflin:** Herr Ott, ich erteile Ihnen hiermit den Auftrag, bis zum nächsten Treffen eine genaue Kosten-Nutzen-Rechnung für die beiden letzten Messen zu ermitteln, um auf dieser Basis besser entscheiden zu können.

**b** Die neue Assistentin hat als Protokollantin während der Sitzung eine Mitschrift angefertigt. Besprechen Sie in Gruppen die folgenden Fragen und machen Sie Verbesserungsvorschläge.

- Ist der Inhalt korrekt und vollständig sowie in der richtigen Reihenfolge wiedergegeben?
- Ist die Gliederung von der Struktur her korrekt und übersichtlich?
- Sind Satzlänge und die Sprache für eine Mitschrift angemessen?

_Dr. Pfäfflin:_
_– will an Messen sparen._
_– weil die Firma durch Messebeteiligungen nicht mehr Aufträge erhält, sich Messen also nicht lohnen._
_– weil die Besucher- und Ausstellerzahlen sinken, was für abnehmende Bedeutung von Messen spricht._
_– schlägt vor, Messekosten zu senken, um mehr Mittel für Außendienst und Internetauftritt zu haben._
_Fr. Hübner:_
_– sieht die Vorteile von Messen._
_– weil dort das Firmenprofil erhöht werden kann._
_– weil sie einen direkten Kontakt zum Kunden ermöglichen._
_– will Messebeteiligungen nicht zugunsten anderer Kommunikationsinstrumente kürzen._
_– weil es noch keine Kosten-Nutzen-Rechnung für den Internetauftritt der Firma gibt._
_– weil ebenfalls Kosten entstünden, wenn der Außendienst verstärkt würde._
_Hr. Ott:_
_– sieht die Bedeutung von Messen bestätigt._
_– weil 75 % der ausländischen Fachbesucher Entscheider sind, d. h. treffen Entscheidungen über Investitionen._
_– findet Messen und Internetauftritt wichtig._
_– weil laut Statistik das Internet Platz 1 im Kommunikationsmix einnimmt._
_– weil die Zahlen beweisen, wie wichtig diese Marketinginstrumente sind._
_Dr. Pfäfflin:_
_– erteilt Auftrag, eine genaue Kosten-Nutzen-Rechnung für die beiden letzten Messen zu ermitteln._

TS Ü

**c** Ergänzen Sie im folgenden Formular die fehlenden Informationen. Verwenden Sie dabei den Nominalstil, indem Sie die Sätze aus Aufgabenteil b bzw. aus dem Redebeitrag in Aufgabenteil a umformulieren.

**Tipp**

Richten Sie sich bei der Gliederung Ihres Notizblattes und des Protokolls nach der Reihenfolge der Tagesordnungspunkte. Liegt keine Tagesordnung vor, so sollte die Gliederung den sachlichen Zusammenhang – d.h. die Struktur und den Roten Faden – des behandelten Themas widerspiegeln. Dies gilt auch für die Gliederung innerhalb der einzelnen TOPs.
Tipps zum Notizenmachen und zur Gestaltung von Mitschriften finden Sie im Kap. „Notizen und Mitschriften".

*zu TOP 5:*
*Thema: Messebeteiligungen*

*Position und Vorschlag Dr. Pfäfflin: gegen (zu viele) Messebeteiligungen*
*Argumente:* – *durch Messen nicht mehr Aufträge* → *Nutzen von Messen nicht groß*
    – *sinkende Besucher-/Ausstellerzahlen* → *abnehmende Bedeutung von Messen*
*Vorschlag:* *Senkung der Messekosten* → ......................................

*Position Fr. Hübner: für Messebeteiligung*
*Argumente:* – ...............................................................
    – ...............................................................
    – *Erhöhung des Firmenprofils*
*Gegenvorschlag: keine Kürzung von* ...............................
*Argumente:* – ...............................................................
    – *bisher keine Kosten-Nutzen-Rechnung zum Internetauftritt*

*Position Hr. Ott: Internetauftritt, aber auch Messebeteiligungen wichtig*
*Argumente:* – ...............................................................
    – ...................................... → *ausländische Messebesucher wichtig*
    – ...............................................................

*Bedeutung Messen/Internetauftritt:* – *beide wichtig*
    – *Internet =* ...........................................
    – ...............................................................

*Auftrag d. Geschäftsführung an Hrn. Ott:* ...............................

## ④ Protokollieren – Niederschrift des Protokolls

TM R

**a** Welche inhaltlichen Unterschiede gibt es Ihrer Meinung nach zwischen einem Verlaufsprotokoll und einem Ergebnisprotokoll? Lesen Sie dazu die Erläuterungen rechts und markieren Sie die wichtigen Informationen.

**Verlaufs- und Ergebnisprotokoll**

Man unterscheidet zwischen Verlaufsprotokoll und Ergebnisprotokoll. Wenn Sie Protokoll führen müssen, erkundigen Sie sich vorab, welche Form des Protokolls erwünscht ist. Die Wahl der Form hängt auch davon ab, welchen Zweck das jeweilige Protokoll erfüllen soll, d.h., ob es den (oft von konträren Meinungen bestimmten) Gesprächsverlauf widerspiegeln oder lediglich wichtige Ergebnisse dokumentieren soll. Beim Verlaufsprotokoll bleiben Gesprächs- und Argumentationsverlauf für den Leser nachvollziehbar. Dadurch ist das Verlaufsprotokoll länger und ausführlicher, während ein Ergebnisprotokoll äußerst knapp, wenn auch sehr präzise, formuliert sein kann. Im Geschäftsleben und im Studium werden heute überwiegend Ergebnisprotokolle geschrieben.

TM R **b** Notieren Sie die inhaltlichen Merkmale der jeweiligen Protokollform.

*Das Verlaufsprotokoll hat folgende Merkmale:*

..................................................................................................................................

*Das Ergebnisprotokoll weist folgende Kennzeichen auf:*

..................................................................................................................................

**c** Leider hat die Protokollantin, ohne zu fragen, ein Verlaufsprotokoll geschrieben. Der Geschäftsführer möchte aber ein Ergebnisprotokoll. Deshalb wurde das Protokoll neu formuliert. Lesen Sie die Niederschrift zu TOP 5 als Verlaufs- und als Ergebnisprotokoll und unterstreichen Sie alle Verben.

### Verlaufsprotokoll

Sitzung der Geschäftsführung von Raher-Technology

am: 16.11.2009

Beginn: 9.30   Ende: 11.30

Ort: Hauptgebäude, R. 206

Leitung: Hr. Dr. Pfäfflin (Geschäftsführung)

Anwesend: Fr. Hübner (stellvertretende Geschäftsführung), Hr. Ott (Vertriebsleitung), Fr. Weber (Assistentin der Geschäftsführung)

Protokoll: Fr. Weber

...

### TOP 5: Messebeteiligungen

Hr. Dr. Pfäfflin stellt den Umfang der Messebeteiligungen in Frage, weil man durch sie nicht mehr Aufträge erhalte und sie daher kaum von Nutzen seien. Außerdem deute der Rückgang der Besucher- und Ausstellerzahlen auf eine abnehmende Bedeutung von Messen im Allgemeinen hin. Er schlägt vor, stattdessen mehr Mittel für den Außendienst und die Verbesserung des Internet-Auftritts zu verwenden.

Fr. Hübner wendet dagegen ein, dass nichts für den direkten Kontakt zum Kunden so geeignet sei wie Messen. Außerdem könne man dort Mitbewerber beobachten und sein Firmenprofil erhöhen. Eine Stärkung des Außendienstes, wie von Hrn. Pfäfflin vorgeschlagen, werde die Kosten in gleichem Maße steigern. Außerdem merkt sie an, dass es noch keine Kosten-Nutzen-Rechnung zur Wirkung des Internets gebe.

Hr. Ott legt dar, dass neben dem Internetauftritt auch weiterhin Messebeteiligungen von Bedeutung seien. Dies belegt er anhand von Zahlen: Der Anteil und die absoluten Zahlen von ausländischen Ausstellern seien in den letzten Jahren permanent gestiegen. Und da die Firma auf den Export ausgerichtet sei, sei der Kontakt mit ausländischen Messebesuchern wichtig. Hinzu käme, dass 75 % der ausländischen Fachbesucher zur Gruppe derer gehörten, die über Aufträge entschieden. Statistiken bewiesen zudem, dass Messen gleich nach dem Internet auf Platz zwei im Kommunikationsmix stehen würden.

Hr. Ott wird beauftragt, eine genaue Kosten-Nutzen-Rechnung für die letzten beiden Messen zu erstellen, um auf dieser Grundlage eine Entscheidung treffen zu können.

### Ergebnisprotokoll

Sitzung der Geschäftsführung von Raher-Technology

am: 16.11.2009

Beginn: 9.30   Ende: 11.30

Ort: Hauptgebäude, R. 206

Leitung: Hr. Dr. Pfäfflin (Geschäftsführung)

Anwesend: Fr. Hübner (stellvertretende Geschäftsführung), Hr. Ott (Vertriebsleitung), Fr. Weber (Assistentin der Geschäftsführung)

Protokoll: Fr. Weber

...

### TOP 5: Messebeteiligungen

Es wurde über Messebeteiligungen im Allgemeinen diskutiert. Dabei wurde festgestellt:

– Die Geschäftsführung beurteilt die Kosten-Nutzen-Relation für Messen als ungünstig. Deshalb wurde vonseiten der Geschäftsführung der Vorschlag gemacht, den Umfang der Messebeteiligungen zugunsten einer Mittelerhöhung für Außendienst und Verbesserung des Internet-Auftritts einzuschränken.

– Auf der anderen Seite wurden allgemeine Zahlen zum Nutzen von Messen präsentiert.

Auftrag:

Die Vertriebsleitung wird damit beauftragt, bis zum nächsten Treffen eine exakte Kosten-Nutzen-Rechnung für die letzten beiden Messen zu erstellen.

TM R **d** Untersuchen Sie die in Aufgabenteil c unterstrichenen Verben genauer, indem Sie auf folgende Fragen eingehen. Tragen Sie anschließend Ihre Ergebnisse in die Tabelle ein.

**Hinweis:**

Ergebnisprotokolle werden heute auch häufig in Form von Stichworten verfasst, z. B. „Auftrag an Vertriebsleitung: Kosten-Nutzen-Rechnung erstellen".

- Welches Tempus wird verwendet?
- Welche Sprechhandlungen werden mithilfe der Verben ausgedrückt?
- Werden Redebeiträge wiedergegeben? Wenn ja, in welchem Modus stehen sie und warum?
- Wird überwiegend Aktiv oder Passiv verwendet?

| Merkmale | Verlaufsprotokoll | Ergebnisprotokoll |
|---|---|---|
| Tempus | | |
| Verben (Sprechhandlungen) | | keine besonderen Verben |
| Form der Redewiedergabe | | |
| Verwendung von Aktiv und Passiv | | |

## 5 Eigenständig Protokolle schreiben

HV N
5

**a** Hören Sie eine Besprechung zwischen Herrn Kirchner, dem Geschäftsführer der TNU-Maschinenbau GmbH, und Herrn Schröder, dem Personalleiter. Ergänzen Sie dabei die Mitschrift, die die Assistentin des Geschäftsführers als Grundlage für ein Ergebnisprotokoll angefertigt hat. Hören Sie die Besprechung ggf. mehrmals.

_Besprechung mit Geschäftsführung_

_Wunsch GF:_
_– erhöhte Flexibilität_
_–_ ..................................................................

_→ Einführung Zielsystem_
_Verbesserung der Qualität im Personalbereich, durch:_
_– Motivation der Mitarbeiter (MA) stärken_
_– Potenziale entfalten_
_–_ ..................................................................
_–_ ..................................................................
_–_ ..................................................................

_→ Mittel: Zielsystem hilft dabei_
_zurzeit Aufgabe von Abteilungen:_
_Unternehmensziele auf Abteilungen und Gruppen herunterzubrechen_
_→ Unterstützung von Personalwesen durch Reform des Beurteilungssystems:_
_– Zielvereinbarung wichtiger als bisher_
_–_ ..................................................................

_– Entwicklungsziele / –wünsche der MA ermitteln_
_–_ ..................................................................

_– Führungspotenziale der MA ermitteln und fördern_
_–_ ..................................................................

_ausgearbeiteter Vorschlag zur Änderung des Beurteilungssystems_
_→ Vorschlag Hr. Schröder: Einrichtung Projektgruppe mit je 1 MA aus jeder Abteilung_
_→ Beschluss: Projektgruppe einrichten:_
_– jede Abteilung 1 MA_
_– Beginn: KW 13_
_Auftrag an Hrn. Schröder:_
_–_ ..................................................................

b Vergleichen Sie Ihre Mitschriften in der Gruppe und einigen Sie sich auf eine gemeinsame Lösung. Falls Sie allein arbeiten, schauen Sie im Lösungsschlüssel nach.

TS Ü c Erstellen Sie ein Ergebnisprotokoll auf der Grundlage Ihrer gemeinsamen Lösung aus Aufgabenteil b.

## Protokoll

Besprechung: Unterstützung der Einführung von Zielvereinbarungen durch Personalabteilung

am: 16.03.2010
Beginn: 14.00 Uhr    Ende: 15.00 Uhr

Leitung: Hr. Kirchner (Geschäftsführung)
Anwesend: Hr. Schröder (Personalleitung), Fr. Wolf (Assistenz der Geschäftsführung)
Protokoll: Fr. Wolf

Geschäftsführung wünscht: …

## 6 Checkliste: Darauf muss ich achten!

TM R Gehen Sie die folgende Checkliste zur Erstellung von Protokollen durch und ergänzen Sie sie ggf. um weitere Punkte.

1. Im Vorfeld Funktion von Protokoll klären:
   - Gesprächsablauf, (konträre) Meinungen festhalten: Verlaufsprotokoll
   - Ergebnisse festhalten: Ergebnisprotokoll
2. Sprache / Zeitformen dem Protokolltyp anpassen:
   Verlaufsprotokoll:
   - Tempus: Präsens
   - viele Verben der Redewiedergabe
   - Wiedergabe der Redebeiträge in indirekter Rede
   - häufige Verwendung von Aktivformen (Sprecher werden genannt!), für Ergebnisse und Aufträge oft Passivformen
   Ergebnisprotokoll:
   - Tempus: Präsens und / oder Präteritum
   - keine Wiedergabe von Redebeiträgen
   - häufige Verwendung von Passivformen
3. Gestaltung:
   - Kopfteil mit Angabe von Veranstaltung, Datum, Uhrzeit, Ort, Vorsitz, Anwesende, Abwesende (entschuldigt / unentschuldigt), Protokollant, Tagesordnung mit TOPs
   - Hauptteil mit eigentlichem Protokoll, evtl. mit Auftrag / Aufträgen bzw. Beschluss / Beschlüssen
   - Schlussteil mit Unterschrift des / der Vorsitzenden und des Protokollanten / der Protokollantin
4. Aufbau / Gliederung:
   - nach Reihenfolge der TOPs
   - falls keine TOPs, dann Gliederung nach logischer Struktur des Themas
   - innerhalb der TOPs Gliederung nach logischer Struktur des Themas
5. bei Beschlüssen:
   - Wortlaut des Beschlusses, der zur Abstimmung steht
   - Abstimmungsergebnis mit Stimmenanteil (dafür / dagegen / Enthaltungen)
6. …

# Diagramme und Grafiken B2 7/C1 2, 11

## 1 Welche Diagramme gibt es?

VW A

Überlegen Sie, welche Arten von Diagrammen Sie kennen, und beschreiben Sie deren Funktion.

– *Kurvendiagramm: Darstellung einer Entwicklung*

– …

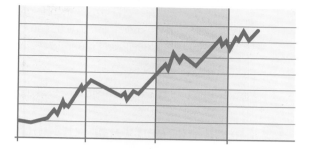

## 2 Das Ganze und seine Teile

TS Ü

a Kreisdiagramm: Erschließen Sie das Thema des Diagramms A aus der Überschrift.

b Beschreiben Sie den Inhalt des Diagramms A. Die folgenden Formulierungen können Ihnen helfen.

> nicht ganz ein Fünftel | etwa ein Drittel | über die Hälfte | fast 20 %

TM R

c Kreisdiagramm und 100 %-Säulen-Diagramm: Vergleichen Sie das Kreisdiagramm A mit dem 100 %-Säulen-Diagramm B und überlegen Sie, was beide hinsichtlich ihrer Darstellungsform und Funktion unterscheidet. Machen Sie Notizen.

A

Umsatz nach Ländern 2009

B

Umsatz nach Ländern 2007 bis 2009

d Lesen Sie die beiden Erläuterungen zum Kreisdiagramm und zur 100 %-Säule und markieren Sie die wichtigsten Informationen. Vergleichen Sie sie mit Ihren Notizen aus Aufgabenteil c.

> **100 %-Säulen- und Kreisdiagramm**
>
> 100 %-Säulen-Diagramme und oft auch Kreisdiagramme veranschaulichen Prozentsätze. Der Kreis bzw. die gesamte Säule entsprechen dabei 100 %. Bei Kreisdiagrammen – auch öfters Tortendiagramme genannt – gibt es auch den Fall, dass der Kreis einer Gesamtzahl entspricht, z. B. 1500 Befragte; die Stücke beschreiben dann die Größe der Anteile, z. B. 800 Befragte. Beim Kreisdiagramm vergleicht man das Ganze mit seinen Teilen. Man ordnet hier die einzelnen Stücke ihrer Größe nach an, dabei beginnt man bei der 12-Uhr-Linie. Man unterscheidet die einzelnen Stücke zudem noch farblich.
> Das 100 %-Säulen-Diagramm wendet man an, wenn Zahlen miteinander verglichen werden sollen. Die Zahlen, die beim Vergleich im Vordergrund stehen, werden farblich markiert und stehen oft oben in der Säule.

● TS Ü    **e**    Erstellen Sie ein 100 %-Säulendiagramm. Rechnen Sie dafür folgende Zahlen in Prozentsätze um.

- Firma A macht 100 000 € Umsatz, davon 67 000 € im Bereich Computertechnik, 22 000 € im Bereich Audio-Geräte und 11 000 € im Bereich Fernsehtechnologie.
- Im Vergleich dazu macht Firma B 90 000 € Umsatz, davon im Bereich Computertechnik 57 000 €, im Bereich Audio-Geräte 17 000 € und im Bereich Fernsehtechnologie 16 000 €. Beim Vergleich interessiert der Bereich Fernsehtechnologie.

**f**    Vergleichen und besprechen Sie Ihre Ergebnisse im Kurs. Falls Sie allein lernen, schauen Sie im Lösungsschlüssel nach.

## ③ Entwicklungen veranschaulichen

● TS Ü    **a**    Säulen- und Kurvendiagramm: Vergleichen Sie das Säulendiagramm A mit dem Kurvendiagramm B und beschreiben Sie sie. Die folgenden Redemittel können Ihnen dabei helfen.

> Weitere Redemittel, um eine Grafik zu beschreiben, finden Sie in Mittelpunkt B2/C1 Redemittelsammlung.

> Das Säulen-/Kurvendiagramm zeigt/veranschaulicht … | Von … bis … steigt/sinkt/… der Umsatz von/um/ auf … | Im Jahr … steigt/fällt der Umsatz um/auf … | Im Jahr … geht der Umsatz um … zurück. | Bis/Seit … steigt/fällt die Umsatzkurve kontinuierlich.

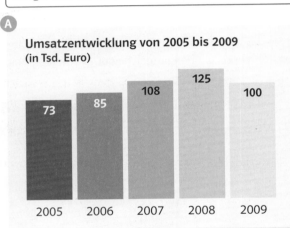

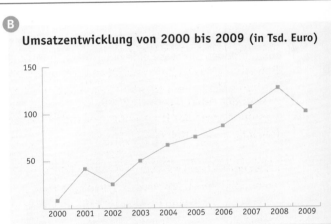

**b**    Beschreiben Sie die Diagramme C und D mithilfe der folgenden Redemittel und der oben.

> Das Diagramm gibt Auskunft über … | Die rechte/linke Säule steht für … | Die graue/blaue Kurve steht für … | Während sich … gut/schlecht/nach oben/nach unten entwickelt, sieht die Entwicklung bei … gut/positiv/schlecht aus. | Im Vergleich zu … entwickelt sich … | Während die Kurve bei … steigt/fällt, fällt/steigt die Kurve bei … | Gegenüber … steigt/fällt … | … steigt/fällt, … jedoch fällt/steigt.

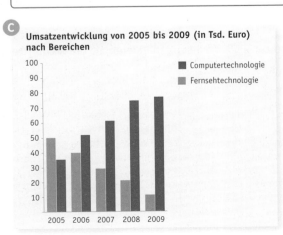

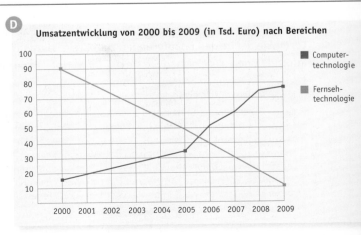

TM R

**c** Besprechen Sie im Kurs, was das Säulen- und Kurvendiagramm auszeichnet und wann die Anwendung jeweils sinnvoll ist. Die Stichworte unten können Ihnen helfen. Falls Sie allein lernen, schauen Sie im Lösungsschlüssel nach.

**Tipp**
Zu viele Säulen machen ein Diagramm unübersichtlich, in diesem Fall verwendet man daher besser ein Kurvendiagramm.

Darstellung längerer Entwicklungen | Vergleich eines Elements über kürzeren Zeitraum hinweg | Vergleich von zwei oder mehr Elementen über kürzeren Zeitraum hinweg | Vergleich von zwei oder mehr längeren Entwicklungen

TS Ü

**d** Sie wollen anhand eines Diagramms veranschaulichen, wie sich die folgenden Abteilungen über sechs Monate hinweg entwickelt haben. Entscheiden Sie, ob ein Kurven- oder ein Säulendiagramm passender ist, und erstellen Sie das Diagramm.

| Abteilung | Januar | Februar | März | April | Mai | Juni |
|---|---|---|---|---|---|---|
| Klassik-CDs | 12 500 | 14 000 | 13 500 | 11 000 | 9 500 | 10 000 |
| Jazz-CDs | 5 000 | 4 000 | 3 500 | 4 500 | 5 500 | 5 000 |
| Hörbücher | 4 500 | 6 000 | 5 000 | 4 000 | 4 500 | 7 000 |

**e** Vergleichen und besprechen Sie Ihre Ergebnisse im Kurs. Falls Sie allein lernen, schauen Sie im Lösungsschlüssel nach.

## 4 Rangfolge veranschaulichen

TS Ü

**a** Betrachten Sie das Balkendiagramm rechts und erläutern Sie kurz anhand der Überschrift, was es veranschaulicht.

**b** Beschreiben Sie das Diagramm. Verwenden Sie dabei folgende Redemittel.

Den ersten / zweiten / vorletzten / letzten Rang belegt … / nimmt … ein. | Am meisten / wenigsten verkaufen wir … | Am besten / zweitbesten / schlechtesten verkauft sich … | Spitzenreiter ist … | … nimmt Platz eins / zwei / … ein, gefolgt von … | An erster / zweiter / … / letzter Stelle / Position steht …

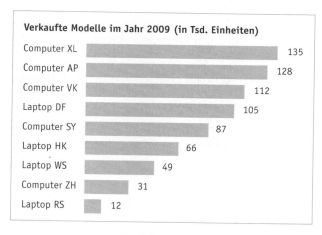

**Verkaufte Modelle im Jahr 2009 (in Tsd. Einheiten)**

Computer XL 135
Computer AP 128
Computer VK 112
Laptop DF 105
Computer SY 87
Laptop HK 66
Laptop WS 49
Computer ZH 31
Laptop RS 12

**c** Beschreiben Sie das Balkendiagramm unten. Die folgenden Redemittel und die in Aufgabenteil b können Ihnen helfen.

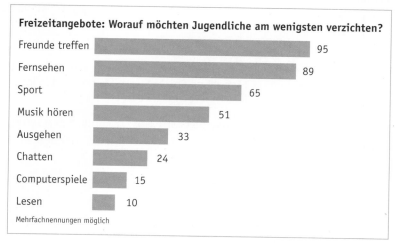

**Freizeitangebote: Worauf möchten Jugendliche am wenigsten verzichten?**

Freunde treffen 95
Fernsehen 89
Sport 65
Musik hören 51
Ausgehen 33
Chatten 24
Computerspiele 15
Lesen 10

Mehrfachnennungen möglich

Am wichtigsten / zweitwichtigsten / unwichtigsten ist … | Die Mehrheit / Zwei Drittel / Etwa die Hälfte / Ein Drittel / Ein Viertel … | … wurde in …% der Fälle genannt. | Während … in …% der Fälle genannt wurde, wurde … nur in …% der Fälle angeführt. | Nach … folgt als (zweitwichtigste) Beschäftigung … | Die meisten / Viele / Nur wenige möchten ihre Freizeit mit … verbringen. | Die meisten Jugendlichen verbringen ihre Freizeit am liebsten mit …, gefolgt von … und … | Am wenigsten sind die Jugendlichen am / an … interessiert, nämlich nur …%.

▶ TM R  **d** Besprechen Sie im Kurs, welche Funktion ein Balkendiagramm an sich und welche es speziell jeweils in den Aufgabenteilen a und c hat. Die Stichworte unten können Ihnen helfen. Falls Sie allein lernen, schauen Sie im Lösungsschlüssel nach.

> Wertigkeiten vergleichen | Rangfolge darstellen | Häufigkeit veranschaulichen

▶ TS Ü  **e** Erstellen Sie anhand der Zahlen unten ein Balkendiagramm, das zwischen den Freizeitwünschen von Jungen und Mädchen differenziert. Zeichnen Sie dabei bei jeder Freizeitbeschäftigung einen Balken für Mädchen und einen für Jungen.

|  | Mädchen | Jungen |
|---|---|---|
| **Freunde treffen** | 99 | 91 |
| **Fernsehen** | 93 | 85 |
| **Sport** | 59 | 71 |
| **Musik hören** | 52 | 50 |
| **Ausgehen** | 38 | 28 |
| **Chatten** | 21 | 27 |
| **Computerspiele** | 8 | 23 |
| **Lesen** | 13 | 7 |

**f** Vergleichen Sie Ihre Ergebnisse im Kurs. Falls Sie allein lernen, schauen Sie im Lösungsschlüssel nach.

## 5 Grafiken mit mehreren Diagrammen analysieren

▶ TS Ü  **a** Analysieren Sie die Grafik rechts schriftlich. Gehen Sie dabei wie folgt vor.

- Beschreiben Sie zunächst das Thema der Grafik. Nennen Sie dabei auch Quelle, Jahreszahl etc.
- Erläutern Sie dann das Kurvendiagramm innerhalb der Grafik.
- Bringen Sie anschließend das Balkendiagramm mit dem Kurvendiagramm in Verbindung und erläutern Sie es.
- Die Redemittel unten sowie die aus den vorherigen Aufgaben können Ihnen helfen.

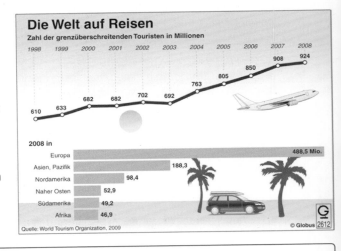

> **Quelle:** Die Daten / Zahlen / Informationen stammen von … aus dem Jahr … | Die Grafik ist der Studie … aus dem Jahr … entnommen. | Die Zahlen basieren auf einer Umfrage / Erhebung von … | Die Daten wurden im Jahr … erhoben.
>
> **Überblick:** Der Titel „…" sagt / verweist darauf, dass … | Die vorliegende Grafik gibt Auskunft / liefert Informationen über / darüber, … | Die Grafik besteht aus … | Auf der Grafik / Im Balken- / Kurvendiagramm ist dargestellt / sieht man …
>
> **Kurvendiagramm:** Während im Jahr …, … im Jahr … (nur) … | Die Anzahl der … hat sich gegenüber dem Jahr … um … erhöht. | Im Vergleich zu … gibt es eine Steigerung von … auf …
>
> **Balkendiagramm:** Die meisten / Die wenigsten … | Am beliebtesten sind … | Es reisen (etwas) mehr / weniger … nach / innerhalb von … als nach / innerhalb von … | An erster / zweiter / … Stelle stehen …

**TS Ü**

**b** Analysieren Sie die folgende Grafik schriftlich. Gehen Sie dabei schrittweise vor, wie in Aufgabenteil a beschrieben. Die folgenden Redemittel sowie die aus den vorherigen Aufgaben können Ihnen helfen.

> **Voraussagen:** Die World Tourism Organization prognostiziert / schätzt / sagt vorher, dass … | Aufgrund von Schätzungen nimmt man an, dass … | Laut Prognose der World Tourism Organization … | Man geht davon aus, dass … | Die Zahl der Reisenden wird bis zum Jahr … wahrscheinlich auf … ansteigen. | Man nimmt an, dass …

**c** Stellen Sie nun einen Zusammenhang zwischen der Grafik in Aufgabenteil a und der in Aufgabenteil b her. Besprechen Sie Ihre Ergebnisse im Kurs. Falls Sie allein lernen, schauen Sie im Lösungsschlüssel nach.

## 6 Checkliste: Darauf muss ich achten!

**TM R**

Lesen Sie die folgende Checkliste zur Analyse bzw. Herstellung von Diagrammen bzw. Grafiken. Erstellen Sie anschließend eine eigene Checkliste mit Ihren zusätzlichen Ergänzungen, die Sie bei Bedarf mitnehmen können.

1. Was sagt das Diagramm / die Grafik auf den ersten Blick?
   - Überschrift
   - erklärender Untertitel
   - Quelle
   - Daten von wann
2. Um was für ein Diagramm handelt es sich?
   - Kreisdiagramm
   - 100 %-Säulen-Diagramm
   - Säulendiagramm
   - Kurvendiagramm
   - Balkendiagramm
3. Was wird veranschaulicht?
   - Teile vom Ganzen
   - Entwicklung von etwas
   - Vergleich zwischen zwei oder mehr Entwicklungen
   - Rangfolge von etwas (z. B. von Objekten, Bewertungen)
   - Rangfolgen im Vergleich
4. Um welchen Zahlenwert handelt es sich?
   - Prozentsätze
   - absolute Zahlen (z. B. Umsatz, Anzahl verkaufter Produkte)
5. Um welchen Zeitraum handelt es sich?
   - Darstellung von Stand innerhalb eines Jahres, Monats etc.
   - Vergleich mehrerer Jahre, Monate etc.

# Projektbericht

## 1 Berichte in vielen Tätigkeitsbereichen: Funktion eines Berichts

▶ VW A **a** Welche der folgenden Berichtarten werden wo geschrieben? Ordnen Sie die Begriffe in die Tabelle ein. Einige Berichtarten kommen mehrfach vor.

> Praktikumsbericht | Exkursionsbericht | Laborbericht | Projektbericht | Forschungsbericht |
> Rechenschaftsbericht | Zwischenbericht | Abschlussbericht | Jahresbericht

| in der Schule | im Studium | in der Forschung | in Unternehmen | in . . . |
|---|---|---|---|---|
| Praktikumsbericht, | | | | |

**b** Überlegen Sie, wo und worüber Sie selbst schon einmal einen Bericht verfasst haben. Ergänzen Sie ggf. die Tabelle in Aufgabenteil a.

▶ TM R **c** Lesen Sie die Definition der Textsorte „Bericht" und unterstreichen Sie die wichtigen Informationen. Erklären Sie anschließend einem Partner bzw. einer Partnerin – wie im Beispiel unten – einige Berichtformen aus den Aufgabenteilen a und b, die Sie kennen oder die für Sie persönlich relevant sind.

> **Bericht**
>
> Unter einem Bericht versteht man die sachliche Darstellung eines Vorgangs oder Projekts. Die Wiedergabe erfolgt aufgrund eigener und fremder Zeugnisse. Ein Bericht versorgt den Leser mit genauen Informationen, die ihm oft als Grundlage für Entscheidungen dienen. Daher muss ein Bericht richtig, sachlich, vollständig und wahrheitsgetreu sein. Ein Bericht ist immer für einen bestimmten Adressaten(kreis) geschrieben. Dieser bestimmt Sprache und Komplexität des Dokuments. So unterscheidet sich z. B. ein wissenschaftlicher Forschungsbericht in Sprache, Länge und Komplexität der Darstellung naturgemäß von einem von Schülern verfassten Bericht über ein Praktikum.

*Ein Praktikumsbericht in der Schule richtet sich an den verantwortlichen Lehrer. Der Bericht soll ihn darüber informieren, wo jemand sein Schulpraktikum gemacht hat, wie es verlaufen ist und was er bzw. sie dort gelernt hat. Anhand dieser Darstellung kann der Lehrer entscheiden, ob die entsprechende Person ihr Praktikum ordentlich absolviert hat.*

**d** Tauschen Sie sich in Gruppen darüber aus, wann und zu welchem Zweck in Ihrem Heimatland Berichte geschrieben werden.

## ② Der Projektbericht: Ausgangslage und Ziele des Projekts

TA E  **a** Lesen Sie den Anfang eines Projektberichts und unterstreichen Sie die Schlüsselwörter.

**Projektbericht: Einsatz von Ausbildungs-Paten an der Hauptschule in Weilstadt**
Christoph Haunschild und Katja Moormann

1. Ausgangslage und Ziele des Projekts

In der heutigen Zeit, die durch eine hohe (Jugend-)Arbeitslosigkeit geprägt ist, ist es für viele junge Menschen schwer, einen Ausbildungsplatz zu finden. Verschärft wird diese Schwierigkeit noch dadurch, dass viele Jugendliche selbst in der Abschlussklasse nicht oder nur schwer einschätzen können, welche fachlichen und sozialen Kompetenzen sie besitzen. Daher haben sie keine klare Vorstellung davon, welchen Beruf sie ergreifen und welche Lehrstelle sie wählen sollen. Eine Beschäftigung mit diesen Fragen ist nur selten Gegenstand des Unterrichts und auch die Eltern können ihren Kindern bei der Berufswahl nicht ausreichend helfen. Und weil ihnen die Unterstützung fehlt, hängen viele Jugendliche quasi „in der Luft". Sie benötigen die Unterstützung von jemandem, der seit Langem erfolgreich im Beruf steht oder bis vor Kurzem gestanden hat. An diesem Punkt setzte das Projekt „Ausbildungs-Paten" an, das vom Jugendamt Weilstadt sowie vom kommunalen Schulamt ins Leben gerufen und an der Hauptschule Weilstadt durchgeführt wurde.

Ziel des Projekts war es, Schüler der Hauptschule Weilstadt während des letzten Schuljahrs individuell zu begleiten und sie so auf dem Lernweg zu einem guten Schulabschluss zu unterstützen. Sie sollten Orientierung bei der Berufsfindung erhalten, mit der Erstellung von Bewerbungsunterlagen vertraut gemacht und bei der Suche nach einem Ausbildungsplatz unterstützt werden. Zentrales Element des Projekts waren ehrenamtliche Personen, die Erfahrung in der Arbeitswelt haben und sich für die Integration junger Menschen in das Berufsleben engagieren wollen. Von dem Projekt erhoffte man sich, dass die Jugendlichen eine genauere und realistischere Vorstellung über ihren Wunschberuf entwickeln und wissen, welche Kompetenzen hierfür nötig sind. Auf diese Weise sollte die Vermittlungsquote von Jugendlichen in Ausbildungsberufe steigen.

**b** Vergleichen Sie Ihre Schlüsselwörter in Gruppen. Falls Sie allein lernen, schauen Sie im Lösungsschlüssel nach. Beantworten Sie anschließend die folgenden W-Fragen und tragen Sie die Antworten in die Liste ein.

1. Was ist Thema des Projekts?
2. Welche Ausgangslage hat das Projekt, d.h., aus welchen Gründen wird es durchgeführt?
3. Wer sind die Initiatoren des Projekts?
4. Wer nimmt am Projekt teil?
5. Welche Ziele verfolgt das Projekt?
6. Welche Ergebnisse erhoffen sich die Initiatoren des Projekts?

**Thema:** *Einsatz von Ausbildungs-Paten an der Hauptschule in Weilstadt*

**Gründe für das Projekt:**
1. ........................
2. ........................
3. ........................
4. ........................

**Initiatoren des Projekts:**
1. ........................
2. ........................

**Teilnehmer des Projekts:**
1. ........................
2. ........................

**Ziele des Projekts:**
1. ........................
2. ........................
3. ........................
4. ........................

**Erwartete Ergebnisse:**
1. ........................
2. ........................

TS Ü   **c** Notieren Sie wichtige Punkte eines kleinen Projekts, das Sie selbst durchgeführt haben, z. B. in der Schule oder im Sprachunterricht. Nutzen Sie dazu die Liste aus Aufgabenteil b.

**d** Beschreiben Sie schriftlich anhand Ihrer Stichworte aus Aufgabenteil c die Ausgangslage und die Ziele Ihres Projekts. Die folgenden Redemittel können Ihnen helfen.

> Hintergrund des Projekts war … | Die Ausgangslage stellte sich wie folgt dar: … | Mit dem Projekt erhoffte man sich, Folgendes zu erreichen: … | Von dem Projekt erwartete man sich folgende Ergebnisse: … | Mit dem Projekt waren folgende Hoffnungen verbunden: … | Ziel des Projekts war es, …

## ❸ Der Projektbericht: Beschreibung, Bewertung, Reflexion

TA E   **a** Ordnen Sie folgende Stichworte in die Spalte „Gliederungspunkte eines Projektberichts" ein.

> Struktur und Verlauf des Projekts |
> Ausgangslage und Ziele des Projekts |
> Ausblick / Empfehlungen | Anhang |
> Ergebnisse des Projekts | Reflexion

**Projektbericht**

Ein Projektbericht bringt Einsichten und Ergebnisse auf drei Ebenen:

1. Er beschreibt die Gründe, Ziele, Inhalte, den Ablauf und die Ergebnisse eines Projekts.
2. Er bewertet die Ziele und Ergebnisse.
3. Er reflektiert bei wissenschaftlichen Projekten die angewendeten Methoden.

| Aufbau | Gliederungspunkte eines Projektberichts | Inhalt |
|---|---|---|
| **Einleitung** | 1. Ausgangslage und Ziele des Projekts | – …<br>– … |
| **Hauptteil** | 2. | – … |
| | 3. | – Präsentation der Ergebnisse |
| | 4. | – … |
| **Schluss** | 5. | – kurze Zusammenfassung<br>– … |
| **Ergänzung** | 6. | – … |

**b** Vergleichen Sie Ihre Ergebnisse in Gruppen und überlegen Sie gemeinsam, was der Inhalt der einzelnen Gliederungspunkte sein könnte. Ergänzen Sie dann in der Tabelle oben die Spalte „Inhalt" mit folgenden Begriffen.

> kurze Zusammenfassung | detaillierte Beschreibung des Projektablaufs | (umfangreiche) Datensammlung |
> Empfehlungen für die Zukunft / Ausblick auf weitere Maßnahmen | Diskussion des Verfahrens und der Ergebnisse |
> Präsentation der Ergebnisse | Gründe für die Durchführung des Projekts | globale Formulierung der Projektziele

TS Ü   **c** Führen Sie Ihren Projektbericht aus den Aufgaben 2c und d fort, indem Sie zu jedem Gliederungspunkt in Aufgabenteil a Stichpunkte notieren.

## 4 Der Projektbericht: Detaillierte Beschreibung des Projekts

VW A   **a** Überlegen Sie sich, wie das Projekt „Ausbildungs-Paten" an der Hauptschule in Weilstadt konkret aussehen könnte und notieren Sie Stichworte zu den folgenden Fragen.

- Aus welchen Berufszweigen könnten die Paten stammen?
- Welche Schüler/innen könnten an dem Projekt teilnehmen?
- Wie könnte der Ablauf des Projekts konkret aussehen?
- Was soll im Detail erreicht werden?
- Welche Auswirkungen könnte das Projekt auf die Schüler haben?

**b** Lesen Sie nun die folgenden Stichworte zur Fortsetzung des Projekts, die die Verfasser des Berichts notiert haben, und vergleichen Sie sie mit Ihren Überlegungen aus Aufgabenteil a.

*Auswahlkriterien:*
- *Personen, die noch im Berufsleben stehen, sowie Rentner / Pensionäre, die erst vor Kurzem aus Berufsleben ausgeschieden sind*
- *Vorrang: Personen, die Erfahrung im Umgang mit jungen Menschen haben, sowie Personen, die über berufliche Netzwerke verfügen*
- *15 Ausbildungspaten (4 ehemalige Handwerksmeister/innen, 3 pensionierte Lehrer/innen, 2 ehemalige Unternehmer/innen (mittelständische Betriebe), 2 Personalchefs, 1 Ingenieur, 2 Ausbilder/innen, 1 Bankkauffrau)*
- *30 Schülern/innen von Lehrern/innen für Projekt vorgeschlagen → Kriterien: schlechte Noten, unklare Berufsvorstellung, geringe Motivation, etwas zu lernen und sich zu bewerben*
- *davon Teilnahme auf freiwilliger Basis: 22 Schüler/innen*

*Ablauf:*
- *je nach Zeit → manche Ausbildungspaten 1 Schüler/in, andere zwei*
- *das ganze Schuljahr: 1x pro Woche ein mind. 2-stündiges Treffen zwischen Ausbildungspaten und Schülern/innen an der Schule*

*detaillierte Ziele:*
- *Motivation der Schüler/innen steigern*
- *Individuelle Unterstützung bei Lernschwierigkeiten → besserer Schulabschluss*
- *Orientierung über mögliche Berufsfelder und Aufgabenbereiche*
- *Gemeinsames Herausarbeiten der individuellen Stärken*
- *Stärkung der vorhandenen Fähigkeiten*
- *Erlernen von sozialen Kompetenzen*
- *Erstellen von Bewerbungsunterlagen und Training des Bewerbungsgesprächs*
- *Unterstützung bei Suche nach Ausbildungsplatz*

*Ergebnis:*
- *18 Schüler/innen haben Hauptschulabschluss geschafft (davon 15 mit einem Notendurchschnitt von 3,0 und besser)*
- *3 Schüler/innen konnten bewegt werden, die letzte Klasse zu wiederholen*
- *1 Schüler hat Projekt abgebrochen*
- *14 Schüler/innen haben einen Ausbildungsplatz gefunden*
- *3 Schüler/innen machen zurzeit ein halbjähriges Praktikum mit Möglichkeit zur Ausbildung*
- *1 Schülerin besucht Schulungsmaßnahme vom Arbeitsamt*

*Reflexion:*
- *individuelle Betreuung durch Ausbildungspaten → Steigerung Motivation → Erfolgserlebnisse → Steigerung des Selbstwertgefühls der Schüler/innen*
- *um 50 % höhere Vermittlungsquote gegenüber früheren Jahren ohne Ausbildungspaten*

*Ausblick:*
*Entscheidung Jugend- und Schulamt Weilstadt:*
- *Projekt an Hauptschule zunächst drei Jahre fortsetzen*

TS Ü  **c** Formulieren Sie anhand der Stichwortliste in Aufgabenteil b die Fortsetzung des Berichts zum Projekt „Ausbildungs-Paten". Die folgenden Redemittel können Ihnen dabei helfen.

> Man entschied sich bei der Auswahl der Ausbildungspaten für … | Vorrang hatten Personen, die … | Die Kriterien hierfür waren, dass … | Aufgabe der Ausbildungspaten war es, … | Außerdem / Darüber hinaus sollten die Ausbildungspaten … | Eine weitere wichtige Rolle sollte … spielen. | Ein weiterer Aufgabenbereich der Ausbildungspaten bestand darin, … | Daneben hatten die Ausbildungspaten die Aufgabe, … | Insgesamt kann man von einem positiven Ergebnis sprechen. | Als Fazit lässt sich sagen, dass … | Aufgrund der guten Ergebnisse haben … entschieden, …

**d** Vergleichen Sie Ihre Berichte zum Projekt „Ausbildungs-Paten" in Gruppen. Was ist gut? Was könnte man besser machen? Falls Sie allein lernen, schauen Sie im Lösungsschlüssel nach.

**e** Ordnen Sie weitere Redemittel den folgenden Abschnitten eines Projektberichts zu.

> Ziel war es, … | In der ersten Phase des Projekts wurden … | Zusammenfassend lässt sich sagen, dass … | Aufgrund der guten / schlechten Ergebnisse plant man nun … | Als Ergebnis lässt sich festhalten: … | Die weiteren Schritte des Projekts verliefen folgendermaßen: … | Konkret wollte man erreichen, dass … | Am Ende des Projekts … | Aufgrund der Projektergebnisse möchten wir folgende Empfehlung aussprechen: … | Insgesamt lässt sich eine positive / negative Bilanz ziehen. | Abschließend lassen sich folgende Ergebnisse festhalten: …

| Struktur / Verlauf | Ziele | Ergebnisse | Reflexion | Ausblick / Empfehlungen |
|---|---|---|---|---|
| | *Ziel war es …* | | | |

**f** Schreiben Sie anhand Ihrer Stichworte in Aufgabe 3 c einen kurzen Bericht über Ihr eigenes Projekt. Die Redemittel in Aufgabenteil c und e sowie die Hinweise in der Checkliste unten können Ihnen helfen.

## ⑤ Checkliste: Darauf muss ich achten!

TM R  Achten Sie beim Verfassen von Projektberichten auf folgende Punkte.

> Ein Bericht sollte – je nach Kontext und Adressatenkreis – im neutralen oder formellen Sprachstil verfasst sein. Hinweise zu den Sprachstilen finden Sie im Kap. „Stilebenen".

1. Machen Sie während eines Projekts regelmäßig genaue Aufzeichnungen über den Ablauf. Dazu sollten Sie ein Projektbuch anlegen.

2. Erstellen Sie möglichst früh auf der Grundlage Ihrer Notizen eine Gliederung des späteren Projektberichts. Die Gliederung sollte klar und übersichtlich sein und gleichzeitig die Komplexität des Themas widerspiegeln.

3. Denken Sie bei der Niederschrift des Berichts daran, dass die Inhalte richtig, sachlich, vollständig und wahrheitsgetreu wiedergegeben werden müssen.

4. Schreiben Sie so ausführlich wie nötig, aber so kurz wie möglich.

5. Verwenden Sie für die Darstellung des (abgelaufenen) Projekts das Präteritum bzw. Plusquamperfekt. Schlussfolgerungen und Wertungen dagegen sollten Sie im Präsens wiedergeben.

6. Denken Sie beim Schreiben an die Zielgruppe, d.h. an den / die Adressaten des Berichts. Wählen Sie je nach Kontext einen eher neutralen oder eher formellen Sprachstil.

7. Nehmen Sie sich Zeit für die Überarbeitung und Gestaltung des Berichts.

# Erörterung B2 6/C1 3,11

## 1 Die Erörterung: Eine typisch deutsche Textsorte?

**VW A**  **a** Lesen Sie die folgenden Wörterbucheinträge und erklären Sie anschließend einem Lernpartner bzw. einer Lernpartnerin, was die Wörter „erörtern" und „Erörterung" sowie „abhandeln" im Deutschen bedeuten.

**er·ör·tern** <erörterst, erörterte, hat erörtert> *mit OBJ* ■ *jmd. erörtert etwas Akk. die verschiedenen Aspekte von etwas abwägen und diskutieren* Habt ihr die Lage/die Probleme/das Für und Wider schon erörtert?
**Er·ör·te·rung** *die* <-, -en> **1.** *das Erörtern* **2.** *wissenschaftliche Abhandlung, die ein Thema erörtert*

**ab·han·deln** <handelst ab, handelte ab, hat abgehandelt> *mit OBJ* ■ *jmd. handelt etwas ab* **1.** (≈ *erörtern*) *unter verschiedenen Aspekten bedenken und diskutieren* ein Thema (ausführlich/ mit wenigen Sätzen) abhandeln

Wörterbucheinträge aus: PONS Großwörterbuch Deutsch als Fremdsprache, Ernst Klett Sprachen GmbH, Stuttgart 2006

**b** Überlegen Sie in Gruppen, wie der Inhalt und die Form einer „Erörterung" aussehen könnten. Notieren Sie Stichworte.

*Thema zuerst kurz umreißen,*

**TM R**  **c** Lesen Sie nun die Definition der Textsorte „Erörterung" und unterstreichen Sie die wichtigen Informationen.

> **Erörterung**
>
> Als Erörterung bezeichnet man eine Textsorte, die sich mit einem Sachproblem auseinandersetzt und ein klares Sach- und Werturteil verlangt. Sie spielt in Deutschland vor allem im schulischen Bereich eine wichtige Rolle. Dass eine Erörterung, d.h. eine ganz bestimmte Behandlung eines Themas gefordert wird, ist bereits an der Überschrift abzulesen, die in Aussage- oder Frageform formuliert werden kann, z. B.: „Genfood – Vorteile und Nachteile. Nehmen Sie Stellung." oder „Genfood – Segen oder Fluch?".
> In der Einleitung wird zunächst der zu behandelnde Sachverhalt dargestellt. Anschließend werden Pro- und Contra-Argumente gesammelt und einander gegenübergestellt. Die Argumente müssen begründet und – sofern möglich – anhand von Beispielen veranschaulicht werden. Dabei kann die Begründung nicht nur zur Bekräftigung von Argumenten dienen, sondern auch zu deren Entkräftung. Im abschließenden Schlussteil wird eine persönliche Stellungnahme abgegeben und ein Urteil zugunsten von pro oder contra gefällt.
> Auch im universitären Bereich ist die Erörterung eine wichtige und vielfach verwendete Textsorte. In ihrer wissenschaftlichen Form ist sie häufig Bestandteil einer wissenschaftlichen Abhandlung. Hierbei wird ein Thema ebenfalls aus mehreren Seiten beleuchtet, jedoch wird der strenge Aufbau in Pro- und Contra-Argumente teilweise aufgegeben und modifiziert. Siehe dazu auch das Kap. „Hausarbeit".

**d** Vergleichen Sie Ihre Vermutungen aus Aufgabenteil b mit der Definition und fassen Sie die Merkmale der Textsorte „Erörterung" mit eigenen Worten kurz zusammen.

**e** Besprechen Sie, ob die Erörterung auch in Ihrem Heimatland eine wichtige Textsorte in der Schule und im Studium ist oder ob sie Ihnen eher unbekannt ist. Überlegen Sie auch, wie strittige Sachverhalte in Ihrem Heimatland abgehandelt werden.

## 2 Die Erörterung: Aufbau und Argumentationsstruktur

TA E  **a** Lesen Sie die folgende Erörterung zum Thema „Chancen und Risiken der Gentechnik" und markieren Sie dabei die Pro- und Contra-Argumente in unterschiedlichen Farben. Welche Argumente werden zuerst, welche als Zweites genannt? Ergänzen Sie die linke Spalte.

| Gliederungspunkt | Erörterung |
|---|---|
| Titel | **Chancen und Risiken der Gentechnik. Nehmen Sie Stellung.** |
| Einleitung | In den letzten beiden Jahrzehnten haben sich die technologischen Möglichkeiten im Bereich der Landwirtschaft enorm verbessert. Neben Züchtungserfolgen hat vor allem die Gentechnik im Lebensmittelbereich zu einer deutlichen Steigerung der Nahrungsmittelproduktion geführt. Durch Genfood, so der häufig verwendete Begriff für gentechnisch veränderte Lebensmittel, ist ein Sieg über den Hunger in der Welt in den Bereich des Denkbaren gerückt. Man sollte also annehmen, dass der Anbau gentechnisch veränderter Lebensmittel sich auf einem unaufhaltsamen Vormarsch befindet und uneingeschränkt begrüßt wird. Doch das ist nicht der Fall: Das Thema „Genfood" bleibt heiß umstritten. Allein in Deutschland stehen laut neuster Umfragen rund 70 % der Menschen der Gentechnik insgesamt und Genfood im Besonderen skeptisch bis ablehnend gegenüber. An der Gentechnik scheiden sich also die Geister. Doch was ist sie wirklich, die Gentechnik: Fluch oder Segen für die Menschheit? Wie sind die Chancen, wie die Risiken zu beurteilen? |
| Hauptteil | Für ihre Befürworter bedeutet Gentechnik Zukunft, und zwar in vielen Bereichen: |
| .......................... -Argumente | Das Hauptargument für die Befürwortung gentechnisch veränderter Lebensmittel ist, dass man mithilfe der Gentechnik den Hunger in der Welt besiegen könne, denn mithilfe der Gentechnik ließen sich die Erträge steigern und so stünden mehr Nahrungsmittel für die Menschen, z. B. in den Hungergebieten Afrikas, zur Verfügung.<br><br>Ein weiteres wichtiges Argument bezieht sich darauf, dass man durch die Gentechnologie auch die Qualität der Nahrungsmittel erhöhen könne. Dadurch könnte nämlich Mangelerkrankungen, wie sie in Hungerregionen an der Tagesordnung sind, vorgebeugt werden. Als Beispiel wird die Erfindung einer neuen Reissorte angeführt. Der sogenannte Goldreis ist eine gentechnisch veränderte Reissorte, die um ein Vielfaches mehr Vitamin A enthält als herkömmliche Reissorten.<br><br>Verteidiger der Gentechnik führen ein weiteres Argument an, das sich auf den Themenkomplex Gesundheit bezieht. Entgegen allgemeinen Befürchtungen halten sie gentechnisch veränderte Produkte nicht für gesundheitsgefährdend. Das Gegenteil sei der Fall, weil es durch die Gentechnik z. B. möglich werde, allergieauslösende Stoffe aus den Pflanzen zu entfernen. Aufgrund dieser Möglichkeit könne vielen Millionen Menschen, die unter Lebensmittelallergien litten, geholfen werden. Entsprechende Forschungen werden derzeit beispielsweise an Reissorten betrieben. Produkte wie der Sterling-Reis dagegen, der möglicherweise sogar Allergien auslösen könnte, seien nur als Futtermittel für Tiere, nicht aber für den menschlichen Verzehr zugelassen. Dies demonstriere das hohe Verantwortungsbewusstsein der Genforscher.<br><br>Auch das ökologische System sei nicht in Gefahr, so das Argument, das Anhänger der Gentechnik immer wieder ins Feld führen. Wissenschaftler und Landwirte, die sich auf Genfood spezialisiert haben, betonen immer wieder die große Sicherheit der Anbaumethoden. Ein von den Kritikern befürchteter Gentransfer sei daher nicht zu befürchten. Genveränderte DNA könne nicht – wie vielfach behauptet – durch Pollenflug auf benachbarte Felder gelangen und zu genetischen Veränderungen bei anderen Pflanzen führen. Die Kontrolle und Abschirmung der Gen-Felder sei nämlich enorm, wie das Beispiel von Versuchsfeldern am Max-Planck-Institut zeige. So werde der Anbau gentechnisch veränderter Pflanzen weitaus stärker kontrolliert als beispielsweise der von konventionell angebauten importierten Pflanzen. Außerdem werde die Sicherheit ständig erhöht, sodass die Folgen der neuen Technologie genau abzuschätzen seien. |

| -Argumente | Ein wichtiges Argument gegen die Gentechnik ist jedoch, dass man mit ihrer Hilfe den Hunger in der Dritten Welt nicht wirklich besiegen kann, denn durch sie werden im Gegenteil neue Abhängigkeiten geschaffen. Nicht die Menschen in den armen Ländern, sondern die Agrar-Konzerne in den reichen Industrienationen sind die Nutznießer der neuen Technologie. Durch die sogenannte Terminator-Technologie werden nämlich die Pflanzen steril und können nicht mehr zur Aussaat verwendet werden. Dadurch sind die Reisbauern, z. B. in den traditionellen Reisanbaugebieten Indiens, gezwungen, in jeder Saison neues Saatgut zu einem hohen Preis zu erwerben. Viele Bauern aber sind dazu finanziell nicht in der Lage, zumal die Konzerne ihre Monopolstellung ausnutzen und die Preise diktieren. Trotz des technologischen Fortschritts wird also die Hungerproblematik nicht gelöst, sondern eher verschärft, weil viele Bauern gezwungen sind aufzugeben und deshalb die Reisproduktion in Indien zurückgeht.

Entgegen allen Beteuerungen der Saatgut-Konzerne sind genmanipulierte Lebensmittel nicht dazu geeignet, die Mangelernährung von Menschen in der Dritten Welt sinnvoll zu beheben, denn die Qualität ihrer Ernährung wird damit nicht wirklich gesteigert. Zwar verbessert sich z. B. durch den viel gepriesenen Goldreis – ihm wurden Gene von Narzissen und Bohnen zugesetzt, wodurch er vermehrt Vitamin A bilden kann – ihre Versorgung mit diesem Vitamin. Aber die Notsituation der Menschen wird durch genmanipulierte Produkte wie den Goldreis eher kaschiert. Finanzielle Unterstützung – z. B. durch günstigere Preise – für eine ausgewogene Ernährung mit viel Obst und Gemüse, ab und zu etwas Fleisch oder Fisch wäre die bessere Alternative.

Gegen die Gentechnik spricht auch die Tatsache, dass genmanipulierte Lebensmittel gesundheitlich keineswegs so unbedenklich oder gar gesundheitsfördernd sind, wie ihre Befürworter aus dem Bereich der Forschung und der Nahrungsmittelindustrie in ihren Hochglanzbroschüren behaupten. Fremde DNA und Antibiotika-Resistenz-Gene können mittel- und langfristig den menschlichen Organismus schädigen. Doch nicht nur das: Es sind sogar Veränderungen im menschlichen Erbgut denkbar, mit unabsehbaren Folgen. Solange also keine Langzeitstudien über die Unbedenklichkeit genmanipulierter Lebensmittel vorliegen, sollte der Genuss genmanipulierter Lebensmittel gesetzlich verboten werden.

Das Hauptargument gegen die Gentechnik aber ist ein ethisches: Der Mensch sollte nicht in innerste Naturprozesse eingreifen. Schließlich sind die Auswirkungen auf das gesamte Ökosystem derzeit noch unklar, können aber verheerend sein. In einem so komplexen System wie der Natur kann es nämlich stets zu unerwarteten Reaktionen und zu irreversiblen Folgen kommen. Solange aber die Folgen nicht absehbar sind und damit die Sicherheit nicht gewährleistet ist, sollte technisch Machbares wie die Gentechnik nicht um jeden Preis realisiert werden. Auch der wirtschaftliche Nutzen darf in diesem Zusammenhang kein Argument sein. |
| Schluss | Deshalb muss abschließend festgehalten werden, dass die Risiken der Gentechnik deren Vorteile bei Weitem übersteigen. Ethische Aspekte sollten unser Handeln leiten und nicht der vordergründige wirtschaftliche Nutzen. Solange es keine Langzeitstudien gibt, die die Unbedenklichkeit von Gentechnik im Allgemeinen und Genfood im Besonderen eindeutig belegen, sollte auf ihren Einsatz verzichtet werden. Solange bleibt nämlich die Gentechnik eher Fluch als Segen. |

TA E  **b** Tragen Sie alle Argumente stichwortartig in die Tabelle ein.

| Pro-Argumente | Contra-Argumente |
|---|---|
| 1. Hunger in Welt kann besiegt werden | 1. |
| 2. | 2. |
| 3. | 3. |
| 4. | 4. |

TA E    **c**    Überfliegen Sie den Hauptteil der Erörterung noch einmal und beantworten Sie anschließend die folgenden Fragen. Besprechen Sie Ihre Antworten in Gruppen. Falls Sie allein lernen, schauen Sie im Lösungsschlüssel nach.

1. Welche Argumente nennt der Autor zuerst: die eigenen oder die der Gegenseite?
2. Wie ist die Reihenfolge der Wichtigkeit innerhalb der Pro-Argumente und innerhalb der Contra-Argumente: aufsteigend, also vom unwichtigeren zum wichtigeren Argument, oder absteigend, also vom wichtigeren zum unwichtigeren Argument?
3. Warum hat der Verfasser Ihrer Meinung nach diese Reihenfolge gewählt?
4. Welchen Standpunkt vertritt wohl der Verfasser? Woran erkennt man das?
5. Wie müsste die Reihenfolge der Argumente aussehen, wenn der Verfasser einen anderen Standpunkt vertreten würde?

*Er nennt zuerst ...*

> **Argumentationsstruktur**
>
> Neben der hier vorgestellten Argumentationsstruktur, d.h. Reihenfolge der Argumente, gibt es auch die Möglichkeit, auf jedes Argument sofort mit dem entsprechenden Gegenargument zu reagieren. Dies wird in der schulischen Aufsatzform „Erörterung" jedoch seltener praktiziert. Bei Erörterungen von Sachproblemen im Rahmen einer wissenschaftlichen Abhandlung bietet sich dieses Verfahren jedoch häufig an (vgl. auch Kap. „Hausarbeit"). Auch im Rahmen einer mündlichen Pro- und Contra-Debatte ist dies die bessere Alternative.

## ❸ Die Erörterung: Argumente aufführen, begründen und veranschaulichen

TM R    **a**    Lesen Sie den Hauptteil der Erörterung noch einmal und unterstreichen Sie die Stellen, an denen der Verfasser seine Argumente begründet und anhand von Beispielen veranschaulicht.

> **Tipp**
>
> Beim angemessenen Formulieren von Gründen, Gegengründen und Schlussfolgerungen helfen Ihnen kausale, konzessive und konsekutive Konnektoren und Angaben.
> Zur Wiederholung der Nebensätze und Angaben können Sie Mittelpunkt neu B2 zu Rate ziehen.

**b**    Übertragen Sie die Argumente aus Aufgabe 2 b und tragen Sie anschließend die Begründungen und Beispiele aus Aufgabenteil a stichwortartig in die Tabelle ein.

| | Argumente | Begründung | Beispiel |
|---|---|---|---|
| Pro 1 | *Hunger in Welt kann besiegt werden* | *durch Gentechnik kommt es zu einer Produktionssteigerung* | *mehr Nahrungsmittel für Afrika* |
| Pro 2 | | | |
| Pro 3 | | | |
| Pro 4 | | | |
| Contra 1 | | | |
| Contra 2 | | | |
| Contra 3 | | | |
| Contra 4 | | | |

## 4 Der Schreibprozess: Die Stoffsammlung

VW A  **a** Erarbeiten Sie eine Stoffsammlung zum Thema „Schuluniform – pro und contra". Aktivieren Sie dazu zunächst Ihr eigenes Vorwissen zum Thema. Die folgenden Fragen können Ihnen helfen.

- Mussten / Müssen Sie als Schüler bzw. Schülerin eine Schuluniform tragen?
- Ist das Tragen einer Schuluniform in Ihrem Heimatland Tradition?
- Falls Sie während Ihrer Schulzeit eine Schuluniform tragen mussten / müssen, wie ist Ihre Haltung gegenüber Schuluniformen? Positiv oder negativ?
- Falls man an Ihrer Schule / in Ihrem Heimatland keine Schuluniform trägt: Finden Sie das gut oder fänden Sie es besser, wenn man eine Schuluniform tragen würde?

TS Ü  **b** Legen Sie eine Tabelle mit den Rubriken „Argumente", „Begründung" und „Beispiel" an. Überlegen Sie dann zunächst, welche sachlichen Argumente für und welche gegen das Tragen einer Schuluniform sprechen. Tragen Sie Ihre Argumente in die Tabelle ein.

|  | Argumente | Begründung | Beispiel |
|---|---|---|---|
| pro |  |  |  |
| contra |  |  |  |

**c** Begründen Sie alle Argumente genauer und veranschaulichen Sie sie – wenn möglich – anhand von Beispielen. Halten Sie Ihre Überlegungen stichwortartig in der Tabelle fest.

## 5 Der Schreibprozess: Die Gliederung

TS Ü  **a** Entscheiden Sie sich beim Thema „Schuluniform – pro und contra" für die Position pro oder contra. Ordnen Sie die Argumente für Ihre Position aus Aufgabenteil 4b aufsteigend nach ihrer Wichtigkeit. Überprüfen Sie dann noch einmal, ob Ihre Argumente wirklich stichhaltig sind und ob die Begründungen und Beispiele geeignet sind, Ihre Argumente zu bekräftigen.

**Argumente für den eigenen Standpunkt nach aufsteigender Wichtigkeit:**

...................................................................................................................................................
...................................................................................................................................................
...................................................................................................................................................
...................................................................................................................................................
...................................................................................................................................................

**b** Ordnen Sie nun die Argumente der Gegenposition absteigend nach ihrer Wichtigkeit.

**Argumente für den Gegenstandpunkt nach absteigender Wichtigkeit:**

...................................................................................................................................................
...................................................................................................................................................
...................................................................................................................................................
...................................................................................................................................................

**c** Schauen Sie sich die Argumente der Gegenseite noch einmal genauer an und überlegen Sie, was gegen diese Argumente spricht und wie man sie entkräften könnte. Ergänzen Sie so die Argumente für Ihren Standpunkt in Aufgabenteil a.

**d** Nehmen Sie nun die Gliederung des Hauptteils vor. Entscheiden Sie dazu – entsprechend Ihrer persönlichen Position –, welche Argumente Sie zuerst und welche Sie zuletzt aufführen müssen. Falls Sie sich nicht sicher sind, lesen Sie dazu noch einmal Aufgabe 2c.

## 6 Der Schreibprozess: Schreiben

TM R **a** Überfliegen Sie noch einmal die Einleitung aus Aufgabenteil 2a und überlegen Sie, was eine Einleitung leisten muss und was demnach in die Einleitung einer Erörterung gehört.

.................................................................................................................................................

.................................................................................................................................................

**b** Lesen Sie die möglichen Inhalte einer Erörterung und markieren Sie, welche Punkte in eine Einleitung gehören können (j) und welche nicht (n). Falls Sie sich nicht sicher sind, lesen Sie noch einmal die Einleitung der Erörterung in Aufgabe 2a.

1. Hinführung auf die Fragestellung  ☒ n

2. Genaue Auflistung der Pro- und Contra-Argumente  j n

3. Allgemeine Informationen zum Thema (Definition, aktuelles Beispiel, Zahlen, die man später auswertet, etc.)  j n

4. Hinweis auf Bedeutung des Sachverhalts  j n

5. Nennen des eigenen Standpunkts  j n

6. Hinweis auf Strittigkeit des Sachverhalts  j n

7. Wiederholung der Aufgabenstellung in Frageform  j n

8. Detaillierte Informationen zum Thema  j n

TS Ü **c** Notieren Sie stichwortartig Punkte für eine Einleitung zum Thema „Schuluniform – pro und contra".

.................................................................................................................................................

.................................................................................................................................................

**d** Schreiben Sie anhand Ihrer Notizen aus Aufgabenteil c eine Einleitung zum Thema „Schuluniform – pro und contra".

**e** Verfassen Sie nun den Hauptteil Ihrer Erörterung zum Thema „Schuluniform – pro und contra" auf der Grundlage Ihrer Stoffsammlung aus Aufgabe 4b und c sowie Ihrer Gliederung aus Aufgabe 5. Die folgenden Redemittel können Ihnen helfen, Ihre Argumente angemessen zu formulieren.

> für … / dafür spricht, dass … | Befürworter meinen / sind der Meinung / vertreten die Meinung / führen an, dass … | Einer der wichtigsten Gründe, der für … angeführt wird, ist … | Die Befürworter sind für … / sind dafür, dass …, weil … | Das wichtigste / Ein wichtiges Argument für … bezieht sich auf / darauf, dass … | Als Hauptargument / Argument führen die Befürworter an, dass … | Das Hauptargument für … / dafür, dass …, ist … | Ein weiteres Argument für … ist … / das für … spricht, ist …

> gegen … / dagegen spricht, dass … | Gegner meinen / sind der Meinung / vertreten die Meinung / führen an, dass … | Einer der wichtigsten Gründe, der gegen … angeführt wird, ist … | Die Gegner lehnen … ab / sind gegen … / sind dagegen, dass …, weil … | Der wichtigste / Ein wichtiger Einwand bezieht sich auf / darauf, dass … | Als Hauptargument / Argument führen die Gegner an, dass … | Das Hauptargument gegen … / dagegen, dass …, ist … | Ein weiteres Argument gegen … ist … / das gegen … spricht, ist … | Ein weiterer Einwand ist …

TM R **f** Überlegen Sie vor dem Verfassen des Schlussteils, welche Funktion der Schluss hat und was Ihrer Meinung nach in den Schlussteil gehört.

.................................................................................................................................................

.................................................................................................................................................

.................................................................................................................................................

TM R **g** Lesen Sie die möglichen Inhalte einer Erörterung und markieren Sie, welche Punkte in den Schlussteil gehören können (j) und welche nicht (n). Falls Sie sich nicht sicher sind, lesen Sie noch einmal den Schluss der Erörterung in Aufgabe 2a.

1. Weitere Details für Ihren Standpunkt nennen ☐j ☒

2. Gedanken der Fragestellung wieder aufgreifen ☐j ☐n

3. Eigenen Standpunkt zum Ausdruck bringen ☐j ☐n

4. Standpunkt noch einmal an Beispiel verdeutlichen ☐j ☐n

5. (Indirekten) Appell an Leser richten ☐j ☐n

6. Ungelöste Probleme aufzeigen ☐j ☐n

7. Noch einmal auf Details eingehen ☐j ☐n

8. Wichtige Argumente für die eigene Position zusammenfassen ☐j ☐n

TS Ü **h** Schreiben Sie nun einen Schlussteil zum Thema „Schuluniform – pro und contra", in dem Sie persönlich Stellung nehmen und Ihren Standpunkt noch einmal betonen. Die folgenden Redemittel können Ihnen dabei helfen.

> Zusammenfassend / Abschließend muss man festhalten / sagen, dass … | Ich bin der Meinung / Ansicht / Auffassung / Überzeugung, dass … | Meiner Meinung / Ansicht / Auffassung / Überzeugung nach … | Ich vertrete den Standpunkt / stehe auf dem Standpunkt, dass … | Mich überzeugen am stärksten folgende Gründe: … | Meine Einschätzung der Lage ist folgende / folgendermaßen: … | Ich beurteile dieses Problem folgendermaßen / wie folgt: … | Wie ich die Lage einschätze, …

## 7 Checkliste: Wie schreibe ich eine Erörterung?

TM R Lesen Sie die Checkliste zur Formulierung einer Erörterung und markieren Sie, was für Sie besonders wichtig ist.

1. Erfassen Sie das Thema: Worum geht es?
2. Formulieren Sie für die Einleitung das Thema als Frage.
3. Beginnen Sie mit der Stoffsammlung und legen Sie zunächst eine Tabelle an, in der Sie Pro- und Contra-Argumente sammeln.
4. Ordnen Sie die Pro- und Contra-Argumente jeweils nach ihrer Wichtigkeit (auf- bzw. absteigend).
5. Überlegen Sie triftige Begründungen zu den einzelnen Argumenten sowie Beispiele zur Veranschaulichung.
6. Erstellen Sie im Anschluss an die Stoffsammlung eine Gliederung (Einleitung, Hauptteil mit Pro- und Contra- bzw. Contra- und Pro-Argumenten, Schluss). Die Argumente zu dem Standpunkt, den Sie selbst nicht vertreten, sollten zuerst genannt werden.
7. Eine gute Zeitplanung ist wichtig: Die Stoffsammlung sollte nicht mehr als 1/3 der zur Verfügung stehenden Zeit in Anspruch nehmen, damit Sie genügend Zeit für das Schreiben der Erörterung haben.
8. Schreiben Sie die Einleitung, die allgemeine Aussagen (Definition, Zahlenmaterial, ein Zitat etc.) zum Thema enthalten sollten. Die Problematik sollte in Frageform wiederholt werden.

9. Im Hauptteil stellen Sie zunächst die Argumente der Position (pro oder contra) dar, die Sie selbst nicht vertreten. Dennoch sollten Sie zumindest drei wichtige Argumente aufführen, diese durch Begründungen bekräftigen und anhand von Beispielen illustrieren.
10. Anschließend legen Sie die Argumente für Ihren Standpunkt (pro oder contra) dar und bekräftigen ihn mittels triftiger Begründungen und veranschaulichen ihn anhand von Beispielen. (Neben dieser Variante können Sie auch direkt jedem Argument das entsprechende Gegenargument gegenüberstellen.)
11. Dabei sollten Sie auch auf die Argumente der Gegenposition eingehen und diese anhand Ihrer Argumente und Begründungen entkräften.
12. Im Schlussteil geben Sie ein persönliches Urteil über den Sachverhalt ab, indem Sie Ihre wichtigsten Argumente noch einmal kurz zusammenfassen. Ihre zuvor genannten Argumente sorgen dafür, dass Ihr Urteil ein begründetes und kein willkürliches Urteil ist.
13. Lesen Sie Ihre Erörterung noch einmal auf Rechtschreibfehler, auf korrekten Satzbau und angemessenen Wortschatz hin durch. Nehmen Sie die notwendigen Korrekturen vor. Bei der Wortschatzarbeit kann Ihnen ein Synonymwörterbuch helfen.

# Exzerpte

## 1 Exzerpieren

VW A **a** Lesen Sie die folgende Erklärung zur Textsorte „Exzerpt"
und markieren Sie die wichtigsten Informationen.

> **Exzerpte**
>
> Ein Exzerpt ist eine Textart, die einen Primärtext reduziert und komprimiert.
> Unter Exzerpieren versteht man das Herausschreiben von Textteilen beim
> Lesen. Dabei können Textstellen entweder als Zitate wörtlich wiedergegeben
> oder mit eigenen Worten zusammengefasst (paraphrasiert) werden. Mithilfe
> von Exzerpten speichert man Inhalte und Zitate, auf die man zurückgreifen
> kann, ohne den Originaltext in seiner ganzen Länge nochmals lesen zu
> müssen. Exzerpte dienen auch der Prüfung, ob man einen Text verstanden
> hat, und sind eine Gedächtnishilfe.

**b** Sammeln Sie Situationen, in denen Ihnen das Anfertigen von Exzerpten
sinnvoll scheint.

*– in Lesephasen für Referate, Prüfungen*

*– ...*

**c** Welche Erfahrungen haben Sie mit dem Exzerpieren von Texten in Ihrer Muttersprache, welche in der Fremdsprache
Deutsch? Notieren Sie Stichworte.

*in der Muttersprache:*

*– ...*

*– ...*

*auf Deutsch:*

*– ...*

*– ...*

## 2 Exzerpte vorbereiten

VW A **a** In einem Seminar werden Sie sich mit dem Thema „Evaluation und Curriculum" beschäftigen. Lesen Sie zur inhaltlichen
Vorbereitung die beiden Wörterbucheinträge und tauschen Sie sich über die Bedeutung der Begriffe aus.

> **Cur·ri·cu·lum** das [ku...] <-s, Curricula> *Lehrplan*
> Welche Themen sieht das Curriculum für das
> nächste Schuljahr vor?

> **Eva·lua·ti·on** die <-, -en> (*geh.*) *Beurteilung, Be-*
> *wertung, kritische Einschätzung*
> **eva·lu·ie·ren** <evaluierst, evaluierte, hat evalu-
> iert> *mit OBJ* ■ *jmd. evaluiert jmdn./etwas* (*geh.*)
> *sach- und fachgerecht beurteilen*

Wörterbucheinträge aus: PONS Großwörterbuch Deutsch als Fremdsprache, Ernst Klett Sprachen GmbH, Stuttgart 2006

**b** Sie haben in einem Seminar einen Fachartikel mit dem Titel „Entwicklung statt Kontrolle – Zum Verhältnis von Evaluation
und Curriculum" erhalten. Überlegen Sie sich, was Sie bereits über das Thema „Evaluation und Curriculum" wissen und
was Sie gern aus dem Text erfahren möchten. Notieren Sie Stichworte.

*Evaluation/Curriculum:*      *Das möchte ich aus dem Text erfahren:*

*– ...*      *– ...*

*– ...*      *– ...*

**LV S**

**c** Schauen Sie sich zunächst die Überschriften und Zwischen-
überschriften des folgenden Fachartikels an und lesen
Sie die Einleitung sowie das Fazit. Ergänzen Sie dann die
neuen Informationen bei „Evaluation / Curriculum"
in Aufgabenteil b.

**Tipp**
Bei längeren Texten lesen Sie zunächst das Inhaltsverzeichnis,
die Zusammenfassung, die Einleitung und das Fazit bzw. den
Schluss. Dies dient der ersten Orientierung und der Prüfung,
ob der Text Ihren inhaltlichen Vorstellungen entspricht.

## Entwicklung statt Kontrolle – Zum Verhältnis von Evaluation und Curriculum[1]

*Anke Backhaus, Michael Schart*

### 1 Einleitung: Vom Krisenbewusstsein zur Evaluation

Gibt es eine Krise, so beginnt man zu evaluieren. Der Sputnik-Schock, der Ende der
50-er Jahre in den USA eine ganze Flut von neuen Bildungsprojekten und dazugehörigen Evaluationen auslöste, ist dafür ein ebenso anschauliches Beispiel wie
die Reaktionen der Bildungsverantwortlichen in Deutschland nach dem schlechten
Abschneiden der deutschen Schulen in der Vergleichsstudie PISA.

Von „Oben" angeordnete Maßnahmen, die mithilfe von Evaluation das Ziel der Qualitätsverbesserung verfolgen, können jedoch leicht im Sinne von Kontrolle verstanden
werden und bergen damit die Gefahr, eine generelle Abwehrhaltung gegenüber Evaluationen zu provozieren. Die Top-Down-Richtung ist jedoch nicht die einzig mögliche Vorgehensweise und Kontrolle bei weitem nicht die einzig denkbare Funktion
von Evaluationen. Lehrende können Evaluationsforschung vielmehr auch selbst in
die Hand nehmen, um in enger Kooperation mit externen Forschenden die Schwächen und Stärken der eigenen Lehre zu erkennen und das Curriculum ihres Instituts
weiterzuentwickeln. Und wenn dann überhaupt noch von Kontrolle zu sprechen ist,
so meint sie eher die Selbstkontrolle.

Wir möchten im folgenden Beitrag diesen zweiten, selbst initiierten Ansatz von
Evaluation eingehender begründen. Da es sich bei der Evaluationsforschung jedoch
um eine relativ neue Perspektive innerhalb unseres Arbeitsgebietes handelt und wir

1 Aus: Backhaus, Anke & Schart, Michael (2004): Entwicklung statt Kontrolle – Zum Verhältnis von Evaluation und Curriculum.
In: Neue Beiträge zur Germanistik, Bd. 3, Heft 4, S. 83–100 (Artikel wurde für den Abdruck hier gekürzt und leicht verändert) 83

daher begrifflichen Klärungsbedarf sehen, werden wir unseren Ausführungen einige
allgemeine Bemerkungen zum Forschungsfeld Evaluation voranstellen.

### 2 Formen, Grundsätze und Funktionen der Evaluationsforschung
### 2.1 Formen

Der Begriff der Evaluation wird allgemein für jede Art von Bewertung benutzt und
meint deshalb je nach Kontext sehr unterschiedliche Dinge. Als ein kleinster gemeinsamer Nenner, so kann man sagen, handelt es sich um ein Verfahren zur Beurteilung
des Wertes eines Produktes, Prozesses oder Programms. Werden dabei Informationen
mit dem Ziel gesammelt und bewertet, Entscheidungshilfen anzubieten, auf deren
Grundlage die Qualität des jeweiligen Produktes gesichert oder verbessert werden
kann, dann ist die Evaluation handlungsorientiert. Ihre Ergebnisse sollen in diesem
Fall Eingang in die Praxis finden.

Eine weitere wichtige Unterscheidung lässt sich zwischen summativer und formativer
Evaluation treffen. Erstere meint eine retrospektive Bewertung von Evaluationsob-
jekten, die darauf zielt, bereits vorliegende Resultate zu analysieren. Letztere hin-
gegen ist eher prozessorientiert und spielt eine Rolle bei der aktiven Gestaltung von
Programmen. Die Kommunikation der evaluationsbeteiligten Gruppen, der sogenann-
ten Stakeholder, ist dabei entscheidend für die Umsetzung von konstruktiven Ergebnissen. Die formative Evaluation setzt entweder vor Programmbeginn an, d. h. in der
Planungs- bzw. Planformulierungsphase (ex-ante) und ist somit preformativ / formativ
oder es handelt sich um einen begleitenden Bewertungsprozess (on-going), der sowohl
formativ wirken, als auch summativ bereits vorhandene Ergebnisse bilanzieren kann.

84

**Für Notizen in Aufgabe 4 d:**

## 2.2 Grundsätze

Die Evaluationsforschung unterscheidet sich in ihren wissenschaftlichen Debatten der vergangenen Jahrzehnte wenig von anderen Gebieten der Sozialwissenschaften. Heute gilt sie als ein gesellschaftlich erwünschter Prozess, bei dem die Interessen der Betroffenen eine zentrale Rolle spielen und die Evaluatoren eher beratend auf die Evaluierten, d. h. die Beurteilten, einwirken. Die Wahl der Forschungsinstrumente wird von der Fragestellung und dem Zweck der jeweiligen Evaluation bestimmt. Konsens herrscht über eine kritisch-rationale Forschungslogik, der zufolge alle bekannten Forschungstechniken prinzipiell einsetzbar sind, sofern sie Kriterien wie Wissenschaftlichkeit, Durchführbarkeit, Korrektheit und Genauigkeit entsprechen und für Auftraggeber und Stakeholder von maximalem Nutzen sind. Nicht zuletzt wird inzwischen allgemein anerkannt, dass Instrumente und Vorgehensweisen reflektiert werden müssen. Evaluationsprozesse sollten also selbst wieder Evaluationen ausgesetzt werden.

## 2.3 Funktionen

Auf der Basis dieser Grundsätze lassen sich Evaluationen in sehr verschiedenen Funktionen einsetzen (vgl. Rindermann, 2001, S. 13). Die Bandbreite reicht vom Bestreben, einen Reputationsgewinn zu erzielen, bis hin zu einem Verständnis der Evaluation als einem diskursiven, emanzipatorischen Prozess innerhalb einer Institution. Evaluationen können zur wissenschaftlichen Klärung und Bewertung ebenso verwendet werden wie zur Kontrolle und Überwachung. Sie können Prozeduren verbessern oder aber verhindern helfen. Sie können dazu beitragen, alternative Handlungsmöglichkeiten aufzudecken, deren Durchsetzung zu begleiten und ab-

schließend die Zielerreichung zu überprüfen. Schließlich können sie Einblicke in bisher geschlossene Systeme ermöglichen. Chelimsky (1997, S. 100ff.), an deren Systematik wir uns im Folgenden orientieren, unterscheidet drei Perspektiven, um diese verschiedenen Funktionen von Evaluationen zu systematisieren:

- *accountability perspective:* Der Schwerpunkt liegt darauf, die Resultate eines Programms zu messen und dessen Effizienz abzuwägen. Die Rolle des Evaluators ist dabei distanziert. Es wird eine hohe Objektivität und Vergleichbarkeit angestrebt.
- *knowledge perspective:* Im Zentrum steht das Bestreben, Einsichten über Programme und Prozesse zu gewinnen und aus deren Kritik zu neuen Methoden zu gelangen.
- *developmental perspective:* Die Evaluation soll direkt zur Entwicklung einer Institution beitragen. Prozesse und Veränderungen werden kritisch begleitet, wodurch die Evaluation selbst zu einem Teil des Programms wird. Dem entsprechend eng ist das Verhältnis zwischen Evaluator und beteiligten Gruppen.[2]

2 Die hier genannten Funktionen und Erkenntnisinteressen von Evaluation lassen sich in der Praxis selten klar voneinander abgrenzen. Da aber je nach Auftraggeber bzw. Durchführenden von Evaluationen die Ansprüche divergieren, ist es dennoch entscheidend, sich vor Beginn eines Evaluationsprojekts der Zielsetzungen zu versichern.

## 8 Fazit

Der Motor und die treibende Kraft von Evaluationen ist der Diskurs zwischen Lehrenden und Lernenden innerhalb eines Kurses sowie zwischen Peers[3], wobei eine lebendigere Kommunikation eine gewinnbringende Erfahrung für alle Beteiligten darstellen kann (vgl. Reissert, 2001, S. 192). Durch Evaluationen ergeben sich vielfältige Möglichkeiten, das Profil eines Programms zu schärfen, sie öffnen Blicke auf bislang ungenutzte Handlungsmöglichkeiten und lassen missachtete Einflüsse und Zusammenhänge zutage treten.

Evaluationen können daher einen entscheidenden Beitrag zu einer „akademischen Kultur" (Pellert, 2002, S. 27) leisten, in der Lehrende die Verantwortung für die Aufrechterhaltung und Verbesserung der Qualität von Unterricht übernehmen.

3 Unter „Peers" versteht man in diesem Zusammenhang Beobachter von außen, die die interne Evaluation von Instituten oder Programmen durch ihre Außenperspektive ergänzen.

97

## 3 Fachwortschatz erarbeiten

WS

**a** Lesen Sie nun den ganzen Fachartikel in Aufgabe 2c. Unterstreichen und sammeln Sie dabei die Begriffe, die Sie nicht verstehen.

– *Sputnik–Schock*

– …

**b** Kennen Sie den Ausdruck Sputnik-Schock? Wenn ja, erklären Sie ihn. Wenn nein, lesen Sie den Auszug unten aus einer Enzyklopädie und geben Sie den Inhalt mit eigenen Worten wieder. Stellen Sie dann den Zusammenhang zwischen Sputnik-Schock, Evaluation und Curriculum her.

Sputnikschock nennt man die politisch-gesellschaftliche Reaktion in den USA und Westeuropa und die weitere Entwicklung ihrer Raumfahrt nach dem Start des ersten künstlichen Erdsatelliten Sputnik 1 am 4. Oktober 1957 (Ortszeit: 0:50 Uhr, 5. Oktober) durch die Sowjetunion. Sputnik bewies vordergründig, dass die Sowjetunion technologisch den USA überlegen oder mindestens ebenbürtig sowie im Besitz von starken Interkontinentalraketen war und die USA mit Atombomben bedrohen konnte. Der Sputnikschock löste eine Krise in der Selbstwahrnehmung der US-Amerikaner aus und führte daher zu einer umfassenden Reformierung des US-amerikanischen Bildungssystems.

**c** Suchen Sie für die in Aufgabenteil a gesammelten unbekannten Begriffe Erläuterungen – z. B. unter Wikipedia – und versuchen Sie, anhand der gefundenen Erläuterungen den Textinhalt zu erklären.

**Tipp**

Erstellen Sie sich Ihr eigenes Fachwörterlexikon, indem Sie Begriffe und Definitionen Ihres Studienfachs nachschlagen können.

## 4 Verfassen des Exzerpts

SÜ

**a** Strukturieren Sie nun die Maske auf der nächsten Seite als Mustervorlage für Ihr Exzerpt, indem Sie zunächst die bibliographische Angabe aus dem Fachartikel in Aufgabe 2c übertragen. Orientieren Sie sich dazu an den folgenden Hinweisen.

**Tipp**

Verwenden Sie immer die gleiche Maske. Wenn Sie mit dem Computer arbeiten, können Sie die Informationen aus Ihrer Maske direkt in Ihre Texte (Referate, Hausarbeiten etc.) einarbeiten.

- Bei Monografien: Autor/en (Jahr), Titel. Verlag: Ort
- Bei Artikeln aus Sammelbänden: Autor/en (Jahr), Titel. In: *Name des Sammelbandes*. evtl. Reihe, evtl. Band, evtl. Erscheinungsort: evtl. Verlag, Seitenangaben
- Bei Zeitschriften: Autor/en (Jahr), Titel. In: *Name der Zeitschrift*. Ausgabenummer. evtl. Erscheinungsort: evtl. Verlag, Seitenangabe
- Bei Quellen aus dem Internet: Autor/en (falls bekannt), (Jahr) (falls bekannt), Titel. URL (http://www…) (Datum des Fundes im Internet)

**b** Notieren Sie nun die jeweiligen Kapitelüberschriften und Seitenzahlen des Fachartikels wie bei Kapitel 1 vorgegeben.

**Artikel:**

*Backhaus, Anke & ...*

| Seite | Inhalt | Kommentare |
|-------|--------|------------|
| 83 – 84 | **Kapitel 1: Einleitung: Vom Krisenbewusstsein zur Evaluation**<br>Krise → Evaluation<br>Bsp. PISA-Studie<br>2 Ansätze:<br>1. Evaluation ↓ Top-Down-Richtung → evtl. zu Abwehrhaltung, da sie als Kontrolle verstanden werden könnte<br>2. Selbstevaluation in Koop. mit externen Forschenden mit dem **Ziel:** *„die Schwächen und Stärken der eigenen Lehre zu erkennen und das Curriculum ihres Instituts weiterzuentwickeln"* (S. 83)<br>Thema hier: Autoren stellen 2. Ansatz vor, da es ihnen nicht um Kontrolle, sondern um Entwicklung geht! | Die schlechten Ergebnisse der PISA-Studie für Deutschland haben zu Reaktionen der Bildungsverantwortlichen in Form von Evaluation geführt.<br>→ Welche Reaktionen gibt es genau? |
| | **Kapitel 2:** ...<br>**Kapitel 2.1:** ...<br>– ...<br>– ... | |
| | **Kapitel 2.2:** ...<br>– ...<br>– ... | |
| | **Kapitel 2.3:** ...<br>– ...<br>– ... | |
| | **Kapitel 8:** ...<br>– ...<br>– ... | |

TS Ü

**c** Überlegen Sie sich, welche Symbole und Abkürzungen man während des Lesens benutzen kann, um Textteile zu kommentieren. Ergänzen Sie die Liste außerdem mit weiteren Symbolen und Abkürzungen, die Sie benutzen möchten.

Weitere Symbole und Abkürzungen finden Sie im Kap. „Notizen und Mitschriften".

1. Das verstehe ich nicht.     ?
....................................
2. Das halte ich für wichtig / sehr wichtig.
....................................
3. Führt zu
....................................
4. Zum Beispiel
....................................
5. …
....................................
6. …
....................................

**d** Lesen Sie den Fachartikel in Aufgabe 2c noch einmal. Markieren Sie Schlüsselwörter sowie Fachbegriffe und unterstreichen Sie Stellen, die Sie für wichtig halten und die Sie wiedergeben bzw. wörtlich zitieren möchten. Notieren Sie zudem rechts vom Artikel, was Ihnen auffällt. Verwenden Sie dabei auch die Symbole und Abkürzungen aus Aufgabenteil c.

**e** Lesen Sie den Fachartikel abschnittweise und übernehmen Sie die von Ihnen markierten Textstellen in der Spalte „Inhalt" in der Maske auf der linken Seite. Achten Sie dabei auch auf folgende Hinweise.

> **Hinweise**
> - Exzerpieren Sie entweder wörtlich oder sinngemäß.
> - Fassen Sie Textstellen stichpunktartig zusammen.
> - Kennzeichnen Sie wörtliche Zitate durch Anführungsstriche, Kursivdruck oder farbliche Hervorhebung und notieren Sie die genaue Textstelle.
> - Beachten Sie die Argumentationsstruktur und die inhaltlichen Gewichtungen des Textes und verändern Sie diese nicht.
> - Nennen Sie die Hauptgedanken und lassen Sie für das Thema unwichtige Details und Textpassagen weg.
> - Nennen Sie bei mehreren im Text angeführten Beispielen nur ein besonders geeignetes.

**f** Fügen Sie Ihre Kommentare, Fragen, eventuellen Verweise (auf andere Texte bzw. Autoren zum Thema) in der Spalte „Kommentare" in der Maske auf der linken Seite ein.

**g** Geben Sie im Kurs den Inhalt des Fachartikels anhand Ihres Exzerptes wieder. Gehen Sie dabei folgendermaßen vor.

- Wenn Sie im Kurs lernen: Suchen Sie in Gruppen gemeinsam eine geeignete Fsassung aus den von Ihnen erstellten Exzerpten aus und stellen Sie den Text anhand des ausgewählten Exzerptes mündlich im Kurs vor. Vergleichen und besprechen Sie die Ergebnisse im Kurs.
- Wenn Sie allein lernen: Geben Sie sich selbst den Inhalt anhand Ihres Exzerptes in laut gesprochener Form wieder. An Stellen, an denen Sie unsicher sind, schauen Sie nochmals im Originaltext nach und ergänzen bzw. korrigieren Sie Ihr Exzerpt.
- Vergleichen Sie bei Problemen Ihr Exzerpt mit den Lösungsvorschlägen für Aufgabenteil e.

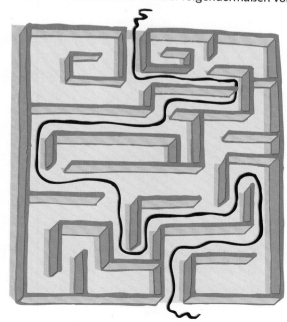

# Hausarbeit

**9**

## 1 Was ist eine Hausarbeit?

**VW A** **a** Lesen Sie die folgende Definition von der Textsorte „Hausarbeit" und markieren Sie die wichtigsten Informationen.

---

**Hausarbeit**

Bei der Hausarbeit handelt es sich um eine wissenschaftliche Textsorte. Sie besteht aus Überlegungen zu einer Fragestellung, die sich aus einem Referat oder aus einem mit einem Seminar in Zusammenhang stehenden Thema ergeben kann. Themen für Hausarbeiten werden teilweise von Dozenten vorgegeben, häufig wird jedoch erwartet, dass Studierende ein Thema selbst finden. Mit der Hausarbeit soll man zeigen, dass man eine Fragestellung selbstständig auf dem aktuellen Erkenntnisstand eines Fachgebietes reflektieren und in einem logischen Aufbau bearbeiten kann. Auch soll gezeigt werden, dass man in der Lage ist, entsprechende Fachliteratur zu recherchieren und einzuordnen sowie ausgewählte Aspekte kritisch zu bewerten und sie in die Argumentation einfließen zu lassen.
Durch Hausarbeiten werden wissenschaftliche Standards eingeübt; sie dienen somit auch der Vorbereitung auf spätere wissenschaftliche Veröffentlichungen.

---

**b** Wie schreibt man in Ihrem Heimatland Hausarbeiten? Was wird in Deutschland verlangt? Wo gibt es Parallelen, wo Unterschiede? Notieren Sie Stichworte.

> **Tipp**
>
> Erstellen Sie sich einen realistischen Zeitplan für das Verfassen Ihrer Hausarbeit. Planen Sie auch Pausen ein. Eine Pause sollte möglichst auch vor der letzten Korrektur der Arbeit liegen.

**c** Planen Sie das konkrete Vorgehen bei einer Hausarbeit. Bringen Sie dazu die folgenden Arbeitsschritte in eine für Sie sinnvolle Reihenfolge und ergänzen Sie diese ggf.

---

erste Besprechung mit Dozent/in  |  Abgabe der Endfassung  |  erste Rohfassung schreiben  |  Literatursuche  |  evtl. erneute Überarbeitung  |  Interesse für Themenbereich/Thema entwickeln  |  Eingrenzung des Themas  |  Lektüre eines entsprechenden Grundlagenwerks  |  Exzerpieren und Auswerten der Literatur  |  Überarbeitung  |  zweite Besprechung mit Dozent/in  |  Formulierung der Fragestellung/Erstellung eines Grobkonzepts  |  Fragestellung und Gliederung Kommilitonen (auch fachfremd) vorstellen  |  letztes kritisches Lesen vor Abgabe (evtl. von einer anderen Person korrigieren lassen)

---

1. *Interesse für Themenbereich/Thema entwickeln*
2. ............................................................
3. ............................................................
4. ............................................................
5. ............................................................
6. ............................................................
7. ............................................................
8. ............................................................
9. ............................................................
10. ............................................................
11. ............................................................
12. ............................................................
13. ............................................................
14. ............................................................

**TA E** **d** Verbinden Sie die in Deutschland üblichen Bestandteile einer Hausarbeit mit den entsprechenden Inhalten unter A bis G auf der nächsten Seite oben rechts.

1. Titelblatt: *B* ......
2. Inhaltsverzeichnis: ......
3. Einleitung: ......
4. Hauptteil: ......
5. Schluss: ......
6. Literaturverzeichnis: ......
7. Anhang: ......

**A** Hier ist der Platz für die Argumentation bzw. gründliche Untersuchung des Themas anhand ausgewählter Theorien bzw. Beispiele. Dazu gehören Begriffsbestimmungen und Definitionen, die Analyse der Literatur, der Forschungsergebnisse sowie der Theorien zum Thema, die Abhandlung zentraler Fragestellungen und die Darstellung sowie die Diskussion der Ergebnisse. Die Fragestellung muss als Roter Faden erkennbar bleiben.

**B** Seite 1, ohne Seitenzahl. Genannt werden: Universität, Fachbereich, Institut, Seminartyp und -titel. Semester, Seminarleiter, Thema der Arbeit, Verfassername und -anschrift, Abgabedatum

**C** Hier finden Tabellen, Grafiken, Fragebögen etc. Platz, die unter Umständen sehr umfassend sind und den Lesefluss des Textes stören würden.

**D** Hier findet man die Auflistung der verwendeten Literatur in alphabetischer Reihenfolge.

**E** Hier erhält der Leser eine prägnante Zusammenfassung der Ergebnisse und die Beantwortung der in der Einleitung genannten Fragestellung. Außerdem sollen die eigenen Ergebnisse in einen größeren Zusammenhang eingeordnet werden und noch nicht untersuchte Aspekte und weitere Forschungsdesiderate, d. h. wünschenswerte Forschungsarbeiten zum Thema, genannt werden.

**F** Ab Seite 3, ab hier hat die Hausarbeit Seitenzahlen. Wird im Inhaltsverzeichnis als erster Gliederungspunkt genannt. Hier werden die Fragestellung und die verwendete Methode erläutert sowie der Aufbau der Arbeit dargelegt. Der Umfang beträgt etwa ein Zehntel des Gesamttextes.

**G** Seite 2, ohne Seitenzahl. Überschrift „Inhalt" wählen. Hier die Gliederung der Arbeit angeben, einzelne Kapitel und Unterkapitel (eingerückt) mit den jeweiligen Seitenzahlen versehen. Achtung: Die Gliederungspunkte müssen identisch mit den Kapitelüberschriften im Text sein!

**e** Besprechen Sie Ihre Ergebnisse im Kurs. Falls Sie allein lernen, schauen Sie im Lösungsschlüssel nach.

TM R **f** Lesen Sie die folgenden Kriterien zur Bewertung einer Hausarbeit und markieren Sie die Informationen, die für Sie besonders wichtig sind.

**Tipp**

Informieren Sie sich bitte bei der Studienberatung Ihres Faches über die formalen und inhaltlichen Kriterien, die Sie bei der Erstellung von Hausarbeiten beachten müssen. Je nach Studienfach, Studienort und teilweise auch Dozenten gibt es etwas unterschiedliche Vorgaben für die Länge der Arbeit, die Gestaltung des Layouts, den Umgang mit Fuß- oder Endnoten, die Zitierweise und die Form des Literaturverzeichnisses.

1. Beachtung der formalen Kriterien: sorgfältige Gestaltung des Layouts, adäquater Textsatz, korrekte Literaturangaben und Zitate.
2. Stilistische Angemessenheit: Verwendung wissenschaftssprachlichen Stils, sachlich-objektiv, präzise und verständlich. Übungen hierzu finden Sie im Kap. „Stilebenen".
3. Eindeutige Fragestellung und thematische Konsequenz: Die Fragestellung muss bereits in der Einleitung genannt werden und im gesamten Verlauf der Arbeit erkennbar sein.
4. Terminologische Klarheit: Wesentliche Begriffe müssen zunächst terminologisch geklärt und in einen Zusammenhang mit entsprechenden Theorien und Überzeugungen gestellt werden.
5. Vollständigkeit der Problemsicht: Die umfassende Kenntnis des Themenbereichs muss deutlich werden. Aspekte, die nicht bearbeitet werden, müssen genannt und ausgeklammert werden.
6. Anschaulichkeit und Ordnung der Darstellung: Der Leser soll der Darstellung folgen können.
7. Stringenz in der Argumentation: Die Argumentation soll logisch nachvollziehbar sein und die gezogenen Fazits sollen aus der Argumentationslinie hervorgehen, zentrale Aussagen müssen erläutert und begründet werden.
8. Korrektheit der Darstellung: Der Sachverhalt soll korrekt wiedergegeben werden. Alle Behauptungen müssen belegt werden.
9. Kennzeichnung der Gedanken anderer: Unabdingbar ist, dass alle Übernahmen aus Texten oder Anlehnungen an Gedanken anderer belegt werden. Vermeiden Sie aber eine bloße Aneinanderreihung von Zitaten!
10. Selbstständigkeit: Die eigene Position soll deutlich werden und muss begründet sein.

## 2 Themenwahl, Themeneingrenzung und Zielsetzung

▶ TM R **a** In dem Seminar „Einführung in Medientheorien" verteilt der Dozent eine Liste mit möglichen Hausarbeitsthemen. Lesen Sie die Themen und unterstreichen Sie die Schlüsselwörter, die Ihnen Hinweise auf die Zielsetzung der Arbeit geben.

> **Mögliche Hausarbeitsthemen:**
> 1. Das Medienkonzept von Marshall McLuhan – Eine kritische Beleuchtung
> 2. Zum Verhältnis alter und neuer Medien
> 3. Das Konzept der Remediation – Von Gutenberg zum E-Book
> 4. Kommunikation im Zeitalter des Internets – Erklärungsansätze für ein neues Phänomen
> 5. Ansätze zur Beschreibung neuer Medien
> 6. Epochen der Mediengeschichte
> 7. Walter Benjamins Kunstwerkaufsatz und seine aktuelle Relevanz
> 8. Aspekte von Mündlichkeit und Schriftlichkeit in E-Mails von Studierenden an Dozenten

**b** Ordnen Sie die Themen aus Aufgabenteil a den folgenden Zielsetzungen zu. Manchmal passen mehrere Themen. Wenn Sie zu einer Zielsetzung kein Thema finden, notieren Sie „n".

**Zielsetzungen**                                                                 **Thema**

A. Ein definiertes Problem lösen (z. B. durch eine Versuchsreihe)          $n$

B. Ein Phänomen erklären (z. B. eine Entwicklung)

C. Einen Zusammenhang zwischen zwei oder mehreren Phänomenen untersuchen

D. Eine Hypothese überprüfen

E. Quellen zugänglich machen, vergleichen, bewerten

F. Theorien, Positionen begründen

G. Theorien, Positionen vergleichen

H. Argumente für und gegen eine wissenschaftliche Position diskutieren

I. Einen Sachverhalt (Theorie / Konzept) analysieren

J. Ein Werk interpretieren

K. Ein Themenfeld systematisieren (z. B. chronologisch, vergleichend)

▶ TS Ü **c** Ergänzen Sie die Themenliste durch Themen aus Ihren Interessengebieten bzw. Studienfächern und ordnen Sie diesen ebenfalls Zielsetzungen zu. Vergleichen Sie Ihre Ergebnisse im Kurs.

**d** Lesen Sie die Tipps zur Themenwahl und markieren Sie, was für Sie neu ist.

> **Tipps zur Themenwahl**
> Wenn Sie das Thema Ihrer Hausarbeit selbst bestimmen können, überlegen Sie:
> • Was Sie im Seminar besonders interessiert oder überrascht hat.
> • Worüber Sie bereits etwas wissen.
> • Was zum erforderlichen Wissen innerhalb Ihres Studienfaches gehört.
> • Was Sie gern wissen würden bzw. welche konkrete Fragestellung Sie gern beantworten würden.
> • Welche formalen und inhaltlichen Anforderungen an Sie und an die Hausarbeit gestellt werden (z. B. Umfang der Literatur, die gelesen werden sollte, Länge der Arbeit, Art der Arbeit).

TS Ü

**e** Sie haben das Hausarbeitsthema „Kommunikation im Zeitalter des Internets – Erklärungsansätze für ein neues Phänomen" aus der Liste in Aufgabenteil a gewählt und möchten es nun konkretisieren. Notieren Sie zunächst alles, was Ihnen dazu einfällt.

**Clustern**

Für die Eingrenzung eines Themas, aber auch zur Themenfindung ist das Verfahren des Clusterns hilfreich. Sie nehmen dazu ein leeres Blatt und schreiben den Kernbegriff Ihres Themas in einen Kreis in die Mitte des Papiers. Dann lassen Sie Ihre Gedanken um den Begriff treiben und schreiben Ihre Einfälle schnell um den Kernbegriff herum auf. Dabei ergibt sich ein Abbild Ihrer Gedanken, das Sie weiter verfeinern können, indem Sie das Verfahren erneut für die Assoziationen anwenden, die Sie während des ersten Clustervorgangs besonders interessiert haben.

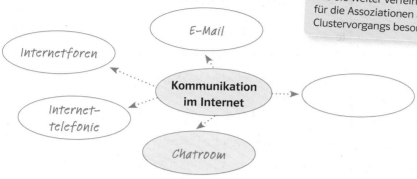

**f** Markieren Sie die Assoziationen in Aufgabenteil e, die Sie besonders interessieren, und verwenden Sie sie als Ausgangspunkt für ein neues Cluster.

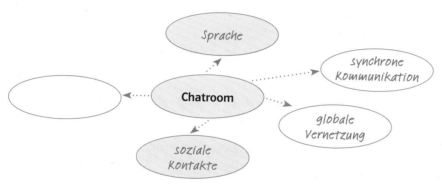

**g** Markieren Sie die Assoziationen in Aufgabenteil f, die Sie besonders interessieren, und verwenden Sie sie als Ausgangspunkt für ein neues Cluster.

**Tipp**

Wiederholen Sie die Arbeitsschritte so oft, bis Sie zu einer für Sie sinnvollen Eingrenzung gelangen.

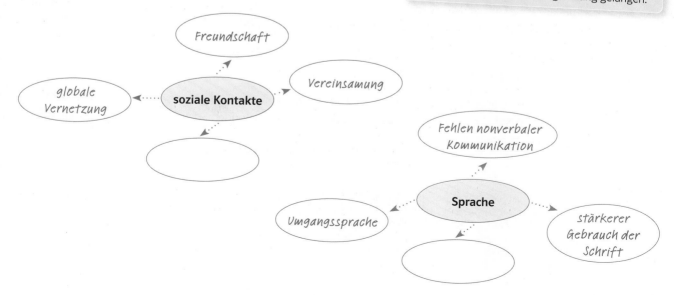

TS Ü  **h** Während des Clusterns haben Sie festgestellt, dass Sie sich besonders für das Thema „Kommunikation im Chatroom" interessieren. Grenzen Sie nun Ihr Thema weiter ein, indem Sie den Fragen 1 bis 9 die Antworten im Schüttelkasten zuordnen.

> keine bestimmte Theorie | Jugendliche zwischen 14 und 19 | ~~Besonderheiten der Kommunikation im Chatroom~~ | wissenschaftliche Studien und eigene kleine empirische Untersuchung anhand von Fragebögen | empirische Arbeit | in den letzen drei Jahren | in Deutschland | keine bestimmte Institution | Medienwissenschaften

1. Betrachten Sie in Ihrer Arbeit bestimmte Prozesse, Aspekte, Phänomene (z. B. Rolle der Globalisierung, Lernprozesse am Arbeitsplatz)? → *Besonderheiten der Kommunikation im Chatroom* ........................................................

2. Beschränkt sich die Arbeit auf die Betrachtung einer bestimmten Personengruppe oder werden Personengruppen verglichen (z. B. Jugendliche, Gymnasiasten versus Hauptschüler, Arbeitnehmer)?

   → ........................................................

3. Wo lebt diese Personengruppe (z. B. städtisch, ländlich, in Europa etc.)? Werden Vergleiche zwischen verschiedenen Orten gezogen? → ........................................................

4. Welcher zeitliche Rahmen wird gesetzt (z. B. in den letzten 10 Jahren, 1999 bis 2009)?

   → ........................................................

5. Welche Quellen / Literatur verwenden Sie in der Arbeit (z. B. wissenschaftliche Publikationen / Theorien, empirische Studien, Statistiken)? → ........................................................

6. Welchen methodologischen Ansatz verwenden Sie in Ihrer Arbeit (z. B. Analyse, Vergleich)?

   → ........................................................

7. In welcher wissenschaftlichen Disziplin ist die Arbeit angesiedelt (z. B. Soziologie, Pädagogik, Kommunikationswissenschaften)? → ........................................................

8. Bezieht sich die Arbeit auf die Werke von Einzelpersonen oder auf Vertreter einer bestimmten Theorie / Denkschule (z. B. bei Freud, nach der Psychoanalyse etc.)? → ........................................................

9. Beschränken Sie sich bei Ihrer Arbeit auf die Betrachtung bestimmter Institutionen (z. B. Sportvereine, Hauptschulen, Bibliotheken etc.)? → ........................................................

**i** Besprechen Sie Ihre Ergebnisse im Kurs. Ergänzen Sie mögliche weitere Fragen und Antworten.

**j** Suchen und konkretisieren Sie nach der in Aufgabe 2 e bis h vorgestellten Methode ein eigenes Hausarbeitsthema und formulieren Sie einen Arbeitstitel, der den Fokus Ihrer Hausarbeit deutlich erkennen lässt.

### 3 Gliederung der Arbeit

TS Ü  **a** Durch Ihre Überlegungen wissen Sie nun, mit welchem Themenschwerpunkt Sie sich beschäftigen möchten. Erstellen Sie nun auf der nächsten Seite ein Mind-Map mit den in Aufgabe 2 gefundenen Stichworten, um die logischen Beziehungen zu veranschaulichen.

> **Mind-Maps**
>
> Die Methode des Mind-Mappings dient der Ordnung und Hierarchisierung der Stichworte, die Sie beim Clustern gesammelt haben und die für Ihr Thema von Relevanz sind. Dazu nehmen Sie sich ein großes leeres Papier, auf das Sie den Arbeitstitel Ihrer Arbeit schreiben. Ordnen Sie nun die bereits gefundenen Stichworte so an, dass sich eine Ordnung ergibt. Mind-Maps sind eine Vorstufe zur Gliederung Ihrer Arbeit.

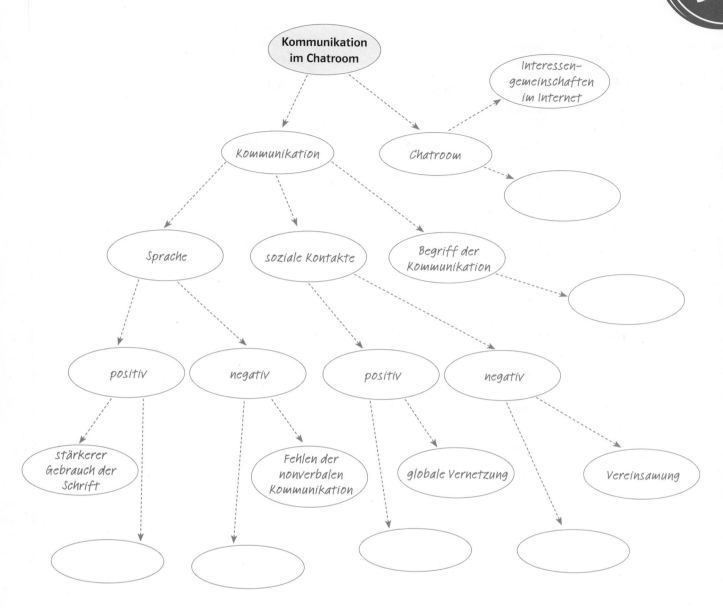

TM R **b** Lesen Sie die folgenden Informationen zur Gliederung und markieren Sie die Informationen, die für Sie neu sind bzw. die Ihnen besonders wichtig sind.

**Gliederung**

Gliederungen können verschiedenen Prinzipien folgen:
1. Deduktiv, d.h. vom Allgemeinen zum Speziellen vorgehen.
2. Induktiv, d.h. vom Speziellen ausgehen und zum Allgemeinen gelangen.
3. Dialektisch, d.h. im Sinne von These, Antithese und Synthese vorgehen. Hinweise und Übungen hierzu finden Sie im Kap. „Erörterung".
4. Chronologisch aufgebaut sein, d.h. nach zeitlichen Gesichtspunkten angeordnet sein.

Normalerweise heißt das einleitende Kapitel „Einleitung". Im zweiten Kapitel werden in der Regel die zugrunde liegende Terminologie und relevante Theorien erläutert. Das Schlusskapitel nennt man „Schluss" oder „Fazit", wenn der Sinn darin besteht, bereits Gesagtes zusammenzufassen, und „Ausblick", wenn es um einen Blick in die Zukunft geht, z.B. noch ausstehende Forschung. Für das Literaturverzeichnis sind auch Bezeichnungen wie „Verwandte Literatur" oder „Literatur" gebräuchlich. Kapitelüberschriften sollten eindeutig und für den Leser verständlich sein. Überschriften in Form von Fragen sollten vermieden werden. Gliederungen werden im Verlauf der Arbeit häufig noch verändert und den Inhalten, die sich erst durch die Erarbeitung ergeben, angepasst.

● TS Ü    **c**   Erstellen Sie eine erste Gliederung, indem Sie folgende Stichworte in die Gliederung einsortieren. Beachten Sie dabei auch die unter Aufgabe 1d genannten Bestandteile einer Hausarbeit.

> Arten der Kommunikation | Auswirkungen auf soziale Kontakte |
> Auswirkungen auf die Schriftlichkeit | Literaturverzeichnis | Fazit |
> Umfrage | Positive Auswirkungen | Positive Auswirkungen |
> Negative Auswirkungen | Negative Auswirkungen | Einleitung |
> Der Begriff der Kommunikation | Diskussion der Ergebnisse |
> Methodologische Vorgehensweise | Kommunikation in Chatrooms |
> Auswirkungen von Kommunikation in Chatrooms

**d**   Ordnen Sie die folgenden Stichworte den Punkten 3.1.1 und 3.1.2 sowie 3.2.1 und 3.2.2 in der Gliederung zu.

> Ausweitung der Kontaktmöglichkeiten | Gefahr der Vereinsamung |
> fehlende soziale Kontrolle | verschriftlichte Umgangssprache |
> stärkerer Gebrauch der Schrift | Förderung der Schreibkreativität |
> Fehlen der nonverbalen Kommunikation | permanente Präsenz
> von Kontaktpersonen

| 1. | *Einleitung* |
|----|------|
| 2. | |
| 2.1 | |
| 2.2 | |
| 3. | |
| 3.1 | |
| 3.1.1 | |
| 3.1.2 | |
| 3.2 | |
| 3.2.1 | |
| 3.2.2 | |
| 4. | |
| 4.1 | |
| 4.2 | |
| 5. | |
| 6. | |

| Punkt 3.1.1 | Punkt 3.1.2 | Punkt 3.2.1 | Punkt 3.2.2 |
|-------------|-------------|-------------|-------------|
| *Ausweitung der Kontaktmöglichkeiten,* | | | |

**e**   Sie planen ein erstes Gespräch mit Ihrem Dozenten bzw. Ihrer Dozentin, bei dem Sie Ihren Hausarbeitsentwurf und Ihre Gliederung vorstellen möchten. Beantworten Sie zur Vorbereitung auf das Gespräch stichwortartig die folgenden Fragen, indem Sie die Sätze ergänzen.

   1. Was ist der Gegenstand / die Problemstellung meiner Hausarbeit? (Also das „Was")

     → Die folgende Arbeit beschäftigt sich mit ....................................................................................

     Im Fokus der Arbeit steht dabei die Frage, ..........................................................................

   2. Welche theoretischen Bezüge werden hergestellt? Mit welcher Methode wird vorgegangen? (Also das „Wie")

     → Grundlage der Überlegungen sind .....................................................................................

   3. Was ist das Erkenntnisinteresse und was ist die Relevanz des Themas? (Also das „Warum")

     → Die Frage nach ....................................................... ist von großem Interesse, weil

     ........................................................................................................................................

**f**   Überlegen Sie sich für Ihr in Aufgabe 2j formuliertes Thema eine Gliederung, indem Sie die Schritte aus den Aufgabenteilen a und c auf Ihr Thema anwenden.

**g**   Stellen Sie das Thema Ihrer Hausarbeit und die Gliederung unter Berücksichtigung der unter Aufgabenteil e genannten Aspekte im Kurs vor.

### ④ Einleitung

● TM R    **a**   Überlegen Sie im Kurs, was die Funktion der Einleitung einer Hausarbeit ist. Wenn Sie unsicher sind, lesen Sie noch einmal die Erklärungen in Aufgabe 1d.

TM R  **b**  Eine Einleitung besteht aus mehreren Teilabschnitten. Bringen Sie dafür die folgenden Abschnitte in eine logische Reihenfolge.

> Weg der Darstellung, Reihenfolge des Aufbaus der Arbeit | verwendete Methode (wie bearbeite ich das Thema) | Beschreibung des Gegenstands/der Fragestellung (worüber schreibe ich) | Theorien als Ausgangspunkt | Hinweise auf die wissenschaftliche bzw. praktische Bedeutung des Themas (warum bearbeite ich das Thema) | Eingrenzung/Präzisierung des Gegenstands (was genau untersuche ich und was betrachte ich nicht im Rahmen der Arbeit) | Nennung der untersuchten Materialien

1. *Beschreibung des Gegenstands/der Fragestellung (worüber schreibe ich)*

2. .................................................................................................................................................

3. .................................................................................................................................................

4. .................................................................................................................................................

5. .................................................................................................................................................

6. .................................................................................................................................................

7. *Weg der Darstellung, Reihenfolge des Aufbaus der Arbeit*

**c**  Besprechen Sie Ihre Ergebnisse im Kurs und vergleichen Sie sie mit Ihren Überlegungen in Aufgabenteil a. Falls Sie allein lernen, schauen Sie im Lösungsschlüssel nach.

WS  **d**  Ordnen Sie die folgenden Redemittel den verschiedenen Abschnitten der Einleitung zu.

> Die vorliegende Arbeit beschäftigt sich mit/thematisiert … | Im Fokus des dritten Kapitels steht … | Die Frage nach … ist von großem/besonderem Interesse, weil … | Die Analyse beschränkt sich dabei auf … | Zugrunde gelegt werden … | Der erste Teil widmet sich der terminologischen Klärung. | Auf der Grundlage von … | Darauf aufbauend, wird im zweiten Teil … diskutiert/gezeigt, dass … | In der vorliegenden Arbeit geht es um … | Ein Fazit und ein kurzer Ausblick auf … beschließen die Arbeit. | … ist gegenwärtig ein umstrittenes Thema. | Abschließend/Schließlich wird … | Die vorliegende Arbeit behandelt die Frage, ob/wie … | Zunächst wird … | Die vorliegende Arbeit setzt sich mit … auseinander. | Basis der Überlegungen sind die Theorien/Ansätze von … | … kann in dieser Arbeit nur am Rande behandelt werden. | Auf … kann im Rahmen dieser Arbeit nicht/nur am Rande eingegangen werden.

| | |
|---|---|
| **Beschreibung des Gegenstandes / der Fragestellung** | *Die vorliegende Arbeit beschäftigt sich mit/thematisiert …,* |
| **Begründung des Themas** | |
| **Nennung der Theorien / Quellen, die als Ausgangspunkt dienen** | |
| **Eingrenzung des Themas** | |
| **Vorstellung der Gliederung der Arbeit** | |

## ⑤ Hauptteil

TM R  **a**  Lesen Sie die Definition des Hauptteils einer Hausarbeit und markieren Sie die wichtigsten Informationen.

> Der Hauptteil besteht aus einem in Kapitel gegliederten Fließtext, der durch Absätze und Sinnabschnitte strukturiert wird, um so die Lesbarkeit zu verbessern. Die in der Einleitung genannten Analyseschritte werden nun in logischer Reihenfolge und mit transparenter Gliederung durchgeführt. Themenrelevante Hypothesen werden erläutert und diskutiert, wobei sich die zentrale Fragestellung als Roter Faden durch die Ausarbeitung ziehen soll. Die unterschiedlichen wissenschaftlichen Sichtweisen und Annahmen der Fragestellung müssen möglichst umfassend verdeutlicht werden und die verschiedenen Positionen sollten möglichst objektiv verglichen werden.

**WS** **b** Im Hauptteil einer Hausarbeit bezieht man sich immer wieder auf unterschiedliche Quellen. Erstellen Sie dazu anhand der folgenden Quellenangaben sowie der Verben Satzgerüste.

> der Artikel | der Aufsatz | der Bericht | der Vortrag | die empirische Untersuchung | die Veröffentlichung | der Sammelband | die Studie | die Monographie

> aufzeigen | beleuchten | darlegen | erläutern | kritisieren | nachweisen | thematisieren | verdeutlichen | zeigen | zum Thema haben

– *In der empirischen Untersuchung von … wird nachgewiesen, dass …*

– *Die Studie von … verdeutlicht, wie …*

– …

**c** In einer Hausarbeit zitiert und paraphrasiert man auch die Aussagen anderer Autoren. Ordnen Sie dazu die Redemittel Haltungen von Autoren zu.

> ~~nennen~~ | empfehlen | zustimmen | fordern | feststellen | kritisieren | bezweifeln | untersuchen | ablehnen | aufrufen zu | behaupten | begrüßen | hervorheben | bitten um | akzeptieren | These aufstellen | erläutern | zurückweisen | eintreten für | unterstützen | betonen | sich aussprechen für | Kritik üben | sich einsetzen für | mitteilen | nachweisen | plädieren für | hinweisen auf

**Tipp**

Beim Einfügen von Textteilen anderer Autoren in Form von a) Zitaten oder b) Umschreibungen / Paraphrasen, sollten Sie den von Ihnen genannten Autor kurz beschreiben, damit der Leser das Zitat einordnen kann, z. B.:
a) Ähnlich argumentiert auch der Berliner Medienwissenschaftler Müller, der durch eine Langzeitstudie die folgenden Hypothesen aufgestellt hat: „…" (Müller, 2009, S. 102 f.).
b) Der Berliner Medienwissenschaftler Müller stellt durch seine empirische Fallstudie die Hypothese auf, dass … (vgl. Müller, 2009, S. 102 f.).

| neutrale Haltung | zustimmende Haltung | ablehnende Haltung | Betonung von Aspekt | Forderung / Wunsch | Empfehlung |
|---|---|---|---|---|---|
| *nennen,* | | | | | |

## 6 Schluss

**TM R** **a** Überlegen Sie im Kurs, was die Funktion des Schlussteils einer Hausarbeit ist. Wenn Sie unsicher sind, lesen Sie noch einmal die Erklärungen in Aufgabe 1d.

**Tipp**

Beachten Sie, dass alle Fragen, die in der Einleitung gestellt wurden, im Schlussteil beantwortet werden müssen.

**WS** **b** Ordnen Sie die folgenden Redemittel den möglichen Teilen des Schlusskapitels einer Hausarbeit zu. Ergänzen Sie dazu die Tabelle auf der nächsten Seite.

> ~~Müller kommt zu dem Ergebnis, dass …~~ | Eine Frage, die noch weiterer empirischer Untersuchungen bedarf, ist … | … konnte hier nur am Rande behandelt werden. | Müller zieht aus der Untersuchung das Fazit, dass … | Wie die Untersuchung / Arbeit gezeigt hat, … | Zusammenfassend lässt sich sagen, dass … | Meines Erachtens … | In dieser Arbeit wurde nachgewiesen, dass … | Somit ist schlusszufolgern, dass … | Hieraus ergibt sich, dass … | … ist eine lohnenswerte Aufgabe für zukünftige Untersuchungen. | Im Fokus der Überlegungen standen … | Wünschenswert wäre eine Langzeitstudie, um … | Die dargestellten Ergebnisse rechtfertigen die Aussage, dass … | Die Autoren kommen zu dem Schluss, dass … | Die von Müller erzielten Ergebnisse zeigen Parallelen zu … | Eine Frage, die durch diese Arbeit nicht geklärt werden konnte, ist … | … konnte diese Arbeit nicht leisten. | Eine eindeutige Beantwortung dieser Frage ist in dieser Form nicht möglich. | Um diese Frage eindeutig beantworten zu können, bedarf es weiterer Untersuchungen. | Zielsetzung der vorliegenden Hausarbeit war … | Die im ersten Kapitel beschriebenen Prinzipien können sich folgendermaßen umsetzen lassen: …

| Darstellung von Ergebnissen | Zusammenfassende Äußerungen | Schlussfolgerung | Grenzen der Arbeit nennen | Forschungs-desiderate nennen |
|---|---|---|---|---|
| *Müller kommt zu dem Ergebnis, dass ...,* | | | | |

## 7 Tipps gegen Schreibblockaden

TM R    **a**    Lesen Sie folgende Tipps gegen Schreibblockaden und ergänzen Sie sie ggf. durch andere.

### Tipps gegen Schreibblockaden

**1.  Fragen Sie sich: Was wird von mir verlangt?**

Bevor Sie mit Ihrer Hausarbeit beginnen, informieren Sie sich über die formalen und inhaltlichen Kriterien, die in Ihrer Fakultät bzw. Ihrem Institut vorausgesetzt werden. Besprechen Sie dazu möglichst früh vor Semesterende folgende Fragen mit dem Betreuer / der Betreuerin Ihrer Hausarbeit:

1. Wie viele Seiten sollte die Hausarbeit minimal / maximal haben?
2. Wann ist der Abgabetermin?
3. Ist es möglich, die Fragestellung in einer Sprechstunde zu besprechen?
4. Können Sie den Dozenten / die Dozentin um Literaturhinweise bitten?
5. Gibt es die Möglichkeit, die Gliederung zu besprechen?
6. Welche Hinweise zur formalen Gestaltung werden zugrunde gelegt?

**2.  Machen Sie sich einen Zeitplan!**

Untergliedern Sie Ihre Arbeit in die fünf folgenden Teilschritte und planen Sie, mit wie viel Zeit Sie für jeden Teilabschnitt rechnen. Achten Sie auch darauf, Pausen einzuplanen.

1. Orientieren und Planen: Dazu gehören die Eingrenzung des Themas, die Entwicklung der Fragestellung sowie die inhaltliche und zeitliche Planung.
2. Recherche- und Lesephase: Diese Phase dient der Material- und Literatursuche, hier werden Exzerpte verfasst (Übungen hierzu finden Sie im Kap. „Exzerpte".) und es wird eine erste Auswertung der relevanten Literatur vorgenommen.
3. Strukturierungsphase: Relevante Literatur wird nun geordnet, Mind-Maps helfen bei der Strukturierung und eine erste Gliederung wird erstellt.
4. Schreiben der Rohfassung: Hier werden die relevanten Aspekte der Exzerpte paraphrasiert, zitiert, verglichen, mit eigenen Gedanken verknüpft und in eine argumentative Struktur gebracht. Stilistische Feinheiten sollten an dieser Stelle noch nebensächlich sein.
5. Text überarbeiten: Hier wird geprüft, ob der Text logisch, verständlich, wissenschaftssprachlich angemessen, grammatikalisch und orthographisch korrekt ist. Außerdem werden formale Aspekte wie Fußnoten, Zitate, Belege und das Literaturverzeichnis auf Korrektheit und Vollständigkeit kontrolliert und das Layout den entsprechenden Kriterien angepasst.

Planen Sie realistisch und berücksichtigen Sie, dass Sie neben dem Schreiben der Hausarbeit noch andere Aufgaben zu erledigen haben.

**3. Schaffen Sie sich eine angenehme Arbeitsatmosphäre!**

Achten Sie darauf, dass Sie einen ausreichend großen und hellen Arbeitsplatz zur Verfügung haben. Schalten Sie Störfaktoren (Handy, Skype etc.) aus. Sorgen Sie für genügend Frischluft, Getränke und regelmäßiges Essen.

**4. Sprechen Sie über Ihr Thema!**

Das leere Blatt und die Schwierigkeiten des Anfangs können Sie überwinden, indem Sie Ihre Fragestellung mit Kommilitonen (auch fachfremden) besprechen und ihnen Ihr Thema vorstellen.

**b**    Tauschen Sie sich im Kurs darüber aus, was man gegen Schreibblockaden tun kann.

# Informations- und Beratungsgespräche B2 10

## 1 Können Sie mir weiterhelfen?

HV G
6

**a** Hören Sie ein Telefongespräch zwischen einer Studentin und der Sekretärin eines Professors und besprechen Sie, wie es auf Sie wirkt, z. B. höflich oder eher unhöflich bzw. direkt? Begründen Sie Ihre Meinung.

HV G
7

**b** Hören Sie jetzt eine Variante des Telefongesprächs. Welche Unterschiede können Sie zur ersten Variante feststellen? Notieren Sie Stichpunkte und tauschen Sie sich im Kurs aus. Falls Sie allein lernen, schauen Sie im Lösungsschlüssel nach.

HV S
7

**c** Hören Sie jetzt die zweite Variante des Gesprächs noch einmal und machen Sie Notizen dazu, was die Studentin in den folgenden Phasen des Gesprächs sagt.

| Begrüßung, Vorstellung | Hier R. D., Teilnehm. Seminar … |
|---|---|
| Darstellung Problem | mehrfach angerufen, niemand meldet sich, … |
| Anliegen an Sekretärin | |
| Bestehen auf Anliegen<br><br>1.<br><br>2.<br><br>3. | |
| Ende des Gesprächs | |

TA E

**d** Tauschen Sie sich im Kurs über Ihre Ergebnisse aus den Aufgabenteilen b und c aus. Sammeln Sie, was für eine gute Gesprächsführung in einer solchen Situation wichtig ist. Falls Sie allein lernen, schauen Sie im Lösungsschlüssel nach.

## 2 Könnten Sie nicht doch …?

WS

**a** Lesen Sie folgenden Hinweis zum Thema „Insistieren" und markieren Sie die wichtigen Informationen.

> **Insistieren**
>
> Wenn Sie insistieren, also z. B. auf einem Anliegen bestehen wollen, können Sie eine höfliche Frage durch „nicht" bzw. „nicht … doch" verstärken – im Sinne von „wäre es trotz der Schwierigkeiten möglich, …?"
>
> • Vergleichen Sie: Höfliche, aber eher neutrale Frage: Können Sie vielleicht nachschauen?
> • Höfliche, aber insistierende Frage: Können Sie nicht vielleicht doch nachschauen?
>
> Zu den Modalpartikeln vgl. auch Mittelpunkt neu B2, Lek. 9, und Mittelpunkt neu C1, Lek. 3.

WS

**b** Ordnen Sie die folgenden Redemittel nach dem Grad der Höflichkeit und des Insistierens.

> Können Sie mir weiterhelfen? | Schauen Sie doch mal nach, bitte! | Können Sie nicht doch mal nachschauen? | Wären Sie so freundlich, mir zu sagen, wann Herr W. wieder erreichbar ist? | Könnten Sie mir weiterhelfen? | Wann ist Prof. W. im Büro? | Schauen Sie doch mal nach! | Wissen Sie vielleicht, wann Prof. W. wieder da ist? | Sie können doch Herrn W. mal fragen. | Ach bitte, könnten Sie nicht doch mal nachschauen gehen? | Könnten Sie mir nicht sagen, wann Prof. W. wahrscheinlich wieder im Büro ist? | Wann ist er denn wieder da? | Können Sie mir vielleicht sagen, was ich tun kann? | Können Sie sich nicht mit Herrn W. in Verbindung setzen und ihn fragen? | Könnten Sie sich freundlicherweise mit Herrn W. in Verbindung setzen und ihn fragen, …?

| direkt | höflich | höflich insistierend |
|---|---|---|
| Können Sie mir weiterhelfen?, | | |
| | | |
| | | |

WS

**c** Hören Sie jetzt die zweite Variante des Telefongesprächs noch einmal und markieren Sie die Redemittel aus Aufgabenteil b, die die Studentin verwendet.

### ❸ Höfliche Gespräche am Telefon

TS Ü

**a** Arbeiten Sie in Gruppen. Bereiten Sie jeweils zu zweit einen Telefondialog zur folgenden Situation vor. Gehen Sie dabei wie folgt vor.

- Machen Sie Notizen zum Gesprächsaufbau, orientieren Sie sich dabei an Aufgabe 1c.
- Verwenden Sie dabei auch die Redemittel aus Aufgabe 2b.
- Spielen Sie dann den Dialog in der Gruppe vor, die anderen Gruppenmitglieder geben Feedback, z. B. zum Aufbau und Ablauf des Gesprächs, zum Grad der Höflichkeit, zur Verwendung passender Redemittel oder dazu, wie Sie das Anliegen vorgetragen bzw. darauf bestanden haben.
- Falls Sie allein lernen, schreiben Sie den Dialog auf.

> Der Dozent Ihres Seminars ist krank. Sie möchten von der Sekretärin erfahren, ob schon bekannt ist, wann er wiederkommt, und ob sie etwas über seine Termine weiß. Sie brauchen dringend einen Termin, um die Gliederung Ihrer Hausarbeit zu besprechen.

**b** Bereiten Sie jetzt einen Telefondialog zur folgenden Situation vor.

- Arbeiten Sie wieder zu zweit. Wählen Sie eine der beiden Rollen.
- Überlegen Sie jeder für sich kurz, wie Sie Ihre Rolle gestalten wollen.
- Spielen Sie dann den Dialog in der Gruppe vor. Die anderen geben Feedback.

> Sie haben Probleme mit dem Thema Ihrer Hausarbeit, denn Sie finden keine geeignete Literatur und Ihnen fehlt der Zugang zum Thema. Sie wollen deshalb dringend mit Ihrer Professorin sprechen, können sie aber seit Tagen nicht erreichen. Deshalb rufen Sie im Sekretariat an.

### ❹ Ich brauche unbedingt einen Termin

WS

**a** „Termin-Verben": Lesen Sie die Erklärungen auf der nächsten Seite, bilden Sie Verben aus den Elementen unten und ordnen Sie sie der passenden Erklärung zu.

> ab | ~~baren~~ | chen | ein | ein | geben | halten | sagen | schieben | strei | tragen | ~~ver~~ | ver | verein

1. einen Termin ausmachen → einen Termin *vereinbaren* ................

2. einen Termin in den Kalender schreiben → einen Termin ................

3. jdm. einen Termin geben → einen Termin ................

4. einen Termin auf später verlegen → einen Termin ................

5. mitteilen, dass man nicht kommen kann → einen Termin ................

6. einen Termin aus dem Kalender entfernen → einen Termin ................

7. pünktlich zu einem Termin kommen → einen Termin ................

▶ HV S
◉ 8

**b** Hören Sie das Telefongespräch zwischen Rita Daun und ihrem Professor. Der Professor macht ihr verschiedene Vorwürfe. Wie reagiert Rita auf diese Vorwürfe? Machen Sie Notizen zu den Vorwürfen und den entsprechenden Reaktionen.

*nicht auf die Homepage geschaut – natürl. gelesen, aber trotzdem* ................

................

▶ TM R

**c** Was hätte Rita besser machen können – bei der Vorbereitung des Gesprächs und in der Gesprächsführung? Sammeln Sie im Kurs. Falls Sie allein lernen, schauen Sie im Lösungsschlüssel nach.

*Vorbereitung des Gesprächs:*

*– sich vorher wegen Terminen erkundigen*

*– ...*

*Gesprächsführung:*

*– höflicher anfragen*

*– ...*

▶ TS Ü

**d** Ergänzen Sie den folgenden Minidialog am Telefon anhand der Angaben in Klammern.

■ Hier Weiler.

□ *Guten Tag, Professor Weiler, hier spricht Rita Daun.* ................

(Professor begrüßen und Name nennen)

■ Guten Tag.

□ ................

(um Termin in der nächsten Sprechstunde bitten, Grund: Referat besprechen)

■ Bitte melden Sie sich schriftlich auf der Website an, ich weiß nicht, ob noch etwas frei ist.

□ ................

(Art der Anmeldung zu unsicher, Termin ist wichtig, Sie rufen deshalb persönlich an, Termin diese Woche außerhalb der Sprechstunde)

■ Das geht leider nicht. Da sind alle Termine schon vergeben.

□ ................

(nächste Woche?)

■ Das ist leider auch nicht möglich. Da ist auch nichts mehr frei. Und ich kann ja nicht Ihretwegen den Termin von einem anderen absagen.

□ ................

(auf Wichtigkeit des Termins bestehen und begründen warum)

■ Na gut, ich will sehen, was ich machen kann. Kommen Sie morgen Abend um 19.00 Uhr, aber seien Sie pünktlich, um 20.30 Uhr muss ich zu einem Vortrag.

□ ................

(Pünktlichkeit zusichern, sich bedanken und verabschieden)

**e** Arbeiten Sie zu zweit, wählen Sie jeweils eine Rolle und spielen Sie einen Dialog am Telefon zu einer der folgenden Situationen.

1. Sie möchten Ihren Dozenten bzw. Ihre Dozentin um die Verschiebung eines Termins bitten, weil eine Veranstaltung genau auf diesen Zeitpunkt verlegt worden ist.

2. Sie möchten einen Termin aus Krankheitsgründen absagen und Ihren Dozenten bzw. Ihre Dozentin um einen neuen Termin bitten.

## ⑤ Ich brauche Beratung

VW A  **a** Sammeln Sie Situationen, in denen Sie schon einmal Beratung gebraucht haben bzw. vielleicht in der Zukunft brauchen, und tauschen Sie sich darüber im Kurs aus.

**b** Überlegen Sie, wie man sich vorbereiten könnte, bevor man in ein Beratungsgespräch geht, und machen Sie Stichpunkte.

*– Ziel des Gesprächs definieren*

*– ...*

## ⑥ Könnten Sie mich beraten?

TS Ü  **a** Lesen Sie die Tipps zur Vorbereitung eines Beratungsgesprächs. Welche Gemeinsamkeiten und Unterschiede gibt es zu Ihren Überlegen aus Aufgabenteil 5 b? Ergänzen Sie ggf. die Tipps.

HV S  **b** Hören Sie ein Gespräch zwischen einer Studentin und einer
9–11  Studienberaterin und notieren Sie, welche Tipps die Studentin umsetzt und wie. Besprechen Sie Ihre Ergebnisse im Kurs.

> **Tipp**
>
> Bevor Sie in ein Beratungsgespräch gehen, sollten Sie sich gut vorbereiten, um die Zeit möglichst effektiv zu nutzen. Überlegen Sie z. B. genau, zu welchen Punkten Sie Beratung brauchen, und notieren Sie entsprechende Fragen. Bereiten Sie ggf. auch Unterlagen vor, die dem Berater / der Beraterin helfen können, Sie möglichst zielgerichtet zu beraten. Denken Sie dabei an den Zeitrahmen, der Ihnen zur Verfügung steht, und setzen Sie Prioritäten.

WS  **c** Hören Sie den ersten Teil des Beratungsgesprächs noch einmal und notieren Sie Stichworte zu den folgenden Fragen.

1. Wie beginnt die Studentin das Gespräch? *Dank: schnellen Termin ermöglicht*

2. Wie drückt sie am Anfang ihren Beratungsbedarf aus?

3. Wie leitet Sie die erste Frage ein?

4. Wie drückt sie aus, dass sie Schwierigkeiten hat zu planen?

5. Wie bittet Sie um Hilfe?

6. Wie drückt sie aus, dass alles nicht so richtig klappt?

**d** Formulieren Sie Ihre Stichworte aus Aufgabenteil c in ganzen Sätzen. Notieren Sie auch alternative Formulierungen, die Sie kennen.

*1. Danke, dass Sie den Termin so schnell ermöglicht haben.; Danke, dass Sie mir so schnell einen Termin gegeben haben.*

## ⑦ Noch mehr Beratungsbedarf

WS  **a** Was passt nicht in die Reihe? Kreuzen Sie an und begründen Sie Ihre Antwort.

1. ⊠ Meine Frage betrifft …   b  Meine Frage besteht aus …   c  Bei meiner Frage geht es um …

2. a  Ich würde gern wissen, ob …   b  Wenn ich nur wüsste …   c  Ich wollte gern wissen, ob …

3. a  Wussten Sie schon …?   b  Wissen Sie vielleicht …?   c  Könnten Sie mir vielleicht sagen …?

4. a  Was wäre Ihr Rat?   b  Können Sie das erraten?   c  Was würden Sie mir raten?

5. a  Hätten Sie einen Vorschlag?   b  Was würden Sie vorschlagen?   c  Schlagen Sie etwas vor!

6. a  Wüssten Sie nicht etwas, …?   b  Hätten Sie vielleicht eine Idee, …?   c  Wissen Sie etwas?

*1. b passt nicht, weil es dabei nicht um den Gesamtinhalt der Frage geht, sondern gesagt wird, aus wie vielen Teilen die Frage besteht.*

▶ WS  b  Hören Sie den zweiten Teil des Beratungsgesprächs und markieren Sie die Redemittel in Aufgabenteil a, die die Studentin verwendet.

▶ HV S  c  Hören Sie den zweiten Teil noch einmal und notieren Sie, in welchen Bereichen die Studentin Fragen hat und wie die
● 10  Vorschläge lauten, die die Beraterin ihr jeweils macht.

*was von 1. Studienjahr in Lugano anerkannt? → zum Prüfungsamt gehen*

▶ WS  d  Hören Sie das Ende des Gesprächs und notieren Sie in Stichworten die Formulierungen, die die Studentin bei den folgenden Punkten verwendet.

1. Terminvereinbarung: *schnell neuen Termin vereinbaren?*

2. Ablehnung und Alternativvorschlag:

3. Zustimmung:

4. Dank:

e  Formulieren Sie nun mithilfe der Stichworte in Aufgabenteil d ganze Sätze. Hören Sie ggf. das Ende des Gesprächs zur Kontrolle noch einmal.

*Können wir schnell noch den neuen Termin vereinbaren?*

▶ TM R  f  Besprechen Sie im Kurs, wie Sie das Beratungsgespräch beurteilen. Wie hat sich die Studentin verhalten, wie die Beraterin? Begründen Sie Ihr Urteil. Falls Sie allein lernen, schauen Sie im Lösungsschlüssel nach.

## ⑧ Ein Beratungsgespräch am Semesteranfang

▶ TS Ü  a  Ergänzen Sie den folgenden Gesprächsanfang zwischen einem Studienberater und einem Studenten mit den passenden Redemitteln aus den Aufgaben 6 und 7. Manchmal gibt es mehrere Lösungsmöglichkeiten.

■ Guten Morgen! Schön, dass Sie so pünktlich sind!

□ Guten Morgen, danke, [1] *dass Sie den Termin so schnell ermöglicht haben.*

■ Ja, das war wirklich ein Zufall. Jemand hatte abgesagt. Was kann ich denn für Sie tun?

□ Ich [2] .................................... : Die erste [3] ............................... etwas ganz Banales:

[4] ..............................., wo der Raum K1.8 liegt, wo ich nachher hin muss?

Es [5] ..............................., mich im Gebäude zu orientieren. Zweitens: [6] ...............................,

wie ich meinen Stundenplan möglichst zeitsparend, aber doch realistisch planen kann. Ja und die dritte Frage:

Ich muss unbedingt mein Hörverstehen verbessern. Ich weiß aber nicht wie. Was [7] ...............................?

b  Spielen Sie die Fortsetzung des Dialogs in Aufgabenteil a. Verwenden Sie dabei Redemittel aus dem Beratungsgespräch zwischen der Studentin und der Studienberaterin und die folgenden Inhalte. Natürlich können Sie den Dialog auch nach Ihren Vorstellungen erweitern.

• Vorschlag des Beraters zur dritten Frage: Übungsbuch zum Hörverstehen durcharbeiten, jeweils Lösungen mit dem Lösungsschlüssel dort abgleichen; falls es Fragen gibt, diese per E-Mail an ihn schicken, er schickt Kommentar zurück.
• Er fragt nach Ihrer Meinung. Sie sind davon begeistert.
• Sie fragen nach weiteren Vorschlägen. Berater: jeden Tag Nachrichten hören und kurz zusammenfassen, mit Lernpartner/in besprechen oder Nachrichten im Internet mehrfach hören.
• Sie stimmen dem Vorschlag zu.
• Sie vereinbaren neuen Beratungstermin in vier Wochen; Sie bedanken und verabschieden sich.

c  Besprechen Sie die Dialoge im Kurs. Wie ist das Gespräch gelaufen? Achten Sie dabei auch auf folgende Punkte: Ablauf, Bestehen auf Anliegen, Höflichkeit, passende Redemittel.

# Präsentation B2 4, 7 / C1 2, 7 ▶

## 1 Was ist eine gute Präsentation?

VW A  **a**  Schauen Sie sich die folgenden Situationen an und sammeln Sie im Kurs, was Ihnen auffällt.

**b**  Sammeln Sie in Gruppen, was Ihnen zum Thema „die gute Präsentation" einfällt.

- Notieren Sie pro Person mindestens drei Aspekte.
- Sie können sowohl positive als auch negative Aspekte notieren, also was man tun bzw. was man vermeiden sollte.
- Schreiben Sie jeden Aspekt auf eine eigene Karte.
- Schreiben Sie groß und deutlich in Druckbuchstaben.
- Falls Sie allein lernen, machen Sie sich Notizen.

**Präsentation**

| positiv | negativ |
|---|---|
| Zielgruppe berücksichtigen | keine Zuhörer-analyse |
| … | … |

**c**  Ordnen Sie nun Ihre Karten nach positiven und negativen Aspekten auf einer Pinnwand.

## 2 Wie bereite ich eine Präsentation vor?

VW A  **a**  Überlegen Sie in Gruppen, was man berücksichtigen muss, wenn man eine Präsentation vorbereitet.

- Schreiben Sie wieder jeden Aspekt auf eine eigene Karte.
- Heften Sie die Karten an eine Pinnwand.
- Falls Sie allein lernen, machen Sie sich Notizen.

Wer sind die Zuhörer?

Was wissen die Zuhörer schon vom Thema?

…

**b**  Ordnen Sie nun im Kurs die Karten nach Inhalten und diskutieren Sie, welche Aspekte wichtig und welche weniger wichtig sind. Besprechen Sie auch, ob es kulturabhängige Aspekte gibt, die Sie beachten müssen.

**TS Ü** **c** Erstellen Sie eine Checkliste, indem Sie folgende Fragen den Hauptpunkten auf der Checkliste unten zuordnen.

Wann und wo findet die P. statt? | Kenne / Finde ich jemanden, dem ich die Präsentation zur Probe vorführen kann? | Soll die P. informieren, eher überzeugen oder zu … motivieren? | Wie könnte die Hauptaussage der P. lauten? | Anzahl der Teilnehmer? | Womit werde ich präsentieren? | Wie groß ist der Raum und wie ist er eingerichtet? | Vorkenntnisse der Teilnehmer? | Gibt es Zeit für Diskussion? | Situierung der Teilnehmer (z. B. Alter, Herkunft, Beruf)? | Ist die Tageszeit günstig für eine P. oder wollen die TN eigentlich lieber nach Hause? | Interesse der Teilnehmer? | Sind Medien vorhanden oder muss ich etwas mitbringen / bestellen? | Wie lange soll die P. dauern? | Kennen die TN mich schon und wie ist ihre Haltung mir gegenüber? | Mit wem Ziel der P. im Vorfeld abklären? | Haben die TN Befürchtungen in Bezug auf das Thema? | Gibt es Hierarchien / Entscheidungsträger in der Gruppe? | Wie kann ich einen Satz formulieren, der den Hauptinhalt trifft bzw. wie viele Kernsätze muss ich formulieren? | Ist die Teilnahme Pflicht oder freiwillig? | Wie lange brauche ich, um die P. zu erstellen (Folien, Flipchartblätter, Handout, …)?

| Checkliste – Präsentation | Antworten |
| --- | --- |
| 1. Ziel der Präsentation | |
| 2. Zielgruppe | |
| 3. Hauptaussage(n) | |
| 4. Kontext der Präsentation (Zeit, Raum, Veranstaltung, …) | *Wann und wo findet die P. statt?* |
| 5. Medien | |
| 6. Meine persönliche Vorbereitung | |

**d** Überprüfen Sie, ob alle Punkte, die Sie in Aufgabenteil a und b gesammelt haben, in der Checkliste berücksichtigt sind, und ergänzen Sie ggf. die Liste.

**TM R** **e** Sehen Sie sich folgende Präsentationsplanung an und besprechen Sie, ob die Zeiteinteilung gelungen ist. Die Informationen rechts können Ihnen dabei helfen.

*Thema: Der Weg vom Wissen zum Können*
*Datum / Uhrzeit: 13.04., 16:30 – 17:20*

*Teilnehmer: Mitarbeiter Firma Ott*
*Ort: Firma Ott, Bonn, Langstraße 14*

| Inhalte | Zeit | Medien |
| --- | --- | --- |
| *Einleitung:*<br>*Begrüßung, Vorstellungsrunde* | *16:30 – 16:50* | *PowerPoint (Begrüßungsfolie), Flipchart (Entwicklung Ablauf)* |
| *Hauptteil:*<br>*1. Entwicklung des Wissens*<br>*2. Entwicklung des Könnens*<br>*3. Entwicklungskrise & Lern-Ebene* | *16:50 – 17:15* | *PowerPoint* |
| *Schluss:*<br>*Was können wir tun – Ausblick* | *17:15 – 17:20* | *Flipchart* |

## ③ Die Einleitung: Der erste Eindruck ist wichtig

**TM R**   **a**   Lesen Sie den folgenden Informationstext. Was ist neu für Sie, was bekannt, was könnte man evtl. ergänzen?

> **Die Einleitung und ihre drei Funktionen**
>
> 1. Kontakt zu den Teilnehmern herstellen:
> Möglichkeiten: z. B. vor dem offiziellen Beginn schon anwesende Teilnehmer persönlich begrüßen; bevor man das Publikum begrüßt: sich auf die besondere Situation der Zielgruppe beziehen; …
>
> 2. Interesse wecken:
> Methoden: z. B. mit einem interessanten Spruch oder einem Zitat beginnen; mit einer kurzen Partner- oder Gruppenarbeit beginnen; mit einer Frage beginnen; ein Bild auf einer Folie teilweise abdecken und raten lassen; aktuelle Geschehnisse thematisieren; …
>
> 3. Orientierung geben:
> Verfahren: z. B. einen Überblick über die Präsentation – ihre Inhalte, den zeitlichen Ablauf, vorgesehene Pausen – geben und diesen visualisieren, z. B. auf einem vorbereiteten Flipchart-Blatt oder einer Folie; klären, ob es eine Diskussion am Ende gibt oder ob Diskussionsbeiträge auch während der Präsentation möglich sind; informieren, ob zum Schluss eine Evaluierung vorgesehen ist; …

**b**   Besprechen Sie, ob diese Informationen auch für Präsentationen in Ihrem Herkunftsland gelten oder ob es Unterschiede gibt.

**c**   Vergleichen Sie die folgenden Redemanuskripte und entscheiden Sie, welche Einleitung besser ist. Begründen Sie Ihre Meinung, berücksichtigen Sie dabei auch die Informationen aus Aufgabenteil a.

**A**

Guten Morgen, meine Damen und Herren, liebe Kolleginnen und Kollegen.
Mein Name ist Friedhelm Jürgens. Ich begrüße es, dass Sie hier in der Akademie der Künste so zahlreich zu meiner Präsentation „Chancen durch Veränderung" erschienen sind. Wie Sie wissen, wurde die Akademie der Künste 1889 von dem berühmten Architekten G. Meyerschildt gebaut, dessen Ziel es war, Menschen durch Architektur für Veränderungen zu begeistern. Ich hoffe, dass Sie nach meiner Präsentation ebenfalls von den Ihnen bevorstehenden Veränderungen begeistert sind, und beginne meine Ausführungen nun in diesem Sinn.

**B**

„Man muss etwas Neues machen, um etwas Neues zu sehen.", so Lichtenberg 1770. Oder: „Der schlechteste Versuch ist immer der, den man nicht macht." Gilt das auch für uns in unserer schwierigen aktuellen Situation? Vielleicht können wir diese Frage nach meiner heutigen Präsentation zum Thema „Chancen durch Veränderung" beantworten.
Da nicht alle Kolleginnen und Kollegen mich kennen, erlauben Sie mir, dass ich mich zunächst kurz vorstelle. Mein Name ist Jörg Schmoll und ich freue mich, Sie heute hier begrüßen zu dürfen.
Den Ablauf meiner Präsentation habe ich mir wie folgt vorgestellt: …

**HV D**   **12**   **d**   Hören Sie nun den Beginn einer Präsentation zum Thema „Der Weg vom Wissen zum Können" und bearbeiten Sie folgende Aufgaben.

1. Notieren Sie Stichworte dazu, wie der Redner seinen Zuhörern signalisiert, dass er ihre Teilnahme an der Veranstaltung schätzt.
2. Mit welchen Ausdrücken bezieht er die Zuhörer persönlich ein?
3. Wie ist die Präsentation aufgebaut?
4. Welches Ziel hat die Präsentation?
5. Wie finden Sie die Einleitung? Begründen Sie Ihre Meinung.

*1. ich freue mich, trotz der fortgeschrittenen Stunde zahlreich erschienen*

*2.*

● WS **e** Ordnen Sie folgende Redemittel den vier Punkten der Einleitung zu. Notieren Sie beim Punkt „Begrüßung", ob es sich jeweils um eine sehr formelle (sf), formelle (f) oder informelle (i) Begrüßungsform handelt.

> Weitere Redemittel finden Sie im Kap.„Vortrag" und in Mittelpunkt B2 / C1 Redemittelsammlung.

> Liebe Kolleginnen und Kollegen, herzlich willkommen zu … | Zunächst möchte ich mich Ihnen kurz vorstellen. | Meine Präsentation gliedert sich in vier Teile. | Um halb vier ist eine fünfzehnminütige Kaffeepause vorgesehen. | Sie können gern jederzeit Zwischenfragen stellen. | Ich freue mich, Sie hier in … begrüßen zu können. | Liebe Mitarbeiterinnen und Mitarbeiter, ich begrüße euch herzlich zu unserer Hausversammlung. | Guten Abend, meine sehr geehrten Damen und Herren! Ich begrüße Sie herzlich zu … | Nach Punkt 2 machen wir eine Viertelstunde Pause. | Am Ende der Präsentation haben wir 20 Minuten Zeit für Fragen und Diskussion. | Die Raumaufteilung für die Arbeitsgruppen steht auch an den Pinnwänden auf dem Flur. | Erlauben Sie, dass ich kurz etwas zu meiner Person sage. | Was halten Sie von einer Vorstellungsrunde, damit wir uns ein wenig kennenlernen?

| Begrüßung | Vorstellung | Aufbau der Präsentation | Zusatzinformationen |
|---|---|---|---|
| *Liebe Kolleginnen und Kollegen, herzlich Willkommen zu … (i),* | | | |

## ④ Visualisieren, aber wie?

● VW A **a** Welche Medien der Visualisierung kennen Sie? Sammeln Sie.

*der Overhead-Projektor, …*

● TM R **b** Überlegen Sie, wie man die Darstellung des Präsentationsablaufs auf folgender Folie verbessern könnte. Gehen Sie dabei auch auf folgende Fragen ein.

- Was könnte man streichen, was umformulieren?
- Ist die Art der Nummerierung hilfreich?

> **Medien**
>
> Um Abwechslung in Ihre Präsentation zu bringen, können Sie mehrere Medien benutzen, z.B. ein Flipchart für die Darstellung des Ablaufs der Präsentation oder PowerPoint für die Präsentation selbst oder eine Pinnwand, um Ideen der Teilnehmer einzubeziehen. Veranstalten Sie aber keinen „Medienzirkus", weil dies vom Inhalt eher ablenkt als ihn stützt.

> **Prof. H. G. Walter: Neue Unternehmensstruktur – Erwerb neuer Fertigkeiten**
> 1. Vorstellungsrunde: Vorstellung des Referenten, Vorstellung der Teilnehmer
> 2. Einleitung: Warum ich diese Präsentation mache: Sie sollen Ängste abbauen und Ihre Kompetenz erweitern.
> 3. Hauptteil: Der Weg vom Wissen zum Können
>    1. Darstellung der Entwicklung von Wissen: Die Kurve steigt über einen längeren Zeitraum langsam an, dann geht sie plötzlich steil nach oben.
>    2. Darstellung der Entwicklung von Können: Die Kurve verläuft in Sprüngen – von „ich kann etwas nicht" bis „ich kann etwas grundsätzlich".
>    3. Darstellung der Entwicklungs-Krise & Lern-Ebene: Es geht nicht auf dem hohen Niveau weiter, sondern es folgt ein leichter Abwärtstrend, eine Art Entwicklungskrise.
> 4. Schluss: Welche Maßnahmen zur Bewältigung der Krise können wir treffen?
>    1. effiziente Lernmethoden einsetzen
>    2. kreative Arbeitstechniken benutzen
>    3. Austausch mit anderen bzw. von anderen lernen
>    4. die eigene Einstellung überdenken – „Es ist noch kein Meister vom Himmel gefallen."
>    5. üben, üben, üben

TS Ü

**c** Entwerfen Sie anhand Ihrer Überlegungen in Aufgabenteil b eine neue Darstellung des Präsentationsablaufs.

**d** Vergleichen Sie Ihre Entwürfe im Kurs. Falls Sie allein lernen, schauen Sie im Lösungsschlüssel nach.

> **Neue Unternehmensstruktur – Erwerb neuer Fertigkeiten**
> Prof. H. G. Walter
>
> 1. Vorstellungsrunde
> 2. Der Weg vom Wissen zum Können
> 2.1 …

**e** Gestalten Sie zwei Folien, die die Hauptaussagen des Redetextes unten verdeutlichen. Berücksichtigen Sie dabei auch die folgenden Tipps. Überlegen Sie sich auch, wo Sie am besten mit der zweiten Folie beginnen.

> **Tipps zur Gestaltung von PowerPoint- und Overhead-Folien**
> - Schreiben Sie ca. 6 (maximal 9) Zeilen auf eine Folie und höchstens 7 Wörter pro Zeile.
> - Schreiben Sie mindestens in 18-Punkt-Schrift, bleiben Sie bei einem Schrifttyp und verwenden Sie nur wenige Farben.
> - Verwenden Sie klare Gliederungszeichen für die Unterpunkte.
> - Verwenden Sie Symbole, um Beziehungen zwischen den Punkten darzustellen, z. B. Grund-Folge-Relation: →.
> - Verwenden Sie zentrale Schlüsselwörter Ihres Redetextes für die Formulierung von Kernaussagen. Übungen zu Schlüsselwörtern finden Sie in Mittelpunkt B2 Intensivtrainer Lese- und Hörverstehen, Kap. 3 und 6 im Teil Leseverstehen.
> - Formulieren Sie die Kernaussagen in Form von kurzen Aussagesätzen oder in nominalisierten Stichworten. Hilfestellung zur Nominalisierung finden Sie im Kap. „Stilebenen" und in Mittelpunkt neu C1, Lek. 2 und 6.

Wie Sie wissen, hatte die neue Zusammenarbeit mit dem ausländischen Partner eine Umstrukturierung der Firma zur Folge. Das bedeutet auch, dass viele von Ihnen neue Aufgaben übernehmen müssen. Dies ist jedoch nicht ohne eine intensive Fortbildung möglich – und zwar einerseits in Bezug auf die veränderten Produktions- und Arbeitsmethoden und andererseits in Bezug auf die interkulturelle Verständigung. Gerade Letzteres ist sehr wichtig, denn eine produktive Zusammenarbeit ist nur dann möglich, wenn die Kommunikation zwischen den beiden Kollegengruppen gelingt. Es gibt also viel zu lernen.

Lernen, besonders berufsbegleitendes Lernen, wird aber von vielen als zusätzliche Belastung bzw. Überforderung empfunden. Dadurch – und häufig auch durch negative Lernerfahrungen aus der Schulzeit – entstehen Ängste; und am größten ist die Angst vor Misserfolg.

Für das Gelingen unserer künftigen Zusammenarbeit ist es aber wichtig, diese Ängste abzubauen und unser Lernen erfolgreich zu machen. Und zwar so erfolgreich, dass wir nicht nur wissen, was zu tun ist, sondern es auch tun können. Das Ziel meiner heutigen Präsentation ist es deshalb, Ihnen den Weg vom Wissen zum Können zu erläutern und aufzuzeigen, dass es in jedem Lernprozess auch Krisenzeiten gibt, die aber durch die Kenntnisse über den Lernprozess, geeignete Methoden und natürlich persönlichen Einsatz überwunden werden können.

Mit diesen Methoden werden wir uns dann am Nachmittag in den Arbeitsgruppen beschäftigen.

> **Umstrukturierung → Lernprozesse: „Der Weg vom Wissen zum Können"**
>
> 1. Übernahme neuer Aufgaben erfordert intensive Fortbildung
>    1.1 neue Produktions- und Arbeitsmethoden
>    1.2 interkulturelle Verständigung
> 2. Angst vor zusätzlicher Belastung durch berufsbegleitendes Lernen
>    2.1 …
>    …
>    …

TS Ü   f   Vergleichen Sie Ihre Entwürfe im Kurs. Falls Sie allein lernen, schauen Sie im Lösungsschlüssel nach.

## 5 Der Hauptteil: Informationen strukturiert präsentieren

TM R   a   Lesen Sie den folgenden Text aus einem Ratgeber zum wissenschaftlichen Arbeiten und markieren Sie die wichtigsten Informationen.

> Tipps zur sprachlichen Gestaltung des Redemanuskripts finden Sie im Kap. „Vortrag" unter „Sprache in Vorträgen: 12 Tipps".

Der Hauptteil einer Präsentation umfasst ca. Dreiviertel der Redezeit und kann aus drei bis fünf Unterteilen bestehen. Diese sollten Sie mit passenden Überleitungssätzen verbinden.

Die Erfahrung lehrt, dass man als Referent dazu neigt, zu viel Stoff vermitteln zu wollen. Deshalb überlegen Sie sich zunächst:

1. Was ist das Hauptziel meiner Präsentation?
2. Welches sind die drei (fünf) wichtigsten Aussagen? (z. B. „Ausgangslage – Vorgehen – Ergebnis" oder „Ausgangslage – Problem – bisheriges Vorgehen – neues Vorgehen – Konsequenz")
3. Welche Informationen sind nicht unbedingt nötig?

Erstellen Sie dann eine Themensammlung, z. B. in Listenform oder als Mindmap. Strukturieren Sie diese anschließend anhand der drei oben genannten Fragen. Schreiben Sie dann ein Redemanuskript, indem Sie die Inhalte zu jedem Punkt kurz und knapp ausformulieren. Das schriftliche Formulieren trägt dazu bei, die Inhalte gründlich zu durchdenken.

Kondensieren Sie danach die Informationen wieder. Markieren Sie dazu zunächst die Schlüsselbegriffe in Ihrem Redetext, die Sie dann dafür verwenden, die Inhalte in knappen Sätzen oder Stichpunkten zusammenzufassen. Diese dienen wiederum zur Gestaltung der Folien bzw. Flipchartblätter, die die Inhalte visualisieren.

Zusätzlich können Sie sich Stichpunkte auf DIN A5-Karten machen. Beschreiben Sie die Karten gut leserlich mit großen Buchstaben nur auf einer Seite. Diese Stichpunkte können Ihnen als Stütze bei der Präsentation dienen. Notieren Sie z. B., wann Sie ein Zitat einsetzen, eine besondere Frage an die Teilnehmer stellen, lauter oder leiser sprechen oder eine Pause einsetzen wollen, um die Aufmerksamkeit der Zuhörer zu erhöhen und die Inhalte Ihrer Präsentation zu unterstreichen.

b   Tauschen Sie sich im Kurs darüber aus, welches die wichtigsten Informationen sind, und ergänzen Sie ggf. weitere Tipps, die Sie kennen.

HV S   c   Hören Sie jetzt den Hauptteil der Präsentation über den Weg vom Wissen zum Können und verfolgen Sie den Inhalt auf den folgenden Folien.
13–15

> Redemittel zu den verschiedenen Phasen der Präsentation finden Sie in Mittelpunkt B2 / C1 Redemittelsammlung und in den Kap. „Vortrag" und „Referat".

**1. Entwicklung von Wissen**
- Wissen entwickelt sich kontinuierlich.

**3. Entwicklungs-Krise & Lern-Ebene**
- Sprachenlernen geht anfangs schnell.
- Bestimmter Punkt: Fortschritte nicht mehr erkennbar. → Mutlosigkeit!

**2. Entwicklung von Können**
- Können entwickelt sich sprunghaft.
- Unterschied wichtig
- Arbeitsweise des Gehirns
- Sprung auf neue Könnens-Ebene nur mit ausreichendem Wissen

HV S   d   Besprechen Sie, ob die Folien die Kernaussagen stützen oder nicht, und verbessern Sie die Folien, wo nötig. Hören Sie dafür den Hauptteil der Präsentation ggf. noch einmal.
13–15

e   Vergleichen Sie Ihre Ergebnisse im Kurs. Falls Sie allein lernen, schauen Sie im Lösungsschlüssel nach.

## 6 Diagramme und Schaubilder nutzen

**Diagramme verwenden**
Überlegen Sie jeweils, für welche Aussagen grafische Elemente, wie Zeichnungen, Diagramme oder Schaubilder, passender sind. Weitere Tipps zum Umgang mit Diagrammen finden Sie im Kap. „Diagramme und Grafiken".

TM R  **a** Schauen Sie folgende Schaubilder an und überlegen Sie, welches Schaubild welcher Folie aus Aufgabe 5c bzw. d entspricht.

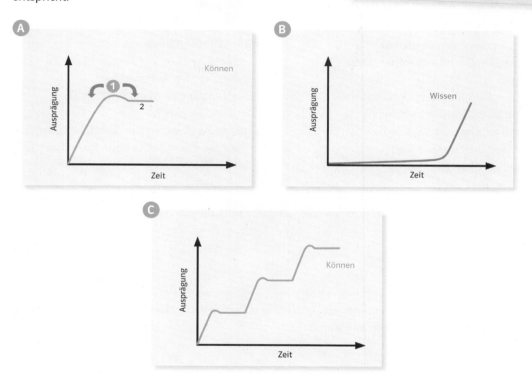

**b** Vergleichen Sie die Schaubilder oben mit den Folien in Aufgabe 5c bzw. d und besprechen Sie an diesem Beispiel, welche Vorteile eine grafische Veranschaulichung gegenüber einer Darstellung in Worten haben kann.

## 7 Der Schluss: Der erste Eindruck ist der wichtigste – der letzte bleibt!

VW A  **a** Überlegen Sie, wie man den Schlussteil einer Präsentation gestalten kann. Notieren Sie Stichpunkte und wenn möglich auch prägnante Beispiele. Tauschen Sie sich dann im Kurs aus und erstellen Sie eine gemeinsame Liste.

*– Publikum danken*
*– ...*

TM R  **b** Lesen Sie nun, welche Möglichkeiten ein Redner zur inhaltlichen Gestaltung des Schlussteils einer Präsentation notiert hat. Gibt es Übereinstimmungen mit Ihren Überlegungen aus Aufgabenteil a? Ergänzen Sie ggf. Ihre Liste.

- Eingangsgedanken aufgreifen
- Zusammenfassung der wichtigsten Ergebnisse
- Ausblick geben
- weitere Schritte vorschlagen
- auf weiterführende Literatur / Fachleute verweisen
- Zuhörer um Stellungnahme zum Thema bitten
- mit Zitat schließen
- Publikum für Aufmerksamkeit danken

HV S  **c** Hören Sie jetzt den Schluss der Präsentation über den Weg vom Wissen zum Können und notieren Sie, welche der
16    Möglichkeiten aus Aufgabenteil b der Redner gewählt hat.

### 8 Von Anfang bis Schluss: Der Körper spricht mit

TM R **a** Welche der folgenden Signale der Körpersprache – Stimme, Mimik, Gesten, Körperhaltung – wirken jeweils vorteilhaft bzw. unvorteilhaft auf die Zuhörer? Ordnen Sie die Signale in die Tabelle ein.

1. Blickkontakt mit den Zuhörern halten
2. eine Hand locker in der Hosentasche halten
3. ständig lächeln
4. einen neutralen Gesichtsausdruck beibehalten
5. mit genügend lauter Stimme sprechen
6. lässig mit einem Gegenstand spielen
7. das Publikum freundlich anschauen
8. in Ihren Unterlagen herumsuchen

9. die Hände offen vor der Körpermitte halten
10. ruhig auf einem Stuhl sitzen bleiben
11. aufrecht, aber locker stehen
12. konzentriert ins Manuskript blicken
13. auf und ab gehen
14. die Arme locker an den Seiten hängen lassen
15. die Folie etc. mit dem Körper verdecken
16. alle Ausführungen mit starken Gesten begleiten

| vorteilhaft | unvorteilhaft |
| --- | --- |
| *1, …* | |

**b** Überlegen Sie, welches unvorteilhafte Verhalten die Zeichnung oben sowie die Zeichnungen in Aufgabe 1a zeigen bzw. welchen Empfehlungen sie widersprechen und warum.

*Zeichnung oben:*

**c** Sprechen Sie im Kurs darüber, was in Ihrem Heimatland typisch für die Körpersprache bei Präsentationen ist. Hält man zum Beispiel immer Blickkontakt oder ist das eher unhöflich? Wie wirkt starkes Gestikulieren? etc.

### 9 Die Generalprobe

TS Ü Sie wollen sich eine Checkliste machen, um Ihre Präsentation noch einmal zu überprüfen, bevor Sie sie halten. Formulieren Sie dazu Fragen.

**Tipp**

Proben Sie auf jeden Fall Ihre Präsentation, am besten vor einer anderen Person. Falls das nicht möglich ist, können Sie Ihren Vortrag auch vor einem Spiegel halten. Wichtig ist es, unbedingt die vorgegebene Zeit einzuhalten. Bedenken Sie, dass Sie für jede Folie ca. 2 bis 3 Minuten Redetext rechnen sollten.

Struktur klar – Roter Faden? | Folien klar, lesbar? | Probevortrag – vor wem? | Rechtschreibfehler? | Laut üben – wie oft? | Zielgruppe, Kontext berücksichtigt? | Vortrag – wie lange? – kürzen? | Redetexte – Folien passen? – evtl. ändern? | Einleitung – wie Interesse wecken? | Schluss – wie guten Eindruck hinterlassen? | Text auf Folien – Konzentration auf Hauptaussage(n)? | Klare Sprache? | Körpersprache – Rückmeldung von wem?

*Ist die Struktur klar? Gibt es einen „Roten Faden"?*

### 10 Bei der Präsentation: Was tun, wenn …?

TS Ü Wenn Sie wissen wollen, wie Sie auf störende oder unangenehme Fragen reagieren können oder was Sie tun bzw. sagen können, wenn eine Panne passiert, dann arbeiten Sie das Kapitel „Vortrag" durch.

# Vortrag `C1 2, 11`

## 1 Vortrag oder Präsentation?

TM R  **a** Lesen Sie die folgenden Definitionen von „Vortrag" und „Präsentation" sowie den Informationstext und unterstreichen Sie die wichtigsten Informationen.

**Prä·sen·ta·ti·on** die <-, -en> **1.** *das Darstellen einer Sache vor einem Publikum* die Präsentation der neuen Winterkollektion, Die Präsentation der Ausstellungsobjekte im Museum ist sehr übersichtlich und informativ., die Präsentation der neuen Werbestrategie durch den Werbeleiter

**Vor·trag** der <-(e)s, Vorträge> **1.** *eine längere Rede über ein bestimmtes (wissenschaftliches) Thema vor einem Publikum* ♦ -sabend, -sreise, -thema **2.** (*kein Plur.*) *Art und Weise der Darstellung* Der Redner/Schauspieler bestach auch durch seinen flüssigen/lebendigen/temperamentvollen Vortrag. ♦ -sanweisung, -skunst, -stechnik

Wörterbucheinträge aus: PONS Großwörterbuch Deutsch als Fremdsprache, Ernst Klett Sprachen GmbH, Stuttgart 2006

### Vortrag versus Präsentation

Ein klassischer **Vortrag** gleicht eher einem Monolog und wird häufig von einem Redemanuskript abgelesen. Dafür steht der Redner meist an einem Rednerpult. Die Zuhörer unterbrechen den Redner in der Regel nicht, außer durch Beifalls- oder Missfallensbekundungen. Medien, z.B. Overhead- oder PowerPoint-Folien, werden sparsamer verwendet als bei einer Präsentation.

Die **Präsentation** hat eher dialogischen Charakter. Der Präsentierende bewegt sich im Raum und das Publikum wird aktiv einbezogen. Dies kann z.B. dadurch geschehen, dass der Redner die Teilnehmenden zu Stellungnahmen und Fragen während der Präsentation anregt. Außerdem wird die Präsentation fortlaufend durch Medieneinsatz gestützt.

Heute etablieren sich zunehmend **Mischformen**. Der Vortrag oder ein Teil davon, z.B. wenn über Zahlen, Entwicklungen oder bestimmte Ergebnisse gesprochen wird, wird „präsentiert"; d.h., der Redner liest teilweise von seinem Manuskript ab, spricht aber auch immer wieder frei und bezieht das Publikum gelegentlich mit ein. Medien – Folien, Flipchartblätter, Karten – stützen seine Rede und verdeutlichen den „Roten Faden" des Vortrags.

**b** Kreuzen Sie an, für welchen der folgenden Anlässe eher ein Vortrag (V) und für welchen eher eine Präsentation (P) geeignet ist.

1. Der Personalchef stellt den Entwurf des neuen Organigramms der Firma vor.
2. Ein Philosophieprofessor hält eine Vorlesung über die Aufklärung.
3. Ein Psychologe stellt den Weg vom Wissen zum Können dar, um Arbeitnehmer zum berufsbegleitenden Lernen zu motivieren.
4. Eine Schülergruppe referiert über ihre Projektarbeit.
5. Ein Hochschulassistent stellt die letzten Forschungsergebnisse seiner Gruppe vor.
6. Ein Soziologe spricht über die Auswirkungen der Globalisierung auf das Verständnis von „Heimat".

## 2 Vorträge halten, aber wie?

W A  **a** Ein Kommunikationstrainer hält eine Präsentation zum Thema „Vorträge halten, aber wie?" Schauen Sie sich seine erste Folie auf der nächsten Seite an und bearbeiten Sie folgende Aufgaben.

- Formulieren Sie in Stichworten die Inhalte der Folien 2 bis 5 auf der nächsten Seite, die das, was der Kommunikationstrainer sagt, unterstützen.
- Wenn Sie damit Schwierigkeiten haben, gehen Sie das Kapitel „Präsentation" durch. Dort finden Sie Informationen, um die Aufgabe zu lösen.

> **Tipp**
>
> „Vortrag" und „Präsentation" haben viele Gemeinsamkeiten: in der möglichen Zielsetzung, dem Aufbau, der Vor- und Nachbereitung usw. Deshalb empfehlen wir Ihnen, bevor Sie sich weiter mit diesem Kapitel beschäftigen, zunächst das Kap. „Präsentation" durchzuarbeiten.

**Worüber ich sprechen werde**

1. Die Vorbereitung
2. Der Aufbau
3. Medien
4. Körpersprache und Stimme
5. Tipps

**Vorbereitung des Vortrags**

• Ziel des Vortrags definieren
• …

**Aufbau des Vortrags**

1. Einleitung
2. …

**Medien: Foliengestaltung**

• ca. 6 (max. 9) Zeilen auf Folie
• …

**Körpersprache und Stimme**

• Blickkontakt mit Zuhörern halten
• …

b Vergleichen Sie Ihre Lösungen im Kurs. Falls Sie allein lernen,
schauen Sie im Lösungsschlüssel nach.

> Weitere Redemittel für die Einleitung
> finden Sie im Kap. „Präsentation" und in
> Mittelpunkt B2 / C1 Redemittelsammlung.

### 3 Die Einleitung

WS a Ordnen Sie die folgenden Redemittel den Kategorien unten zu.

> Guten Morgen, sehr geehrte Damen und Herren! | Im Anschluss haben wir … Zeit für Fragen und Diskussion. |
> Ich habe mir den Ablauf folgendermaßen vorgestellt: … | Danach werden wir uns in Arbeitsgruppen aufteilen. |
> Nach dem Mittagessen werden die Gruppen ihre Ergebnisse vorstellen. | Um 16 Uhr ist eine Kaffeepause vorgesehen. |
> Ich freue mich, den Impulsvortrag zum heutigen Workshop halten zu dürfen. | Guten Morgen allerseits! |
> Ich habe mir den Ablauf wie folgt vorgestellt: … | Ich freue mich, dass Sie mir die ehrenvolle Aufgabe übertragen
> haben, den Impulsvortrag zu … zu halten. | Zunächst werde ich Ihnen einen kurzen theoretischen Einstieg liefern.

1. Begrüßung: _Guten Morgen, sehr geehrte Damen und Herren!,_

2. Dank für die Einladung: ........................................................................

3. Ablauf der Veranstaltung:

   a. Einleitungssatz: ........................................................................

   b. zeitliche Abfolge: ........................................................................

HV S b Hören Sie nun die Einleitung eines Vortrags über „Neue Lernformen und neue Lernkultur in der Erwachsenenbildung"
17 und markieren Sie die Ausdrücke in Aufgabenteil a, die die Rednerin verwendet.

**HV S**
**18**

**c** Hören Sie die Einleitung eines Vortrags über Globalisierung und bearbeiten Sie folgende Aufgaben.

- Machen Sie sich beim ersten Hören Notizen zu den Redemitteln, die die Einleitung strukturieren.
- Ergänzen Sie danach die Notizen aus der Erinnerung, wie im Beispiel.
- Hören Sie zur Kontrolle die Einleitung noch einmal und ergänzen oder korrigieren Sie ggf.

*Gut Tag allers. → Guten Tag allerseits!*

*z. Beginn u. Sem. möchte ich etw. z. Punkt. sag. →*

*...*

**d** Tauschen Sie sich darüber aus, welche Redemittel Sie gefunden haben. Falls Sie allein lernen, schauen Sie im Lösungsschlüssel nach.

**TM R**

**e** Vergleichen Sie die beiden Einleitungen und überlegen Sie, welche Unterschiede Sie feststellen können. Die folgenden Fragen können Ihnen helfen. Tauschen Sie sich anschließend im Kurs über Ihre Ergebnisse aus.

1. Wie unterscheiden sich die beiden Begrüßungen? Welche ist formeller, welche informeller?
2. Wie unterscheiden sie sich in Bezug auf die Beschreibung der inhaltlichen Struktur?
3. Wie unterscheiden sie sich bezüglich der Ankündigung zum Ablauf der Veranstaltung?
4. Wie werden die Teilnehmer jeweils einbezogen? Notieren Sie Formulierungen.

*1. Formeller ist die Einleitung zum Vortrag ..., informeller ist die Einleitung zum Vortrag ...*

*2. ...*

**V S**
**17–18**

**f** Lesen Sie zunächst die folgenden Tipps aus einem Kommunikationsratgeber und hören Sie dann beide Einleitungen noch einmal. Besprechen Sie anschließend im Kurs, welche der dort beschriebenen Punkte in den Einleitungen auftauchen. Falls Sie allein lernen, schauen Sie im Lösungsschlüssel nach.

### Sprache in Vorträgen: 12 Tipps

1. Artikulieren Sie deutlich und halten Sie ein mittleres Sprechtempo ein. (Sprechen Sie nicht wie bei einem Schnellrednerwettbewerb, aber auch nicht einschläfernd langsam!)
2. Passen Sie die Lautstärke den Raumverhältnissen an. Sprechen Sie **nie** zu leise!
3. Wechseln Sie die Stimmlage, d. h., sprechen Sie mal höher, mal tiefer – je nach Situation.
4. Setzen Sie gezielt Sprechpausen ein.
5. Vermeiden Sie Schachtelsätze, sprechen Sie eher in kurzen Sätzen.
6. Verwenden Sie Standardsprache, d. h., vermeiden Sie zu viele umgangssprachliche Ausdrücke.
7. Definieren bzw. erklären Sie (neue) Fachbegriffe.
8. Sprechen Sie weniger von „ich" und mehr von „wir" oder „Sie", um das Publikum einzubeziehen.
9. Benutzen Sie eher Aktiv- als Passivformen. Das macht den Text persönlicher und lebhafter. Bei wis-senschaftlichen Vorträgen etc. sind Passivformen bzw. Passiversatzformen jedoch akzeptabel, wenn nicht die beteiligten Wissenschaftler, sondern der Forschungsgegenstand im Vordergrund steht, z. B. „Der Prozess muss noch untersucht werden.", „Das Ergebnis ist noch abzuwarten."
10. Formulieren Sie Ihre Sätze eher verbal als nominal, das macht es den Zuhörern leichter zu folgen (z. B. „Am Ende werden wir über die Ergebnisse diskutieren." statt „Die Diskussion der Ergebnisse folgt am Ende."). Bei wissenschaftlichen Vorträgen etc. ist die Verwendung nominaler Ausdrücke eher erlaubt, sollte sich aber auch hier in Grenzen halten. Übungen hierzu finden Sie im Kap. „Stilebenen".
11. Verwenden Sie aussagekräftige Beispiele, um Ihre Inhalte zu verdeutlichen.
12. Sagen Sie ab und zu etwas Nettes oder Humorvolles, das freut das Publikum und entspannt die Atmosphäre.

TS Ü **g** Verfassen Sie in Gruppen einen Einleitungstext für einen Vortrag zum Thema „Wie Kinder lernen – Schule verändern?".

- Verwenden Sie dafür die Informationen auf dem Flipchartblatt und der Karte unten.
- Orientieren Sie sich an den Redemitteln aus den Aufgabenteilen a und c.

> **Die drei Funktionen von Einleitungen**
> 1. Kontakt zu den Teilnehmern herstellen
> 2. Interesse wecken
> 3. Orientierung geben
>
> Genauere Informationen dazu finden Sie im Kap. „Präsentation".

> *Wie Kinder lernen – Schule verändern?*
> *1. Schule: Belehrungsstätte oder Lernwerkstatt?*
> *2. Geeignete Lernmethoden für Kinder*
> *   2.1 Lernen durch Handeln und Sprechen*
> *   2.2 Lernen durch Fehler*
> *   2.3 Lernen durch Erklären*
> *3. Rolle des Übens*
> *4. Konsequenzen für „die neue Schule"?*
> *5. Fragen und Diskussion*

> *(Eingangszitat) „Eine gute Schule erkennt man nicht daran, dass die Lehrer Fragen stellen, sondern daran, dass die Schüler das können."*
> *→ unsere Schulen gute Schulen, wo Kinder fragen/ Lösungen finden?*
> *→ wenn nicht, was tun?*
> *(Pause) sich vorstellen und Dank für Einladung*
> *(Pause) Ablauf darstellen (s. Flipchart)*

*„Eine gute Schule erkennt man nicht daran, dass die Lehrer Fragen stellen, sondern daran, dass die Schüler das können."*

*Sind unsere Schulen „gute Schulen", in denen die Kinder fragen und Lösungen finden? Und wenn nicht, was können wir*

*tun, um Schule zu verändern? Darüber möchte ich heute mit Ihnen sprechen. Doch zunächst möchte ich mich vorstellen: ...*

**h** Tragen Sie Ihre Einleitung im Kurs vor. Achten Sie beim Sprechen auch auf die Tipps in Aufgabenteil f. Nehmen Sie als Selbstlerner Ihre Einleitung auf und hören Sie sich an, wie sie wirkt.

## 4 Der Hauptteil: Überleitungen und Textzusammenhang

WS **a** Fügen Sie die folgenden Überleitungen in die Sätze 1 bis 6 aus dem Vortragstext ein. Orientieren Sie sich dabei inhaltlich an der Folie in Aufgabe 3g. Oft sind mehrere Lösungen möglich.

> **Tipp**
> Die einzelnen Unterpunkte des Hauptteils sollten Sie durch passende Überleitungen verbinden. Entsprechende Redemittel finden Sie auch im Kap. „Referat".
> Bei Bedarf lesen Sie noch einmal den Informationstext über den Hauptteil im Kap. „Präsentation".

> Das führt uns zu unserem zweiten Punkt ... | Diesen Aspekt werde ich im Folgenden unter Punkt ... erläutern. | Was bedeutet das nun für ...? | Nachdem ich kurz die möglichen Konsequenzen skizziert habe, eröffne ich nun ... | Das führt uns zu unserem nächsten Punkt: ... | Darauf werde ich nun genauer unter Punkt ... eingehen.

1. Kinder lernen besser, wenn sie Dinge selbst herausfinden, als wenn sie belehrt werden.

   *Das führt uns zum unserem zweiten Punkt „Geeignete Lernmethoden für Kinder".*

2. Natürlich können selbst entdeckte Interpretationen auch falsch sein.

3. Zu zweit oder zu mehreren ein Problem zu lösen, ist also effektiver als allein.

4. Dies alles bedeutet, dass Kinder sehr viel Zeit brauchen, um nachhaltig zu lernen.

5. Damit ist unsere Eingangsfrage schon teilweise beantwortet.

6. Schlussfolgerung: Unsere Schule muss sich ändern!

TA E

**b** Lesen Sie zunächst die folgenden typischen Sätze für einen wissenschaftlichen Vortrag. Welche der markierten Teile verweisen auf etwas, was vorher gesagt wurde (v), welche auf etwas, was danach folgt (f)? Um die Reihenfolge geht es in Aufgabenteil c.

> **Tipp**
> Übungen zur Textkohärenz, insbesondere zur Verweisfunktion von Pronomen, finden Sie in Mittelpunkt neu C1, Lek. 5.

| Satz | Verweis | Reihenfolge |
|---|---|---|
| A. Erich Kästner sagte einmal „Der Mensch soll lernen, nur Ochsen büffeln." Lernen ist also immer schon ein Thema, das uns bewegt. | v | 1 |
| B. Exemplarisch dargestellt auf dieser Folie hier. | f | |
| C. Den Ausgangspunkt des Redens über „neue Lernformen" bildet die Erkenntnis darüber, dass … | | |
| D. Ein solches Verständnis von Lernen ist jedoch viel zu eng gefasst, weil … | | |
| E. Mit den hier skizzierten Vorstellungen zu „neuen Lernformen" und „neuer Lehrkultur" sollte der pädagogische Anspruch deutlich geworden sein, … | | |
| F. Diesen Vorgang sehen Sie auf dieser Folie hier illustriert. | | |
| G. Dies hat zur Folge, dass man nicht mehr davon ausgeht, dass …, sondern … | | |
| H. Was bedeutet das nun in der Praxis? | | |
| I. Folglich muss auch die Rolle der Lehrenden viel breiter definiert werden. | | |
| J. Dies alles bedenkend, spricht man heute daher von … statt von … | | |
| K. Lernen wird hier als Vorgang verstanden, bei dem … | | |
| L. Es geht hierbei nicht allein darum, … Ziel ist vielmehr … | | |
| M. Daher sollte sich die Planung und Durchführung von Bildungsmaßnahmen an folgenden Eckpunkten orientieren. | | |

V S
19 – 22

**c** Hören Sie nun den Hauptteil des Vortrags über „Neue Lernformen und neue Lernkultur in der Erwachsenenbildung" und nummerieren Sie die Sätze in der Reihenfolge, in der sie im Vortrag vorkommen.

## 5 Der Schluss

> Informationen zur Gestaltung des Schlussteils finden Sie im Kap. „Präsentation".

HV D
23

**a** Hören Sie den Schluss des Vortrags. Was sagt die Rednerin? Notieren Sie.

*Nach diesem etwas theoretischen Einstieg* _____ !

*bevor wir uns im Anschluss* _____ !

VS

**b** Was kann man noch am Schluss eines Vortrags sagen? Ordnen Sie die passenden Teile zu.

| | | |
|---|---|---|
| 1. Ich hoffe, dass ich | A. lautet also: … | 1. F |
| 2. Lassen Sie mich noch einmal auf | B. auf Ihre Fragen und die Diskussion. | 2. |
| 3. Abschließend stellt sich | C. meine Eingangsfrage zurückkommen. | 3. |
| 4. Meine Empfehlung | D. erste Lösungsansätze zu zeigen. | 4. |
| 5. Ich freue mich | E. die Frage, wie wir … | 5. |
| 6. Ich hoffe, dass meine Ausführungen dazu beitragen konnten, | F. Ihnen deutlich machen konnte, wie … | 6. |

## ⑥ Wie gehe ich mit Reaktionen aus dem Publikum um?

**▶ LV D** **a** Lesen Sie den folgenden Informationstext und unterstreichen Sie die wichtigsten Punkte.

> Klären Sie direkt zu Beginn, ob Fragen erst nach Ende Ihres Vortrags gestellt werden sollten oder ob es Ihnen lieb ist, wenn das Publikum während des Vortrags Fragen bzw. Zwischenfragen stellt. Zunächst einmal sind Fragen ein Zeichen von Interesse, die den Ablauf des Vortrags bereichern können. Es gibt aber auch Fragen, die aus anderen Beweggründen gestellt werden, wie z. B. aus Besserwisserei oder aus einer negativen Einstellung zu dem Vortragenden oder zu der Veranstaltung usw., und dann den Vortrag sehr stören können. Typisch dafür sind Fragen wie: „Kennen Sie denn nicht die Theorie von XY, der eine ganz andere Ansicht vertritt?" oder Ja-aber-Einwände: „Ja, das ist zwar alles sehr interessant, aber das funktioniert in der Praxis niemals." oder provokative Fragen wie „Haben Sie überhaupt schon einmal eine solche Situation erlebt?". Hier können Ihnen W-Fragen helfen, z. B. „Welche Aspekte der Theorie halten Sie denn hier für relevant?", „Warum sollte das nicht funktionieren?" oder „Was veranlasst Sie zu dieser Frage?". Auf diese Weise versachlichen Sie die Angelegenheit und spiegeln die Frage zurück. Oder Sie stellen eine Rückfrage an das Publikum: „Das ist ein interessanter Einwand, wie sehen die anderen das?". Dies führt nämlich häufig dazu, dass durch die unterschiedlichen Meinungen der ursprüngliche Einwand relativiert wird.

**b** Haben Sie selbst Erfahrung mit solchen Situationen? In Deutschland, in Ihrem Heimatland? Wenn ja, wie sind Sie bzw. ist der oder die Vortragende damit umgegangen? Wenn nein, wie würden Sie damit umgehen? Tauschen Sie sich aus.

**▶ WS** **c** Ordnen Sie die folgenden Redemittel in die Tabelle ein.

> Weitere Redemittel und Tipps zu Nachfragen und Zwischenfragen finden Sie in Mittelpunkt neu C1, Lek. 4 und 11.

> Verstehe ich Sie richtig, Sie zweifeln daran, dass … ? | Darf ich auf Ihre Frage gleich unter Punkt … zurückkommen? | Könnten Sie Ihren Einwand etwas näher erläutern? | Vielleicht können wir diese Frage in der Pause besprechen. | Vielleicht können wir diesen Punkt in der Diskussion noch einmal aufgreifen. Ich würde jetzt gern mit meinem Vortrag fortfahren. | Wenn Sie einverstanden sind, könnten wir uns diese Frage für die Diskussion aufheben. | Vielleicht sollten wir jetzt hier einen Punkt machen. | Sie meinen also … Wie sehen die anderen das? | Ich habe Verständnis für Ihre Ansicht. Trotzdem … | Gut, dass Sie diesen Punkt ansprechen. Dazu möchte ich Folgendes sagen: … | Das ist eine interessante Frage. Die sollten wir im Anschluss an den Vortrag erörtern. | Ihre Ausführungen sind wirklich interessant, aber vielleicht sollten wir das jetzt abbrechen und zum nächsten Punkt kommen.

| Sie wollen einen Vielredner stoppen. | Sie wollen einem unfairen Einwand begegnen. | Sie wollen auf eine Frage erst später eingehen. |
|---|---|---|
| | *Verstehe ich Sie richtig, Sie zweifeln daran, dass … ?,* | |

## ⑦ Kleine und große Pannen – Was tun?

**▶ VW A** **a** Lesen Sie den Tipp und überlegen Sie, was Sie als Tipp erwartet hätten.

> **Tipp**
>
> Bei Pannen sollten Sie sich nicht besonders entschuldigen, denn das Publikum ist nicht an Entschuldigungen, sondern an einem guten Ablauf des Vortrags interessiert. In bestimmten Situationen können Sie höchstens leise „Entschuldigung", „Pardon" oder „Sorry" sagen, nachdem Sie das Problem gelöst haben.

ws

**b** Lesen Sie die Situationsbeschreibungen und entscheiden Sie, welche Reaktion im Sinne des Tipps in Aufgabenteil a wohl jeweils die bessere ist.

1. Sie bemerken, dass Sie sich versprochen haben, sehen aber keine Reaktion des Publikums.
   - ☒ Sie sprechen ruhig weiter.
   - b Sie entschuldigen sich und formulieren neu.

2. Sie bemerken, dass eine Formulierung total verunglückt ist.
   - a Sie entschuldigen sich laut und deutlich und formulieren neu.
   - b Sie sagen: „Ich glaube, dass war nicht ganz klar, lassen Sie es mich präziser sagen.", und formulieren neu.

3. Sie haben keine Antwort auf eine aus dem Publikum gestellte Frage.
   - a Sie geben zu, dass Sie in dem Punkt überfragt sind.
   - b Sie betonen, dass dieser Punkt nicht relevant ist.

4. Sie bleiben im Text stecken und geraten in Panik.
   - a Sie entschuldigen sich und sagen: „Jetzt habe ich den Roten Faden verloren."
   - b Sie geben sich selbst eine kleine Pause, indem Sie etwas tun, z. B. fragen, ob Sie das Fenster öffnen dürfen, oder sich ein Glas Wasser eingießen.

5. Ihre Mappe mit den Overhead-Folien fällt zu Boden und alles ist durcheinander.
   - a Sie entschuldigen sich, indem Sie den Blickkontakt zum Publikum verstärken, und heben dann die Folien auf.
   - b Sie heben die Folien auf, sortieren sie neu, und schieben ein leises „Pardon" nach.

6. Die Birne vom Overhead-Projektor ist kaputt gegangen.
   - a Sie zucken mit den Schultern und setzen den Vortrag ohne Folien fort.
   - b Sie setzen eine neue Birne ein und fahren mit dem Vortrag fort.

7. Der Beamer fällt während des Vortrags aus.
   - a Sie bitten das Publikum um einen Moment Geduld, versuchen, das Problem zu beheben, und fahren ggf. ohne Beamer fort.
   - b Sie betonen, dass der Beamer sonst gut funktioniert, und entschuldigen sich.

**c** Besprechen Sie Ihre Lösungen im Kurs. Tauschen Sie sich auch darüber aus, ob Sie diese oder weitere schwierige Situationen selbst kennen und was Sie getan bzw. gesagt haben.

**d** Was sagen Sie, wenn …? Lesen Sie die folgenden Redemittel und ordnen Sie sie den Situationen 2 bis 7 aus Aufgabenteil b zu. Manche Redemittel passen zu zwei Situationen.

> Lassen Sie mich erklären, was ich damit meine: … | Bitte eine Minute Geduld, vielleicht kriegen wir das wieder hin. | Kein Problem, dann zeige ich es Ihnen am Flipchart. | Oh! Schauen wir mal, ob wir wieder Licht ins Dunkel bringen. | Oh! Noch kein Herbst, aber die Blätter fallen schon! | Vielleicht sollte ich das noch einmal präzisieren. | Es ist ziemlich warm hier, sollen wir mal kurz lüften? | Das ist ein Punkt, mit dem ich mich noch nicht beschäftigt habe. Ich werde es aber klären und Sie dann informieren. | Eine Sekunde, ich muss eben die Birne wechseln. | Sollten wir hier mal kurz innehalten? Vielleicht gibt es noch Verständnisfragen? | Eine Sekunde, ich bin gleich soweit.

| Situation | Redemittel |
|-----------|------------|
| 2. | *Lassen Sie mich erklären, was ich damit meine: …,* |
| 3. | |
| 4. | |
| 5. | |
| 6. | |
| 7. | |

**Tipp**

Erstellen Sie eine Liste mit Redemitteln zu den verschiedenen Aspekten eines Vortrags, die Sie bei Bedarf benutzen können. Integrieren Sie auch die Redemittel aus den Kap. „Präsentation" und „Referat".

# Referat C1 5, 11 ►

TU Neuenfeld
Seminartitel: Medienkunde
Semester 2009/2010
Dozent: Dr. Klein

Referat: **Medieneinsatz in der Schule**
Referent: **Ulrike Steinert**

Gliederung:
1. Erörterung des Themas
2. Beschreibung des Projekts
3. Auswertung der Ergebnisse

## 1 Was ist ein Referat?

► VW A  **a**  Notieren Sie Stichpunkte zu Ihrem Verständnis von „Referat".

– Form: .....................................................................................................

– Dauer: ....................................................................................................

– Gelegenheiten: ....................................................................................

– ... ............................................................................................................

**b**  Tauschen Sie sich im Kurs aus. Welche Unterschiede und Gemeinsamkeiten gibt es?

► TM R  **c**  Lesen Sie die folgenden Informationen zur Textsorte „Referat" aus einem Ratgeber für Studierende. Welche Informationen entsprechen Ihren Ergebnissen aus den Aufgabenteilen a und b, welche sind neu?

> Ein Referat ist ein kurzer informativer Vortrag von ca. 15 bis 30 Minuten Dauer im Rahmen eines Seminars. Als Basis können dienen: 1. ein oder mehrere Texte, die Ihnen vom Dozenten vorgegeben sind und deren Inhalt Sie den Mitstudierenden vermitteln sollen; 2. eine Themenliste, von der Sie ein Thema auswählen können, das Sie bearbeiten und den anderen Seminarteilnehmern im Vortrag näherbringen. In der Regel schließt sich ans Referat eine Diskussion an, in der das Vorgetragene erörtert wird. Deshalb ist es sehr wichtig, dass Sie Ihren Vortrag so klar und verständlich wie möglich strukturieren und darbieten.

**d**  Lesen Sie jetzt die folgenden Hinweise zur Erstellung eines Referats aus dem Ratgeber für Studierende. Tauschen Sie sich im Kurs aus und ergänzen Sie ggf. die Tipps.

> **Tipp**
> Die Regeln zu Aufbau, visueller Gestaltung, sprachlichen Aspekten, Mimik und Gestik entsprechen denen eines Vortrags bzw. einer Präsentation. Arbeiten Sie die entsprechenden Kapitel bei Bedarf zunächst (noch einmal) durch.

### Hinweise zur Erstellung eines Referats

1. Arbeiten Sie die Texte, über die Sie referieren sollen, sehr gründlich durch und exzerpieren Sie das Wichtigste (vgl. Kap. „Exzerpt").

2. Überlegen Sie sich den Aufbau Ihres Referats und besprechen Sie sich mit Ihrem Dozenten bzw. Ihrer Dozentin, bevor Sie mit der eigentlichen Arbeit beginnen.

3. Suchen Sie Definitionen für die Fachbegriffe (vgl. dieses Kap.).

4. Schreiben Sie einen Vortragstext auf der Basis Ihres Exzerpts und verbinden Sie die einzelnen Abschnitte durch passende Überleitungen (vgl. Kap. „Vortrag" sowie dieses Kap.).

5. Verwenden Sie besondere Sorgfalt auf eine interessante Einleitung und auf das Ende Ihres Referats (vgl. Kap. „Präsentation" und „Vortrag").

6. Erstellen Sie ein Handout, auf dem die wichtigsten Punkte Ihres Vortrags zusammengefasst sind und die Quellenangaben der verwendeten Literatur stehen (vgl. dieses Kap.).

7. Visualisieren Sie Ihren Vortrag durch eine PowerPoint-Präsentation oder mit Folien, Flipchartblättern, Karteikarten usw. (vgl. Kap. „Präsentation").

8. Geben Sie Ihrem Dozenten bzw. Ihrer Dozentin rechtzeitig einen Ausdruck Ihres Handouts, ggf. auch einen Ausdruck Ihres Referats und bitten Sie ihn bzw. sie um Kritik.

9. Üben Sie Ihren Vortrag mehrfach laut, sodass Sie den Inhalt fast auswendig können und die Zeit, die Sie brauchen werden, realistisch einschätzen können. Bitten Sie jemanden, dem Sie vertrauen, um Feedback. Das hilft auch, Lampenfieber abzubauen (vgl. Kap. „Präsentation").

## 2 Wirkung erzielen

HV S
24

Hören Sie die Einleitung eines Referats über Künstliche Intelligenz und besprechen Sie im Kurs, wie sie auf Sie wirkt. Gehen Sie dabei auch auf folgende Fragen ein. Falls Sie allein lernen, schauen Sie im Lösungsschlüssel nach.

1. Wie geht die Studentin mit ihrer Nervosität um?
2. Wie weckt sie Interesse für ihr Referatsthema?
3. Wie bezieht sie die Zuhörer ein?
4. Welchen Tipp aus Aufgabe 1d hat sie berücksichtigt?

## 3 Das Handout

TS Ü

**a** Füllen Sie den Kopfteil des Handouts mit den folgenden Informationen aus.

Neuroinformatik | Maren Daul | Dr. Werner | Künstliche Intelligenz – Grenzen und Möglichkeiten |
Wintersemester 2009 / 10 | Kant-Universität

Hochschule:
Semester:
Referent/in:

Seminartitel: *Neuroinformatik*
Name des Dozenten / der Dozentin:
Titel des Referats:

**Gliederung**
1. Definitionen von „Intelligenz"
...

1. Der Brockhaus in 3 Bänden, Leipzig 2006, Band 2
2. Meyers Großes Taschenlexikon in 26 Bänden, Mannheim 2003, Bd. 10 / 13
3. Cruse, Holk / Dean, Jeffrey / Ritter, Helge: *Die Entdeckung der Intelligenz – oder Können Ameisen denken?*, München: C. H. Beck'sche Verlagsbuchhandlung (Oscar Beck), 1998
4. Dörner, Dietrich: *Psychologie, „Künstliche Intelligenz" und Konfektionismus*, in: *Neurobiologie / Hirnforschung – Neuroinformatik – Künstliche Intelligenz. Bericht der Expertenkommission*, Bonn: BMFT, 1991, S. 60 – 68
5. Pöppel, Ernst: *„Intelligenz" als modulare Informationsverarbeitung*, in: *Neurobiologie / Hirnforschung – Neuroinformatik – Künstliche Intelligenz. Bericht der Expertenkommission*, Bonn: BMFT, 1991, S. 51 – 59

HV S
25

**b** Hören Sie jetzt, wie die Referentin die Inhalte des Referats ankündigt, und notieren Sie im Handout oben, in wie viele Punkte das Referat gegliedert ist.

HV D
25

**c** Hören Sie die Ankündigung der Inhalte noch einmal und bearbeiten Sie folgende Aufgaben.

• Ergänzen Sie in der folgenden Transkription die sprachlichen Mittel, mit denen die Referentin die Punkte ankündigt.
• Notieren Sie zudem, was die Kommilitonen noch im Handout finden, und ergänzen Sie nach dem Hören eine entsprechende Überschrift auf Seite 2 des Handouts.

In meinem Referat [1] *werde ich zunächst* .......... Erklärungen und Definitionsansätze zum Begriff „Intelligenz"

[2] .......................... . Dann werde ich [3] .................................: Was ist „Künstliche Intelligenz"? –

im Folgenden „KI". In diesem Zusammenhang werde ich kurz [4] ........................... den „Turing-Test"

[5] ............................... und dann eine allgemeine [6] ............................. von KI

[7] ............................... . [8] ........................... werde ich die Hauptzielsetzungen der KI skizzieren.

Schaut: Hier auf der Übersichtsfolie ist das der Punkt drei. Schließlich werde ich einen [9] ...........................

die Teilgebiete der KI [10] ........................... und daran exemplarisch die Möglichkeiten und Grenzen der KI aufzeigen.

**d** Ergänzen Sie jetzt die Gliederungspunkte im Handout mithilfe der dazugehörigen inhaltlichen Stichworte aus Aufgabenteil c. Tauschen Sie sich anschließend im Kurs aus. Falls Sie allein lernen, schauen Sie im Lösungsschlüssel nach.

## ④ Mit Definitionen umgehen

HV S
26

**a** Hören Sie nun, was die Referentin zum ersten Punkt ihres Referats sagt, und machen Sie sich Notizen zu folgenden Fragen.

1. Was sagt die Studentin allgemein zur Definition bzw. zu den Definitionen von Intelligenz?
2. Wie viele Definitionen bzw. Erklärungen nennt sie?
3. Warum beschäftigt sie sich in ihrem Referat nicht weiter mit der Theorie von Gardner?
4. Welche Frage stellt die Referentin am Ende dieses Abschnitts?

*1. keine allg. gültige Definit., je n. Fachrichtg. → versch. Erklärg.*

WS **b** Hören Sie noch einmal, wie die Referentin die Definitionen einleitet, und ordnen Sie die entsprechenden Redemittel A bis G den Quellen 1 bis 7 zu.

| | | |
|---|---|---|
| 1. Wikipedia | A. im ... findet man als Erklärung ... | 1. $\boxed{C}$ |
| 2. Brockhaus | B. ... hebt hervor, dass ... | 2. ☐ |
| 3. Meyers Großes Taschenlexikon | C. laut ... | 3. ☐ |
| 4. Cruse / Dean / Ritter | D. auf ... geht ... zurück | 4. ☐ |
| 5. Ernst Pöppel | E. bei ... wird ... beschrieben als ... | 5. ☐ |
| 6. Dietrich Dörner | F. während in ... definiert ist als ... | 6. ☐ |
| 7. Howard Gardner | G. ... wiederum betont, dass ... | 7. ☐ |

WS **c** Lesen Sie folgende Definitionen und verbinden Sie sie mit den Redemitteln aus Aufgabenteil b, sodass Sie sie in einem Referat vortragen können. Probieren Sie verschiedene Varianten aus.

**Gedächtnis:** Fähigkeit, Informationen abrufbar zu speichern und zu reproduzieren.
Meyers Großes Taschenlexikon, 2003

**Gedächtnis:** die Fähigkeit, sich an Dinge zu erinnern.
PONS Großwörterbuch Deutsch als Fremdsprache, 2006

Unter **Gedächtnis** versteht man die Fähigkeit des Nervensystems von Lebewesen, aufgenommene Informationen zu behalten, zu ordnen und wieder abzurufen.
Wikipedia (vom 25.09.2009)

**Gedächtnis:** Die Fähigkeit, Sinneswahrnehmungen, Erfahrungen und Bewusstseins-Inhalte zu registrieren, über längere oder kürzere Zeit zu speichern und bei Bedarf wieder zu reproduzieren. In der Regel wird nach Kurzzeit- und Langzeit-Gedächtnis unterschieden. Das Kurzzeit-Gedächtnis umfasst nur wenige Informationseinheiten. Den größten Teil des Gedächtnisses macht das Langzeit-Gedächtnis aus. In ihm sind Ereignisse und Vorstellungen über Tage, Monate und Jahre gespeichert. Das Langzeit-Gedächtnis hat mit der Konstruktion von Zeit und vermutlich auch mit der Konstruktion von Identität zu tun: wenn wir am Morgen aufwachen, erinnern wir uns, wer wir sind. (Es gibt allerdings auch Ansätze, nach denen „Identität" permanent neu konstruiert wird).
http://www.nlp.at/lexikon_neu/ (vom 25.09.2009)

Ein intelligentes System sollte ein Gedächtnis besitzen. Das heißt, es sollte die Fähigkeit haben, Informationen aufrufen zu können, die nicht direkt durch die aktuelle Reizsituation gegeben sind.
Cruse/Dean/Ritter, *Die Entdeckung der Intelligenz – oder Können Ameisen denken?*, 1998, S. 142

*In „Meyers Großes Taschenlexikon" von 2003 findet man als Erklärung, dass das Gedächtnis die Fähigkeit ist, Informationen abrufbar zu speichern und zu reproduzieren. In „Meyers Großes Taschenlexikon" von 2003 wird Gedächtnis beschrieben als die Fähigkeit, Informationen ...*

## 5 Überleitungen

WS **a** Formulieren Sie aus folgenden Elementen Überleitungssätze.

> Weitere Redemittel für Überleitungen finden Sie im Kap. „Vortrag".

A. zur – Frage … – damit – ich – nun – komme
B. ich – … erläutert habe – nachdem – möchte – ich - eingehen – kurz – noch – auf …
C. komme – letzten Abschnitt – damit – ich – meines Referats – zum
D. ihr – sehen – wie – könnt – … aufgeführt – sind – hier
E. Argumente – möchte – im Folgenden – darstellen – ich – kurz – diese
F. im Folgenden – ich – dies – möchte – genauer – ausführen – etwas – noch
G. möchte – ich – diesem Zusammenhang – in – an … – erinnern
H. jetzt – mich – auf – freue – eure Fragen – unsere Diskussion – und – ich
I. uns – jetzt – wir – wenden – von … dem … zu
J. mich – mit – lasst – beenden – dem Zitat – eines Unbekannten – mein Referat
K. auf – möchte – die Beschreibung – mich – hier – in … – beschränken – ich

*A. Damit komme ich nun zur Frage …*

HV S **b** Hören Sie nun den Rest des Referats und nummerieren Sie die Sätze aus Aufgabenteil a in der Reihenfolge ihres
27–30 Vorkommens.

| A | B | C | D | E | F | G | H | I | J | K |
|---|---|---|---|---|---|---|---|---|---|---|
|   |   |   |   |   |   |   |   | 1 |   |   |

## 6 Lampenfieber

**a** Die Studentin ist am Anfang ihres Vortrags und noch einmal in der Mitte sehr aufgeregt. Wie finden Sie ihre Reaktion in den beiden Situationen? Hätte Sie sich anders verhalten sollen? Wenn ja, wie?

**b** Tauschen Sie sich im Kurs darüber aus, was man gegen Lampenfieber tun kann, und formulieren Sie Tipps.

*– Referat ausführlich üben*
*– …*

## 7 Checkliste: Darauf muss ich achten!

TM R Erstellen Sie sich eine eigene Checkliste, die Sie immer wieder heranziehen können, wenn Sie eine Präsentation, einen Vortrag oder ein Referat erstellen. Berücksichtigen Sie dabei folgende Punkte und gehen Sie dazu alle drei Kapitel noch einmal durch.

- Einleitung
- Hauptteil
- Schluss
- Roter Faden
- Überleitungen
- Visuelle Gestaltung
- Fragen (Zwischenfragen oder am Ende)
- Körpersprache
- Pannen
- Lampenfieber

**Tipp**

Sammeln Sie alle Redemittel in den Kap. „Präsentation", „Vortrag" und „Referat" und ordnen Sie sie den Punkten links zu. Auf diese Weise haben Sie die Redemittel bei Bedarf immer parat.

# Diskussion `C1 4, 8, 12`

## 1 Merkmale einer Diskussion

▶ VW A   **a**   Überlegen Sie in Gruppen, was eine Diskussion kennzeichnet. Die folgenden Fragen können Ihnen dabei helfen.

1. Mit welcher Absicht bzw. zu welchem Zweck wird eine Diskussion geführt?
2. In welchem Kontext finden Diskussionen statt?
3. Wie können das Klima, der Verlauf und das Ergebnis einer Diskussion sein?
4. Was muss man beachten, wenn man als Diskutant in einer Diskussion erfolgreich sein will?

*1. intellektuelle Auseinandersetzung über ein Thema,* .......................................................................................

**b**   Gab es in den Gruppen – je nach Herkunftsland – unterschiedliche Meinungen darüber, was eine Diskussion ausmacht? Wenn ja, welche? Sammeln Sie im Kurs.

▶ TM R   **c**   Lesen Sie die folgenden Wörterbucheinträge zu den Begriffen „Diskussion" und „diskutieren" und vergleichen Sie das, was man in Deutschland unter einer Diskussion versteht, mit Ihren Notizen aus den Aufgabenteilen a und b. Nennen Sie Übereinstimmungen und Unterschiede.

> **Dis·kus·si·on** die <-, -en> **1.** *lebhaftes (oft kontrovers geführtes) Gespräch über ein Thema oder Problem* ◆ Fernseh-, Podiums- **2.** *die öffentliche Meinungsbildung und Berichterstattung über ein Thema* die Diskussion in den Medien über das Thema … verfolgen

> **dis·ku·tie·ren** <diskutierst, diskutierte, hat diskutiert> **I.** *mit OBJ* ■ *jmd. diskutiert etwas in einer Diskussion über etwas seine Meinungen austauschen* Wir haben lange über diese Frage diskutiert. **II.** *ohne OBJ* ■ *jmd. diskutiert mit jmdm. (über etwas Akk.) in einer Diskussion erörtern* ein Problem/einen Vorschlag diskutieren

Wörterbucheinträge aus: PONS Großwörterbuch Deutsch als Fremdsprache, Ernst Klett Sprachen GmbH, Stuttgart 2006

## 2 Die Diskussion: Standpunkte und Argumente der Diskutanten

▶ LV S   **a**   Lesen Sie die Definition des Begriffs „Sponsoring" und unterstreichen Sie die wichtigen Informationen.

**b**   Definieren Sie anschließend mit eigenen Worten, was Sponsoring ist und welchen Zweck es verfolgt.

...............................................................................

...............................................................................

...............................................................................

...............................................................................

...............................................................................

**Sponsoring**

Sponsoring ist ein Begriff aus dem Bereich des Marketings. Man versteht darunter die finanzielle Unterstützung einer Organisation oder einer Einzelperson durch ein Unternehmen, entweder für einen genau festgelegten Zeitraum oder für eine einzelne Veranstaltung. Im Gegensatz zu einer Spende beruht Sponsoring auf dem Prinzip von Leistung und Gegenleistung. Der Sponsor erhält für sein Spendenaufkommen etwas zurück, meist in Form von kostenloser Werbung oder Ähnlichem. Sponsoring dient also hauptsächlich der Außendarstellung, d. h. der Imagepflege eines Unternehmens. Gesponsert wird vor allem in den Bereichen Sport, Umwelt, Kultur und Soziales.

**HV G**
**31–32**

**c** In der Marketingabteilung der Firma „Playtime GmbH" wird darüber diskutiert, in welchem Bereich der für Sponsoring zur Verfügung stehende Betrag investiert werden soll und welche Organisation diesen Betrag konkret erhalten soll. Hören Sie den ersten Teil der Diskussion und beantworten Sie folgende Fragen.

1. Um welches Thema geht es?
2. Wo findet die Diskussion statt?
3. Wie ist das Verhältnis der Diskutanten untereinander?
4. Wie ist das Klima der Diskussion?
5. Gibt es ein Ergebnis? Wenn ja, welches?

*1. Sponsoring, …*

**Phasen einer Diskussion**

Eine Diskussion lässt sich in eine Eröffnungsphase, eine Kernphase und eine Beendigungsphase untergliedern. Nach einer (in der Regel) kurzen Eröffnungsphase beginnt mit der Kernphase die eigentliche Diskussion, in der die Teilnehmer ihre Standpunkte kontrovers erörtern.

**HV S**
**32**

**d** Hören Sie die Kernphase der Diskussion noch einmal und notieren Sie, welche Bereiche für eine mögliche Förderung genannt werden und wie die konkreten Vorschläge der einzelnen Diskussionsteilnehmer aussehen.

| Diskutanten | Bereich | konkreter Vorschlag |
|---|---|---|
| *1. Fr. Dr. Lanz (Geschäftsführerin)* | *Umweltschutz* | — |
| *2. Hr. Keller (Außendienstmitarbeiter)* | | |
| *3. Fr. Rabe (Marketingassistentin)* | | |
| *4. Fr. Meyer (Marketingchefin)* | | |

**HV D**
**32**

**e** Hören Sie die Kernphase der Diskussion noch einmal und achten Sie dabei darauf, welche Begründungen für die einzelnen Fördervorschläge vorgebracht werden und welche Vorteile die Firma davon haben könnte. Vorschlag 1 wird in Aufgabe 4 b ergänzt.

| konkreter Vorschlag | Begründung | mögliche Vorteile für Firma Playtime |
|---|---|---|
| *1.* | | |
| *2. Kinderschutzbund in Weißstadt* | | |
| *3.* | | |
| *4.* | | |

**f** Sammeln Sie, welche Einwände gegen die einzelnen Vorschläge vorgebracht werden.

..................................................................................................................................

..................................................................................................................................

..................................................................................................................................

..................................................................................................................................

## ❸ Die Diskussion: Diskussionsverhalten der Gesprächsteilnehmer

**HV S**
**32**

**a** Hören Sie – falls nötig – die Kernphase der Diskussion noch einmal und achten Sie dabei vor allem auf das Klima der Diskussion und das Diskussionsverhalten der Teilnehmer. Beantworten Sie dazu folgende Fragen.

1. Wie ist der Gesprächsstil: eher sachlich oder unsachlich?
2. Wie wirken das Klima der Diskussion und das Diskussionsverhalten der Gesprächsteilnehmer auf Sie: extrem höflich, höflich, manchmal unhöflich, durchgehend unhöflich?
3. Wie erscheinen Ihnen die Pausen zwischen den Gesprächsbeiträgen der Diskussionsteilnehmer: eher zu lang, genau richtig oder zu kurz?
4. Wie sprechen die Diskutanten miteinander: Sie lassen einander stets ausreden, sie lassen sich nicht immer ausreden, sie unterbrechen sich oft, sie reden manchmal gleichzeitig?
5. Warum unterbrechen die Diskutanten ihre Gesprächspartner: eher um den Standpunkt eines anderen zu bestätigen, um nachzufragen, d.h. um Zwischenfragen zum Verständnis zu stellen, oder um endlich ihre eigene Meinung zum Ausdruck zu bringen?

**b** Vergleichen Sie Ihre Lösungen in Dreiergruppen. Falls Ihre Lösungen weit auseinander gehen, überlegen Sie gemeinsam, woran dies liegen könnte. Wie unterscheidet sich das Diskussionsverhalten in Ihren jeweiligen Herkunftskulturen in Bezug auf die folgenden Punkte?

|  | Land A | Land B | Land C |
|---|---|---|---|
| **Sachlichkeit** |  |  |  |
| **Höflichkeit (Direktheit der Kritik)** |  |  |  |
| **Pausenlänge** |  |  |  |
| **Unterbrechungen** |  |  |  |

**WS**

**c** Ordnen Sie die folgenden Redemittel aus der Diskussion in die Tabelle ein.

> Ja, genau! | Bei mir ist Ihr Vorschlag so angekommen, dass … Das meinten Sie doch, oder? | Vollkommen richtig! | Eine kurze Zwischenfrage bitte: … | Habe ich Sie richtig verstanden? Sie meinen, dass … | Hm, stimmt natürlich! | Da würde ich gern kurz einhaken. | Ja, sicher! | Das sehe ich auch so! | Verstehe ich Sie richtig? Sie plädieren für …? | Erlauben Sie mir (dazu) eine kurze Zwischenfrage / Anmerkung?

| Redemittel, die verwendet werden, um … | | |
|---|---|---|
| **Kategorie 1: den Standpunkt eines anderen beiläufig zu bestätigen** | **Kategorie 2: nachzufragen, ob man den Sprecher richtig verstanden hat** | **Kategorie 3: eine Zwischenfrage zu stellen** |
| *Ja, genau!* |  |  |

**TM R**

**d** Lesen Sie die Informationen zum Thema „Rederecht" und markieren Sie die wichtigen Informationen.

> **Rederecht**
>
> Unter Rederecht versteht man die Erlaubnis zu sprechen. Das Rederecht kann einem von anderen gezielt eingeräumt werden, z.B. in Form von Fragen wie „Was meinen Sie zu …?". Man kann aber auch versuchen, sich das Rederecht bewusst zu nehmen, z.B. durch Äußerungen wie „Da würde ich gern kurz einhaken." In dem Fall kann derjenige, der noch im Besitz des Rederechts ist, dies akzeptieren oder abwehren, z.B. durch Äußerungen wie „Ich möchte das noch kurz zu Ende bringen."
> Wenn ein Sprecher seinen Beitrag abgeschlossen hat und das Rederecht abgeben möchte, so kann er dies signalisieren, indem er / sie die Stimme senkt und eine Pause macht oder indem er / sie sich demjenigen mit dem Kopf oder den Augen zuwendet, der der nächste Sprecher werden kann.

**e** Überlegen Sie, was die Sprecher den anderen Diskutanten mithilfe der Redemittel aus Aufgabenteil c signalisieren wollen und welche Funktion diese Redemittel in Bezug auf das Rederecht haben.

| Sprecher will signalisieren, dass . . . | Kategorie 1 | Kategorie 2 | Kategorie 3 |
|---|---|---|---|
| 1. er / sie keine Antwort verlangt und das Rederecht nicht beansprucht. | [X] | ☐ | ☐ |
| 2. er / sie eine kurze Bestätigung wünscht, aber das Rederecht nicht beansprucht. | ☐ | ☐ | ☐ |
| 3. er / sie eine genauere Antwort wünscht, aber das Rederecht nicht beansprucht. | ☐ | ☐ | ☐ |
| 4. er / sie eine kurze Bestätigung / genauere Antwort wünscht, in Wirklichkeit aber die Redemittel verwendet, um sich so das Rederecht zu erkämpfen. | ☐ | ☐ | ☐ |

**f** Überlegen Sie, wie die Kategorien 2 und 3 in der Diskussion überwiegend verwendet werden.

## 4 Die Diskussion: Den eigenen Standpunkt durchsetzen

HV S
33

**a** Hören Sie nun die Fortsetzung der Diskussion. Welche Organisation aus dem Bereich des Umweltschutzes schlägt die Geschäftsführerin vor? Ergänzen Sie die Notizen auf dem Flipchart rechts.

HV D
33

**b** Wie begründet die Geschäftsführerin ihren Vorschlag und welche Vorteile für die Firma nennt sie? Ergänzen Sie dazu die Tabelle in Aufgabe 2 e.

| Vorschlag | Organisation |
|---|---|
| 1. Umweltschutz | |
| 2. Sozialer Bereich | Kinderschutzbund in Weißstadt |
| 3. Sport | FC Weißstadt 05 |
| 4. Kunst / Kultur | Tanztheater MÖWE |

HV D
33

**c** Hören Sie die Fortsetzung der Diskussion noch einmal und notieren Sie die Gegenargumente zu den einzelnen Vorschlägen. Notieren Sie auch, von wem die Gegenargumente stammen.

| Konkreter Vorschlag | Gegenargumente | Gegenargumente von . . . |
|---|---|---|
| 1. | | |
| 2. Kinderschutzbund in Weißstadt | | |
| 3. FC Weißstadt 05 | | |
| 4. Tanztheater MÖWE | | |

WS

**d** Lesen Sie die folgenden Auszüge aus der Diskussion. Wie leiten die Diskutanten Ihre Gegenargumente ein? Worin unterscheiden sich die Einwände von Frau Dr. Lanz und Herrn Keller?

1. Fr. Dr. Lanz: Ihre Vorschläge gefallen mir im Großen und Ganzen gut, aber einen Skandalverein wie den FC Weißstadt 05 können wir uns nicht ans Bein binden.

2. Hr. Keller: Die Hooligans sorgen doch ständig für Schlagzeilen. Nein, das ist wirklich nichts für Playtime. Ich bin absolut dagegen.

● WS  **e**  Lesen Sie noch einmal den Vorschlag von Fr. Rabe und mögliche Einwände dagegen. Formulieren Sie die Einwände weniger direkt und damit höflicher. Nutzen Sie dazu die folgenden Redemittel.

> Weitere Redemittel zur Begründung bzw. Bekräftigung eigener Argumente und zur Entkräftung von Gegenargumenten finden Sie im Kap. „Erörterung".

**Vorschlag von Fr. Rabe:**

Ich habe neulich gelesen, dass Sponsoring im Sportbereich das meiste bringt. Und vor allem natürlich Fußball. Der FC Weißstadt 05 bietet sich doch an. Der Aufstieg in die 2. Bundesliga ist so gut wie sicher. Das bedeutet natürlich auch eine verstärkte Präsenz in den Medien, vor allem im Fernsehen.

**Einwände gegen den Vorschlag:**

1. So? Das ist mir neu. Es ist doch gar nicht sicher, dass der Verein aufsteigt.
2. Glauben Sie wirklich, dass sich der FC Weißstadt 05 für uns als Sponsorpartner eignet? Die Hooligans randalieren doch bei jedem Spiel.
3. Da bin ich skeptisch. Der Verein ist doch viel zu oft in Skandale verwickelt.
4. Der Vorschlag macht mir Bauchschmerzen. Denken Sie doch nur an den unmöglichen Präsidenten.

---

Das stimmt zwar, aber … | Das ist ja einerseits nicht schlecht, aber andererseits … | Sie haben zwar Recht, dass …, aber … | Das klingt zwar im ersten Moment sehr überzeugend, aber … | Ich verstehe Ihr Argument, aber … | Na ja, das stimmt zwar schon, aber … | Ihr Vorschlag ist zwar nicht schlecht, aber … | Sie haben nicht ganz Unrecht, aber ich meine trotzdem, dass … | Ich gebe Ihnen völlig Recht, dass …, aber …

---

*1. Das stimmt zwar, aber es ist doch gar nicht sicher, dass der Verein aufsteigt., Das klingt zwar im ersten Moment sehr überzeugend, aber es ist doch noch gar nicht sicher, dass der Verein aufsteigt.*

**f**  Besprechen Sie, welcher Vorschlag in der Diskussion am Ende angenommen wird und von wem dieser Vorschlag stammt.

**g**  Überlegen Sie in Gruppen, warum gerade dieser Vorschlag angenommen wird. Lesen Sie dazu die folgenden Aussagen und markieren Sie, ob die jeweilige Aussage Ihrer Meinung nach genau stimmt (g), ungefähr stimmt (u) oder nicht stimmt (n). Hören Sie ggf. die Diskussion noch einmal.

1. Die Argumente für den Siegervorschlag sind von der Sache her überzeugend.  **g** **u** **n**
2. Der Vorschlag bietet die meisten Vorteile für die Firma Playtime.  **g** **u** **n**
3. Die Einwände gegen den Vorschlag werden gut entkräftet.  **g** **u** **n**
4. Die Gegenvorschläge werden von der Sache her als nicht überzeugend und für die Firma als ungeeignet dargestellt.  **g** **u** **n**
5. Die Siegerin schafft es, die meisten Mit-Diskutanten auf ihre Seite zu ziehen.  **g** **u** **n**
6. Der Vorschlag wird auch angenommen, weil er von der Geschäftsführerin stammt.  **g** **u** **n**

**h**  Vergleichen und besprechen Sie Ihre Ergebnisse im Kurs. Falls Sie allein lernen, vergleichen Sie Ihre Meinung mit dem Lösungsvorschlag.

## ❺ Diskutieren in verschiedenen Kontexten

● TS Ü  **a**  Sie planen zusammen mit Freunden ein verlängertes Wochenende in einer deutschen Großstadt. Zur Diskussion stehen Hamburg, Berlin, Köln und München. Bereiten Sie sich dazu, wie auf der nächsten Seite beschrieben, auf die Diskussion vor.

1. Arbeiten Sie in Fünfergruppen: Vier Teilnehmer übernehmen jeweils eine Stadt und stellen nach einer Internet-Recherche ein Programm für 2 ½ Tage zusammen. Ein Teilnehmer übernimmt die Rolle des Beobachters und späteren Feedbackgebers.

2. Als Diskussionsteilnehmer überlegen Sie jeweils, wie Sie ihre Mit-Diskutanten am besten von Ihrem Vorschlag überzeugen können. Welche Argumente sprechen für Ihren Vorschlag und wie lassen sich mögliche Gegenargumente entkräften?

> **Tipp**
>
> Diskussionen im privaten Bereich zeichnen sich dadurch aus, dass sie informeller sind. Kritik wird oft direkter geübt. Auch Unterbrechungen sind häufiger, als sie im beruflichen oder universitären Kontext sein sollten. Unhöfliches Verhalten sollte aber auf jeden Fall vermieden werden.
> Auch im nicht-privaten Bereich gibt es jedoch Unterschiede in Bezug auf Formalität, Direktheit der Kritik, Höflichkeit etc. So wird eine Diskussion unter gleichrangigen Personen, z. B. Kollegen, notwendigerweise anders aussehen als eine Diskussion, bei der große Rangunterschiede in der Hierarchie vorliegen, weil z. B. ein Vorgesetzter, Professor anwesend ist.

3. Als Beobachter und späterer Feedbackgeber überlegen Sie noch einmal, was eine gute Diskussion ausmacht (Standpunkt und Argumente, Diskussionsverhalten, Durchsetzungsfähigkeit) und was man beim Diskutieren beachten muss. Legen Sie einen sinnvollen Notizzettel an, auf dem Sie wichtige Punkte und Beobachtungen während der Diskussion festhalten können.

4. Spielen Sie die Diskussion und versuchen Sie dabei, als Diskutant zu Wort zu kommen, ohne die im privaten Rahmen geltenden Spielregeln zu verletzen. Beachten Sie dazu auch den Tipp oben und benutzen Sie die gelernten Redemittel.

5. Geben Sie als Beobachter abschließend wieder, wie Sie die Diskussion inhaltlich und sprachlich empfunden haben und was man verbessern könnte.

6. Spielen Sie die Diskussionsrunde noch einmal und geben Sie sich gegenseitig Feedback.

TS Ü **b** Im Rahmen Ihres Studiums im Fach Kommunikationsdesign soll Ihr Kurs die Homepage einer Institution gestalten. In der ersten Seminarsitzung diskutieren Sie mit Ihrem Professor mögliche Themen. Es stehen folgende Themenvorschläge zur Diskussion.

- 125 Jahre Wuppertaler Zoo
- Der Kinderschutzbund
- Das Kinder- und Jugendtheater in Essen
- Der Fußballverein „Borussia Dortmund"

Arbeiten Sie in Vierergruppen und übernehmen Sie jeweils eine Rolle. Bereiten Sie Ihre jeweilige Rolle argumentativ nach dem Vorbild aus Aufgabenteil a vor. Beachten Sie dabei den institutionellen (d.h. hier universitären) Kontext. Geben Sie sich abschließend gegenseitiges Feedback.

## 6 Checkliste: Darauf muss ich achten!

~M R Lesen Sie die Checkliste zur Vorbereitung auf eine Diskussion und markieren Sie, was für Sie besonders wichtig ist.

1. Bereiten Sie sich gründlich auf das Thema der Diskussion vor.
2. Beziehen Sie Stellung und sammeln Sie Argumente für Ihre Position. Überlegen Sie auch, wie Sie diese am besten bekräftigen können.
3. Sammeln Sie weiterhin mögliche Gegenargumente zu Ihrer Position und überlegen Sie, wie Sie diese entkräften könnten.
4. Beachten Sie, in welchem Kontext (privat, beruflich, universitär, öffentlich) die Diskussion stattfindet, und überlegen Sie noch einmal, welche Regeln für die jeweiligen Bereiche gelten.
5. Überwinden Sie Ihre Schüchternheit und bedenken Sie, dass man in Deutschland seinen Gesprächspartner manchmal (höflich) unterbrechen muss, um zu Wort zu kommen und seinem eigenen Vorschlag Gehör zu verschaffen. Nutzen Sie die entsprechenden Redemittel für Verständnis- bzw. Zwischenfragen.
6. Lassen Sie nach einiger Zeit die Diskussion noch einmal Revue passieren und überlegen Sie selbst, was Sie gut gemacht haben und was Sie noch verbessern könnten.
7. Bitten Sie, wenn möglich, Freunde um ein ehrliches Feedback.

# Lösungen – Schriftlicher Ausdruck

## Kapitel 1 – Stilebenen

**1a** *Mögliche Lösung:* Wortwahl im Deutschen im Schriftlichen oft gehobener, Satzlänge oft länger und mit komplizierteren grammatikalischen Konstruktionen; gilt aber nicht immer, z. B. meist nicht in E-Mails.

**1c** *Mögliche Lösung:* **mündl. Textsorten:** Vortrag • Referat • Rede • Diskussion • **schriftl. Textsorten:** Brief • Protokoll • Bericht • Erörterung • Hausarbeit • Bedienungsanleitung • Vertrag • Kochrezept • Erzählung • Gedicht

**2a** 1. Text A: mündl. • Text B und C: schriftl. • 2. Text A: Interview • Text B: Artikel aus Fachzeitschrift • Text C: private E-Mail • 3. Text A: neutral • Text B: formell • Text C: umgangssprachlich

**2c** *Mögliche Lösung:* **Text A:** viele Nebensätze • **Text B:** viele Nomen • viele Präpositionalkonstruktionen

**2d** **Text A:** Verbalstil • **Text B:** Nominalstil

**2e** *Mögliche Lösung:* **Nominalstil:** 2. besteht die Forderung • 3. in deutschen Betrieben durchgeführten Studie • 4. bei Missgeschicken • 5. Der Hintergrund dieser Forderung ist • 6. Aufgrund der Erkenntnisse besteht nun die Forderung • 7. geschaffen werden kann • **Verbalstil:** 2. fordert man • 3. in Ihrer Studie, die Sie in deutschen Betrieben durchgeführt haben • 4. wenn … ein Missgeschick passiert ist • 5. Hinter dieser Forderung steht • 6. Deshalb fordert man jetzt • 7. man … schaffen kann

**2f** *Mögliche Lösung:* Verwendung von eher mündl. Modalpartikeln (z. B. ja), umgangssprachliche Ausdrücke (z. B. nix, echt, sauer, kriegen, meckern, ätzend) • verkürzte Sätze (z. B. Zwar hinter meinem Rücken, aber …; nur Meckern und Lästern)

**2g** **umgangssprachlich:** Moos • rumrennen • reinkommen • rauskommen • sich den Kopf zerbrechen • Schiss haben • **neutral:** Geld • herumlaufen • hineinkommen • hinauskommen • überlegen • Angst haben • **formell:** finanzielle Mittel • umherlaufen • eintreten • heraustreten • mit sich zu Rate gehen • Befürchtungen hegen

**3a** 2 n • 3 u • 4 f • 5 n • 6 u • 7 f • 8 u • 9 f • 10 n • 11 f • 12 n

**4a** 2. umfassende Analyse von Fehlern • 3. monatlicher Austausch in Arbeitsgruppen • 4. zukünftige Optimierung der Arbeitsabläufe

**4b** 2. An der sich (daran) anschließenden Diskussion beteiligten sich … • 3. Die kurz angesprochenen Vorschläge werden … • 4. Dabei sollen auch ansonsten aufgetretene Probleme besprochen werden. • 5. Die abteilungsübergreifend zusammengesetzten Arbeitsgruppen werden … • 6. Die nicht sofort zu klärenden Fragen wurden …

**4c** 2a. die Bildung von Arbeitsgruppen • 2b. die Bildung von abteilungsübergreifenden Arbeitsgruppen • 2c. die Unterstützung der Bildung von abteilungsübergreifenden Arbeitsgruppen durch die Firmenleitung • 3a. das Engagement der Mitarbeiter • 3b. das stärkere Engagement der Mitarbeiter • 3c. Überstunden wegen des stärkeren Engagements der Mitarbeiter

**4d** **Zeit gleichzeitig:** immer wenn • **Zeit nachzeitig:** bevor • **Grund:** da • denn • weil • deshalb • daher • **Gegengrund:** obwohl • **Gegensatz:** aber • sondern • jedoch • **Art und Weise:** dadurch, dass • **Folge:** sodass • **Bedingung:** wenn • **Ziel:** um … zu

**4e** **Zeit vorzeitig:** nach • **Zeit gleichzeitig:** bei • **Zeit nachzeitig:** vor • **Grund:** aufgrund • wegen • **Gegengrund:** trotz • ungeachtet • **Gegensatz:** entgegen • im Gegensatz zu • **Alternative:** anstelle • **Art und Weise:** durch • mit • **Folge:** infolge • **Bedingung:** bei • im Falle von • **Ziel:** für • zu • zwecks

**4f** 2. Dadurch, dass → Durch frühzeitige Hinweise darauf, was man … • 3. Anstatt zu → Anstelle der unangemessenen Sanktionierung von Fehlern sollte … • 4. um zu → Zur Vermeidung größerer Konflikte ist auch … • 5. Obwohl → Trotz vieler Studien zur Bedeutung der Beziehungsebene wird …

## Kapitel 2 – Formelle E-Mails

**1a** *Mögliche Lösung:* **Universität:** um Rückmeldung zu der Gliederung eines Referats bitten • **Arbeit:** zu einer Teamsitzung einladen • einen Termin verschieben • **privat:** Anfrage bei Problemen mit Gerät • Beschwerde, weil Service nicht funktioniert

**1b** *Mögliche Lösung:* Wortwahl • Satzbau • Grußformel

**2b** *Mögliche Lösung:* **Betreff:** so genau wie möglich Thema nennen → hier Bitte um Termin • **Anfang der E-Mail:** fehlt Hinweis, um welches Seminar es sich handelt • **Stil:** zu umgangssprachlich, zu wenig höflich distanziert (z. B. „keine Ahnung", „jobbe", „wie wäre es am Nachmittag?", „Das letzte Seminar von Ihnen war super.", Verwendung von Smileys) • **Inhalt:** zu privat und ausführlich (z. B. Studentenleben sehr teuer, jobbe in der Firma von meinem Onkel), konzentriert sich nicht auf das Wesentliche (Termin) • **Schluss:** zu informell

**2c** **Betreff:** genau formuliert • **Anfang der E-Mail:** Hinweis, um welches Seminar es sich handelt • **Stil:** neutral, sachlich, dadurch angemessen höflich • **Inhalt:** Konzentration auf das Thema • **Schluss:** formell

**2d** *Mögliche Lösung:*

| Von: | anna.wick@xpu.de | Datum: 15.01.2010 |
| --- | --- | --- |
| An: | m.kiefer@uni-wallstatt.de | |
| Betreff: | Bitte um Termin wegen Besprechung der Hausarbeitsgliederung | |

Sehr geehrter Herr Prof. Kiefer,
ich besuche zurzeit Ihr Seminar „Deutschsprachige Literatur seit 1945" und arbeite an einer Hausarbeit über Dürrenmatt. Ich würde nun gern mit Ihnen die Gliederung meiner Hausarbeit besprechen. Leider kann ich am 21.01. und am 28.01. nicht in Ihre reguläre Sprechstunde kommen, weil ich da jeweils einen Zahnarzttermin habe. Wäre es möglich, einen anderen Termin zu vereinbaren? Wenn das nicht gehen sollte, werde ich versuchen, einen Zahnarzttermin zu verlegen.
Mit freundlichen Grüßen
Anna Wick

**3a** **in der Reihenfolge:** Anrede • Dank für Interesse • Bezug auf früheren Kontakt • Grund der E-Mail • Terminvorschlag • weitere Informationen • Bitte um Antwort • Ansprechpartner bei Rückfragen • Grußformel • Unterschrift mit Signatur

**3b** **Termin bestätigen:** Hiermit bestätige ich den (mündlich) vereinbarten Termin am … um … • Der von Ihnen vorgeschlagene Termin am … um … passt mir sehr gut. • **Termin absagen:** Leider muss ich den mit Ihnen vereinbarten Termin am … absagen, da … • **Alternative vorschlagen:** Leider habe ich am … / um … schon einen anderen Termin; können wir unsere Besprechung auf … Uhr / auf den Nachmittag / auf den nächsten Vormittag / … verschieben / auf den Vormittag / auf … Uhr / … vorziehen? • Es tut mir leid, aber ich kann an keinem der von Ihnen genannten Termine. Alternativ möchte ich Ihnen folgenden Termin vorschlagen: …

**3c** *Mögliche Lösung:*

| Von: | w.zach@sportler.com | Datum: 08.02.2010 |
| --- | --- | --- |
| An: | s.kraus@schuh-mahler.com | |
| Betreff: | Termin für Produktlinienpräsentation | |

Sehr geehrte Frau Kraus,
haben Sie vielen Dank für Ihre E-Mail vom 05.02.2010. Leider bin ich an dem von Ihnen vorgeschlagenen Termin auf Dienstreise. Alternativ möchte ich Ihnen Dienstag, den 30.03., am Vormittag oder Mittwoch, den 31.03., am Nachmittag vorschlagen. Bitte geben Sie mir möglichst bald Rückmeldung, ob Ihnen einer der genannten Termine passt.
Mit freundlichen Grüßen
Wolfgang Zach

**4a Mail A:** Anrede • Information über Gegenstand, Kunde etc. • Problembenennung • Forderung • Grußformel und Unterschrift • **Mail B:** Anrede • Information über Gegenstand, Kunde etc. • Problembenennung • bisheriges Vorgehen zur Problemlösung • Stand der Dinge • Forderung • Ankündigung von Maßnahmen • Grußformel und Unterschrift

**4b** *Mögliche Lösung:*

| | |
|---|---|
| Von: | a.beck@xpu.de |
| An: | telefonnetz@service.com |
| Datum: | 08.02.2010 |
| Betreff: | Störung: Telefonanschluss, Kundennr.: 3499-67 |

Sehr geehrte Damen und Herren,
nach unserem Umzug haben wir am 02.02. einen neuen Telefonanschluss erhalten (Bergstr. 125, 81667 München, Tel.: 089/37981, Kundennr.: 3499-67).
Leider mussten wir feststellen, dass das Telefon seitdem ständig rauscht, manchmal so laut, dass man den Anrufer kaum verstehen kann.
Wir möchten Sie bitten, diese Störung möglichst schnell zu beheben.
Mit freundlichen Grüßen
Andreas Beck

| | |
|---|---|
| Von: | a.beck@xpu.de |
| An: | telefonnetz@service.com |
| Datum: | 01.03.2010 |
| Betreff: | Störung: Telefonanschluss, Kundennr.: 3499-67 |

Sehr geehrte Damen und Herren,
nach unsrem Umzug haben wir am 02.02. einen neuen Telefonanschluss erhalten (Bergstr. 125, 81667 München, Tel.: 089/37981, Kundennr.: 3499-67).
Leider mussten wir feststellen, dass das Telefon seitdem ständig rauscht. Wir haben uns diesbezüglich bereits vor etwa drei Wochen an Ihren Kundendienst gewandt (s. E-Mail vom 08.02.2010 im Anhang). Daraufhin ist am 16.02. ein Techniker gekommen und hat den Schaden behoben. Aber leider hat das Telefon schon nach ein paar Tagen wieder angefangen zu rauschen. Wir haben uns daraufhin am 25.02. telefonisch mit dem Kundendienst in Verbindung gesetzt. Dort hat man uns aber mitgeteilt, dass der Schaden behoben sei und man nichts mehr machen könne.
Da das Rauschen aber so schlimm ist, dass man den Anrufer kaum verstehen kann, möchten wir Sie noch einmal bitten, die Störung zu beheben. Falls das Problem nicht bis zum 15.03. behoben ist, sehen wir uns leider gezwungen, den Vertrag mit Ihnen zu kündigen und uns einen neuen Anbieter zu suchen.
Mit freundlichen Grüßen
Andreas Beck

**5a** *Mögliche Lösung:* Bezug auf früheren Kontakt und Grund der E-Mail • Darstellung der zu besprechenden Informationen • falls nötig, weitere Erklärungen zu bestimmten Punkten • Terminvorschlag bzw. Bitte um einen Termin, um Fragen etc. zu besprechen

**5b** *Mögliche Lösung:*

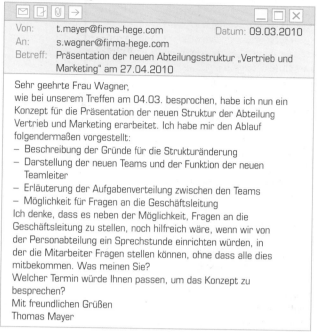

| | |
|---|---|
| Von: | t.mayer@firma-hege.com |
| An: | s.wagner@firma-hege.com |
| Datum: | 09.03.2010 |
| Betreff: | Präsentation der neuen Abteilungsstruktur „Vertrieb und Marketing" am 27.04.2010 |

Sehr geehrte Frau Wagner,
wie bei unserem Treffen am 04.03. besprochen, habe ich nun ein Konzept für die Präsentation der neuen Struktur der Abteilung Vertrieb und Marketing erarbeitet. Ich habe mir den Ablauf folgendermaßen vorgestellt:
– Beschreibung der Gründe für die Strukturänderung
– Darstellung der neuen Teams und der Funktion der neuen Teamleiter
– Erläuterung der Aufgabenverteilung zwischen den Teams
– Möglichkeit für Fragen an die Geschäftsleitung
Ich denke, dass es neben der Möglichkeit, Fragen an die Geschäftsleitung zu stellen, noch hilfreich wäre, wenn wir von der Personabteilung ein Sprechstunde einrichten würden, in der die Mitarbeiter Fragen stellen können, ohne dass alle dies mitbekommen. Was meinen Sie?
Welcher Termin würde Ihnen passen, um das Konzept zu besprechen?
Mit freundlichen Grüßen
Thomas Mayer

**6 Briefkopf:** Brief: Adressen von Absender, Empfänger • E-Mail: Mailadressen • evtl. unter Unterschrift Signatur mit Adressangaben • **Anrede:** Brief: formeller („Sehr geehrte(r)", „Liebe(r)" • E-Mail: wenn man Person schon etwas kennt, oft etwas informeller (z. B. „Guten Tag", „Hallo") • **Sprache:** Brief: formeller Sprachstil • E-Mail: wenn man Person schon etwas kennt, oft etwas umgangssprachlicher (z. B. „einfach schöner", „klappen", „wären wir sehr froh") und privater (z. B. „Bei den Kindern wäre vielleicht das Laminat praktischer", „denn dann wäre an Weihnachten schon alles neu und schön") • **Grußformel:** Brief: formeller (z. B. „Mit freundlichen Grüßen") • E-Mail: wenn man Person schon etwas kennt, oft etwas informeller (z. B. „Viele Grüße", „Liebe Grüße")

## Kapitel 3 – Notizen und Mitschriften

**1a** *Mögliche Lösung:* **Notizen machen:** Einkaufszettel • bei einer Besprechung wichtige Punkte notieren (z. B. Termine, Aufgaben) • **Mitschrift anfertigen:** wenn man Protokoll schreiben muss • für jemanden anderen mitschreiben, der nicht dabei sein kann (z. B. bei einem Vortrag)

**1b** *Mögliche Lösung:* Argumentationsaufbau nachvollziehen • Inhalte nachträglich rekonstruieren können

**2b** *Mögliche Lösung:* **Notizblatt A:** Notizen wenig hilfreich, da Informationen notiert, die nicht wichtig (z. B. Fragen am Ende) und manche zu ausführlich (z. B. „Es variiert mit …"), außerdem Argumentationsaufbau nicht klar erkennbar, da keine Absätze, Aufzählungsstriche etc. • **Vergleich Notizblatt A und B:** Notizblatt B ist besser, da: Kopf mit Angaben zu Vortrag, Redner etc. • einzelne Kapitel von Vortrag schon in Raster eingetragen • Platz für Ergänzungen und Anmerkungen / Fragen • verwendet Abkürzungen und Symbole • Argumentationsaufbau nachvollziehbar (Aufzählungsstriche) • wichtige Informationen hervorgehoben

**2c** folgende Tipps wurden berücksichtigt: 1, 2, 3, 4, 5, 6, 7, 8, 9, 10, 11

**3a** Bez. = Bezeichnung • bes. = besonders • Bankw. = Bankwesen • BWL = Betriebswirtschaftslehre • Def. = Definition • eigtl. = eigentlich • Erg. = Ergebnis • etw. = etwas • fachspr. = fachsprachlich • gebr. = gebräuchlich • Geol. = Geologie • Ggs. = Gegensatz • hist. = historisch • lat. = lateinisch• Lit. = Literatur • med. = medizinisch • od. = oder • s. = siehe • tlw. = teilweise • u. = und • u.a. = unter anderem • u. Ä. = und Ähnliches • urspr. = ursprünglich • vgl. = vergleiche • VWL = Volkswirtschaftslehre • Zsf. = Zusammenfassung

A • 3D • 4E • 5C • 6H • 7I • 8F • 9K • 10G

*Mögliche Lösung:* ++ = (sehr) gut • -- = (sehr) schlecht • +- = neutral • wichtig • ↔ = hängt von einander ab • Anm. = Anmerkung • Bed. = Bedeutung • europ. = europäisch • Gr. = Grammatik • jmd. / jd. = jemand • l. = links • phil. = philosophisch • usw. = und so weiter

**4a** *Mögliche Lösung:*

| 2. Medien + Suche n. G. | | |
|---|---|---|
| | – jede Gesellschaft Medien genutzt → Glück darzustellen | |
| – in letzt. Jahrzehnt. Bedeutg. Medien veränd. | | |
| | viel aktiver: nicht nur ü. G berichten, sondern G.-Überbringer | |
| – G.-Überbringer; G.-Schaffer → Kundsch. bringen | | |
| | – Medien unberechenbar: bringen u. nehmen G.: | |
| – z. B.: Big Broth. | z. B. Dt. sucht d. Superstar | |

**4 b/c** *Mögliche Lösung:*

| 3. Med. = Glückszuteiler<br>Medien = Lieferanten v. G.:<br>– Ratgebersendungen od. Artikel, was G. ist<br>– in Reportagen / Talkshows Darstellung v. ind. G.<br>– helfen, G. finden<br>– schaffen Gelegenheiten, wo G. Einzelnen trifft, z. B. Quizshows, Talentwettbewerbe | + wie m. es erlangt<br><br>z. B. Streit schlichten, Liebesbotschaft überbringen | G. als aktiv machbar dargestellt<br><br><br>G. hier Geld / Karriere |
| 4. Werbg.<br>– Werb. schafft nicht Werte, nicht Quelle gesell. G.-vorstellg.<br>– SONDERN: G.-vorstellg. aus Lebensalltag<br>→ Werb. bedient sich Werte, für d. viele bereit, Geld auszugeben → zeigt Wege, wie Werte d. Ankauf best. Produkte verwirklicht werden | Werb. nicht Spiegel Gesellschaft, wählt aus → zeigt meist d. Wünschenswerte z. B. Schönh., Wohlstand, Gesundh. | <br><br><br>z. B. Wert Familie → Werbung f. eigenes Haus od. Familienauto |

**5a** *Mögliche Lösung:* **2. Medien und die Suche nach Glück:** Jede Gesellschaft hat ihre Medien genutzt, um Glück darzustellen. Aber in den letzten Jahrzehnten hat sich die Bedeutung der Medien verändert: Medien sind inzwischen selbst Glücksüberbringer und Glücksschaffer. Denn das soll Kundschaft bringen. Die Medien sind dabei aber unberechenbar, denn sie bringen zwar Glück, sie nehmen es aber auch wieder, z. B. bei Stars aus „Big Brother" und „Deutschland sucht den Superstar". **3. Medien als Glückszuteiler:** Medien liefern auf vielfältige Weise Glück. In Ratgebersendungen oder Artikeln beschreiben sie, was Glück ist und wie man es erlangt. Glück wird hier als etwas dargestellt, was aktiv machbar ist. In Reportagen und Talkshows werden individuelle Formen von Glück dargestellt. Medien helfen Menschen, ihr Glück zu finden, z. B. indem sie Streit schlichten oder Liebesbotschaften überbringen. Außerdem schaffen Medien Gelegenheiten, bei denen das Glück Einzelne trifft, z. B. in Quizshows oder Talentwettbewerben. Glück wird hier mit dem Zugewinn an Geld oder mit Karriere gleichgesetzt. **4. Werbung:** Werbung ist nicht der Spiegel der Gesellschaft, sondern wählt aus, meist das Wünschenswerte. Sie schafft auch nicht Werte und ist auch nicht die Quelle gesellschaftlicher Vorstellungen, sondern Glücksvorstellungen entstehen im Lebensalltag, z. B. Schönheit, Wohlstand und Gesundheit. Die Werbung bedient sich besonders solcher Werte, für die viele bereit sind, Geld auszugeben, und sie zeigt Wege, wie man diese Werte durch den Ankauf von bestimmten Produkten verwirklichen kann. So wird z. B. der Wert Familie in der Werbung aufgegriffen, indem für das eigene Haus oder ein Familienauto geworben wird.

## Kapitel 4 – Protokoll

**1a** 2. Unfallprotokoll • 3. Versuchsprotokoll • 4. Gerichtsprotokoll • 5. Sitzungsprotokoll

**1b** 2. hält Ablauf des Unfalls für spätere Versicherungsfragen fest • Unfallbeteiligte, Versicherungen der Unfallbeteiligten • 3. um Experiment Schritt für Schritt analysieren bzw. wiederholen zu können • Teilnehmer des Experiments • Institution, an der Experiment durchgeführt wurde • 4. Nachweis über Prozessablauf und Protokoll der Wortbeiträge bei der Vernehmung von Zeugen und Angeklagtem • Gericht und Anwälte wegen möglicher Anfechtung / Revision • 5. hält Besprechungsergebnisse fest • Teilnehmer der Besprechung, evtl. noch andere, für die Ergebnisse wichtig sind

**1c** *Mögliche Lösung:* **Anlass:** Vereinssitzung • Parteisitzung • Elternbesprechung im Kindergarten • **Protokoll:** Ergebnisprotokoll • **Funktion:** um Ergebnisse festzuhalten • **Adressat:** Teilnehmer der Sitzung / Besprechung

**2** **Kopfteil:** Veranstaltung • Datum • Uhrzeit • Ort • Vorsitz • anwesende Teilnehmer • abwesende Teilnehmer (entschuldigt / unentschuldigt) • Protokollant/in • Tagesordnung mit Tagesordnungspunkten • **Textteil:** Inhalt der Sitzung in der Reihenfolge der Tagesordnungspunkte • **Schlussteil:** Unterschrift des / der Vorsitzenden • Unterschrift des Protokollanten / der Protokollantin

**3a** *Mögliche Lösung:* **Dr. Pfäfflin:** Messebeteiligungen einschränken • nicht mehr Aufträge • Besucher- und Ausstellerzahlen sinken • abnehmende Bedeutung von Messen • Messekosten senken • mehr Mittel für Außendienst und Internetauftritt • **Fr. Hübner:** Messen viele Vorteile • direkter Kontakt zum Kunden • Konkurrenten beobachten • Firmenprofil erhöhen • Messebeteiligungen nicht zugunsten anderer Kommunikationsinstrumente kürzen • Außendienst verstärkt ebenfalls Kosten • für Internetauftritt noch keine Kosten-Nutzen-Rechnung • **Hr. Ott:** Zahlen zeigen, dass sowohl Internetauftritt als auch Messebeteiligung wichtig • Anteil und die absolute Zahl ausländischer Messebesucher steigen • Firma produziert vor allem für Export, also ausländische Messebesucher wichtig • 75 % der ausländischen Fachbesucher Entscheider • laut Statistik Internet Platz 1 im Kommunikationsmix, auf Platz 2 Messebeteiligung

**3b** **Inhalt:** es fehlen Punkte, die Reihenfolge stimmt nicht immer und manches ist unklar formuliert • **Gliederung:** nicht korrekt und übersichtlich • **Satzlänge und Sprache:** nicht angemessen • zu viele ganze Sätze, statt Stichwörtern, Nominalisierungen und Verwendung von Symbolen • **Vorschlag für Verbesserung:** (s. hier und nächste Seite)

---

Dr. Pfäfflin:
will an Messen sparen:
– erhält durch Messebeteiligungen nicht mehr Aufträge
– Besucher- und Ausstellerzahlen sinken → abnehmende Bedeutung von Messen
→ Vorschlag: Messekosten senken → mehr Mittel für Außendienst und Internetauftritt

Fr. Hübner:
sieht Vorteile von Messen:
– ermöglichen direkten Kontakt zum Kunden
– dort Konkurrenten beobachten
– dort Firmenprofil erhöhen
gegen Kürzung von Messebeteiligungen zugunsten anderer Kommunikationsinstrumente:
– ebenfalls Kosten bei Verstärkung des Außendienstes
– noch keine Kosten-Nutzen-Rechnung für Internetauftritt der Firma

**Hr. Ott:**
laut Zahlen Internetauftritt und Messebeteiligungen wichtig:
– Anteil und absolute Zahl ausländischer Messebesucher steigen
– Produktion vor allem für Export → ausländische Messebesucher wichtig
– 75 % ausländischer Fachbesucher = Entscheider
– laut Statistik: Platz 1 im Kommunikationsmix: Internet, Platz 2: Messebeteiligung
**Dr. Pfäfflin:**
Auftrag an Hrn. Ott:
– bis zum nächsten Treffen Kosten-Nutzen-Rechnung für die beiden letzten Messen

**3c** mehr Mittel für Außendienst und Internetauftritt • direkten Kundenkontakt • Beobachtung der Konkurrenz • Messebeteiligungen • auch Kosten bei Verstärkung des Außendienstes • Steigerung des Anteils und der absoluten Zahl ausländischer Messebesucher • Produktion vor allem für Export • 75 % ausländischer Fachbesucher = Entscheider • Platz 1 im Kommunikationsmix • Messebeteiligung = Platz 2 im Kommunikationsmix • Kosten-Nutzen-Rechnung für beide letzte Messen bis zum nächsten Treffen

**4a** *Mögliche Lösung:* Wahl der Form • welchen Zweck das jeweilige Protokoll erfüllen soll • konträre Meinungen, Gesprächsverlauf widerspiegeln • wichtige Ergebnisse dokumentieren • Verlaufsprotokoll: Gesprächs- und Argumentationsverlauf für den Leser nachvollziehbar • länger und ausführlicher • Ergebnisprotokoll: äußert knapp, wenn auch sehr präzise • Geschäftsleben, Studium überwiegend Ergebnisprotokolle

**4b Verlaufsprotokoll:** gibt Gesprächs- und Argumentationsverlauf wieder, dadurch länger und ausführlicher • **Ergebnisprotokoll:** dokumentiert Ergebnisse, daher knapp, wenn auch sehr präzise formuliert

**4c Verlaufsprotokoll:** stellt in Frage • erhalte • seien • deute • schlägt vor • zu verwenden • wendet ein • sei • könne beobachten / erhöhen • werde steigern • merkt an • gebe • legt dar • seien • belegt • seien gestiegen • sei • sei • käme • gehörten • entschieden • bewiesen • stehen würden • wird beauftragt • zu erstellen • treffen zu können • **Ergebnisprotokoll:** wurde diskutiert • wurde festgestellt • beurteilt • wurde gemacht • einzuschränken • wurden präsentiert • wird beauftragt • zu erstellen

**4d Tempus:** Verlaufsprotokoll: Präsens • Ergebnisprotokoll: Präsens und Präteritum • **Verben (Sprechhandlungen):** Verlaufsprotokoll: viele Verben der Redewiedergabe • **Form der Redewiedergabe:** Verlaufsprotokoll: indirekte Rede, da Aussagen Dritter wiedergegeben werden • Ergebnisprotokoll: keine Redewiedergabe • **Verwendung von Aktiv und Passiv:** Verlaufsprotokoll: häufige Verwendung des Aktivs (denn Sprecher werden genannt), Wiedergabe der Beschlüsse und Ergebnisse oft im Passiv • Ergebnisprotokoll: Vorherrschen des Passivs

**5a** *Mögliche Lösung:* verbesserte Qualität • Personaleinsatz verbessern • Weiterbildung verbessern und systematisieren • Weiterbildung neuen Produkten anpassen • mit MA Ziele vereinbaren, die sich an Zielen Abteilung / Gruppe orientieren • Wünsche MA und Bedarf Unternehmen zusammenbringen • Ablauf des Beurteilungssystems + seiner Bestandteile ändern • Schreiben an Abteilungsleiter

**5c** *Mögliche Lösung:*

GF wünscht, die Flexibilität zu erhöhen und die Qualität zu verbessern Aufgabe des Personalwesens ist es deshalb, die Qualität im Personalbereich zu verbessern, indem:
– die Motivation der Mitarbeiter gestärkt wird und ihre Potenziale entfaltet werden
– der Personaleinsatz verbessert wird
– die Weiterbildung verbessert und systematisiert wird
→ um dies zu erreichen, ist ein Zielsystem hilfreich

Die Abteilungen haben zurzeit die Aufgabe, die Unternehmensziele auf Abteilungen und Gruppen herunterzubrechen. Das Personalwesen unterstützt diesen Prozess, indem das Beurteilungssystem folgendermaßen reformiert werden soll:
– Zielvereinbarungen werden wichtiger als bisher
– es müssen mit den Mitarbeitern klare Ziele formuliert werden, die sich an Zielen der Abteilung / Gruppe orientieren
– es müssen die Entwicklungsziele und -wünsche der Mitarbeiter ermittelt werden
– es müssen die Wünsche der Mitarbeiter und der Bedarf des Unternehmens zusammengebracht werden
– es müssen die Führungspotenziale der Mitarbeiter ermittelt und gefördert werden
– es müssen die Abläufe und die einzelnen Bestandteile im Beurteilungssystem geändert werden
Die Personalabteilung schlägt vor, einen ausgearbeiteten Vorschlag zur Reform des Beurteilungssystems in einer Projektgruppe zu erstellen, an der jeweils ein Mitarbeiter aus jeder Abteilung beteiligt ist. Folgender Beschluss wurde gefasst:
– Es soll eine Projektgruppe eingerichtet werden, in die jede Abteilung einen Mitarbeiter entsendet.
– Die Projektgruppe soll in der 13. KW mit der Arbeit beginnen.
Hrn. Schröder wird der Auftrag erteilt, hierzu ein Schreiben an alle Abteilungsleiter zu formulieren.

# Kapitel 5 – Diagramme und Grafiken

**1** *Mögliche Lösung:* **Kreisdiagramm:** Darstellung des Ganzen und seiner Teile • **Balkendiagramm:** Häufigkeitsverteilung bzw. Rangfolge darstellen

**2a** Vergleich des Umsatzes im Jahr 2009 nach Ländern (Deutschland, Schweiz, Österreich)

**2b** *Mögliche Lösung:* Über die Hälfte des Umsatzes machen wir in Deutschland. Etwa ein Drittel des Umsatzes fällt auf die Schweiz. Und fast 20 % des Umsatzes wird in Österreich gemacht.

**2c Kreisdiagramm:** das Ganze und seine Teile (hier Umsatz) in einem bestimmten Zeitraum (hier Jahr) • **100 %-Säulen-Diagramm:** Entwicklung und Vergleich des Ganzen und seiner Teile über Zeitraum hinweg, eine Entwicklung steht im Vordergrund (hier Österreich)

**2d** *Mögliche Lösung:* Prozentsätze • 100 % • bei Kreisdiagramm auch, dass der Kreis einer Gesamtzahl entspricht • Kreisdiagramm: vergleicht das Ganze mit Teilen • ordnet Stücke ihrer Größe nach • beginnt bei 12 Uhr-Linie • unterscheidet Stücke farblich • 100 %-Säulen-Diagramm: wenn Zahlen verglichen werden sollen • Zahlen, die im Vordergrund stehen, werden farblich markiert

**2e**

| | Firma A | Firma B |
|---|---|---|
| Fernsehtechnologie | 11% | 17,77% |
| Audio-Geräte | 22% | 18,88% |
| Computertechnik | 67% | 63,33% |

**3a** *Mögliche Lösung:* **Säulendiagramm A:** Das Säulendiagramm stellt die Umsatzentwicklung von 2005 bis 2009 dar. Von 2005 bis 2009 stieg der Umsatz kontinuierlich von 73 000 € auf 125 000 €. Im Jahr 2009 ging der Umsatz um 25 000 € auf 100 000 € zurück. • **Kurvendiagramm B:** Das Kurvendiagramm veranschaulicht die Umsatzentwicklung von 2000 bis 2009. Von 2000 bis 2001 stieg der Umsatz von 8 000 € auf 45 000 €, im Jahr 2002 sank der Umsatz wieder auf 23 000 €. Von 2002 bis 2008 stieg der Umsatz kontinuierlich um ca. 100 000 € auf 125 000 €. Danach fiel der Umsatz wieder auf 100 000 € im Jahr 2009.

**3b** *Mögliche Lösung:* **Säulendiagramm C:** Das Säulendiagramm gibt Auskunft über die Umsatzentwicklung von 2005 bis 2009 in den Bereichen Fernseh- und Computertechnologie. Die linke Säule steht für die Fernsehtechnologie, die rechte Säule für die Computertechnologie. Während sich der Umsatz im Bereich Fernsehtechnologie kontinuierlich nach unten entwickelt, sieht die Entwicklung im Bereich Computertechnologie positiv aus. • **Kurvendiagramm D:** Das Kurvendiagramm gibt Auskunft über die Umsatzentwicklung von 2000 bis 2009 in den Bereichen Fernseh- und Computertechnologie. Während die Umsatzkurve im Bereich Computertechnologie von 2000 bis 2009 kontinuierlich von 15 000 auf 77 000 € gestiegen ist, ist die Kurve im Bereich Fernsehtechnologie stetig von 90 000 auf 11 000 € gefallen.

**3c** **Säulendiagramm:** Vergleich eines Elementes über kürzeren Zeitraum hinweg • Vergleich von zwei oder mehr Elementen über kürzeren Zeitraum hinweg • **Kurvendiagramm:** Darstellung längerer Entwicklungen • Vergleich von zwei oder mehr längeren Entwicklungen

**3d** *Mögliche Lösung:* Die Darstellung in einem Kurvendiagramm ist etwas passender, weil der Zeitraum sechs Zeitpunkte umfasst und daher die Darstellung in einem Säulendiagramm leicht unübersichtlich wirken kann.

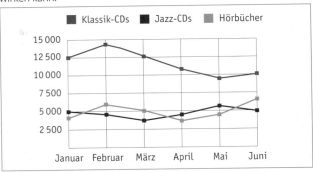

**4a** Das Balkendiagramm veranschaulicht, wie oft die einzelnen Modelle (von Computern und Laptops) im Jahr 2009 verkauft wurden.

**4b** *Mögliche Lösung:* Spitzenreiter bei den verkauften Modellen ist der Computer XL, gefolgt vom Computer AP. An dritter Position steht der Computer VK. Erst an vierter Stelle steht ein Laptop, nämlich der DF. Den vorletzten Rang belegt der Computer ZH und an letzter Position steht der Laptop RS.

**4c** *Mögliche Lösung:* Die meisten Jugendlichen verbringen ihre Freizeit am liebsten damit, Freunde zu treffen (95 %), gefolgt von Fernsehen mit 89 %. Ca. zwei Drittel der Jugendlichen ist Sport sehr wichtig. Und etwa die Hälfte der Jugendlichen hört gern Musik in ihrer Freizeit. Während Ausgehen in 33 % der Fälle genannt wurde, wurde Chatten nur in 24 % der Fälle angeführt. Nur wenige, nämlich 15 %, möchten ihre Freizeit mit Computerspielen verbringen. Am wenigsten sind die Jugendlichen am Lesen interessiert, nämlich nur 10 %.

**4d Funktion an sich:** Rangfolge darstellen • **Balkendiagramm in Aufgabenteil a:** Häufigkeit veranschaulichen • **Balkendiagramm in Aufgabenteil c:** Wertigkeiten vergleichen

**4e**

| | Mädchen | Jungen |
|---|---|---|
| Freunde treffen | 99 | 91 |
| Fernsehen | 93 | 85 |
| Sport | 59 | 71 |
| Musik hören | 52 | 50 |
| Ausgehen | 38 | 28 |
| Chatten | 21 | 27 |
| Computerspiele | 8 | 23 |
| Lesen | 13 | 7 |

**5a** *Mögliche Lösung:* Die vorliegende Grafik gibt Auskunft darüber, wie viele Touristen bei ihrer Reise ins Ausland fahren. Die Zahlen stammen von der World Tourism Organization aus dem Jahr 2009. Die Grafik besteht aus einem Kurven- und einem Balkendiagramm. Im Kurvendiagramm sieht man, wie sich die Zahl der grenzüberschreitenden Touristen von 1998 bis 2008 entwickelt hat. Während im Jahr 1998 nur 610 Millionen Touristen ins Ausland gefahren sind, waren es (im Jahr) 2008 924 Millionen. Im Vergleich zum Jahr 1998 gibt es also eine Steigerung von etwas über 50 %. Im Balkendiagramm ist dargestellt, wie viele Touristen im Jahr 2008 in bestimmte Regionen reisen. Der Balkengrafik kann man entnehmen, dass die meisten Touristen nach oder innerhalb von Europa reisen, nämlich 488 Millionen. An zweiter Stelle lagen Asien und der Pazifik mit 188 Millionen grenzüberschreitenden Touristen. Während noch 98 Millionen Touristen nach oder innerhalb Nordamerika reisen, waren es bei Südamerika nur 49 Millionen. Etwas mehr, nämlich ca. 53 Millionen, Touristen reisen nach oder innerhalb des Nahen Ostens und die wenigsten reisen nach oder innerhalb von Afrika, nämlich nur knapp 47 Millionen.

**5b** *Mögliche Lösung:* Die vorliegende Grafik liefert Informationen darüber, wie sich in Zukunft die Zahl der Touristen entwickeln wird. Die Zahlen basieren auf einer Prognose der World Tourism Organization (WTO) aus dem Jahr 2008. Die WTO prognostiziert, dass im Jahr 2010 etwas über eine Million Menschen verreisen werden, das wären etwa doppelt so viele wie 1995 (565 Millionen), und für das Jahr 2020 schätzt die WTO, dass 1561 Touristen unterwegs sein werden, was einer Steigerung um 50 % gegenüber 2010 entspräche. Man nimmt an, dass 2020 die meisten Menschen nach oder innerhalb von Europa reisen werden (717 Millionen), gefolgt von Asien und Australien mit 416 Millionen. Die Zahl der Reisenden mit Zielen in Amerika wird im Jahr 2020 wahrscheinlich 282 Millionen betragen. Die wenigsten Touristen werden nach Afrika (77 Millionen) und in den Nahen Osten (69 Millionen) reisen.

**5c** *Mögliche Lösung:* Vergleicht man die Zahlen von 2008 mit den prognostizierten Zahlen von 2020, so sieht man, dass im Jahr 2020 im Verhältnis mehr Menschen nach bzw. in Asien und Australien reisen werden als 2008, nämlich 26,6 % gegenüber 20,3 %, dafür werden etwas weniger Menschen nach oder in Europa reisen, nämlich nur 46 % gegenüber 53 % im Jahr 2008. Die Zahl der Amerikareisenden wird laut der Prognose der WTO leicht von 16 % auf 18 % ansteigen, wohingegen die Zahl der Reisenden in den Nahen Osten von 5,7 auf 4,4 % sinken wird. Der Prozentsatz der Afrika-Reisenden wird wahrscheinlich konstant bei ca. 5 % bleiben.

## Kapitel 6 – Projektbericht

**1a** *Mögliche Lösung:* **Schule:** Projektbericht • **Studium:** Exkursionsbericht • Forschungsbericht • **Forschung:** Laborbericht • Projektbericht Forschungsbericht • Rechenschaftsbericht • Zwischenbericht • Abschlussbericht • Jahresbericht • **Unternehmen:** Rechenschaftsbericht Zwischenbericht • Abschlussbericht • Jahresbericht

**1c** *Mögliche Lösung:* **wichtige Informationen:** sachliche Darstellung eines Vorgangs oder Projekts • aufgrund eigener oder fremder Zeugnisse oft als Grundlage für Entscheidungen dienen • richtig, sachlich, vollständig, wahrheitsgetreu • für einen bestimmten Adressaten(kreis) • diese bestimmt Sprache und Komplexität des Dokuments • z. B. wissenschaftlicher Forschungsbericht • Bericht über Praktikum • **Berichtformen:** Ein Exkursionsbericht richtet sich an den verantwortlichen Dozenten. Er dokumentiert, wie die Exkursion verlief und welchen Schluss der jeweilige Student daraus zieht. Der Bericht ist ein Nachweis dafür, dass der Student eine Exkursion dokumentieren kann, und gibt Aufschluss darüber, ob die Exkursion ihr Ziel erreicht hat. • Ein Forschungsbericht richtet sich an die verantwortliche Fachbereichsleitung, die Entwicklungsabteilung bzw. die Auftraggeber. Er informiert darüber, wie das jeweilige Forschungsprojekt verlief und zu welchen

Ergebnis man kam. Aufgrund des Berichtes entscheidet man, ob man ein Forschungsprojekt für abgeschlossen hält oder ob bzw. wie man weiter forschen möchte. • Ein Jahresbericht richtet sich an die Unternehmensleitung. Der Bericht gibt Auskunft, ob bzw. inwieweit die für das Jahr geplanten Unternehmensziele erreicht worden sind und wo man als Unternehmen steht. Aufgrund dieser Darstellung werden weitere Schritte geplant und Entscheidungen getroffen.

**2a** *Mögliche Lösung:* schwer, einen Ausbildungsplatz zu finden • Jugendliche • nicht oder nur schwer einschätzen • welche fachlichen und sozialen Kompetenzen sie besitzen • keine klare Vorstellung • welchen Beruf • welche Lehrstellen • nur selten Gegenstand des Unterrichts • auch die Eltern • nicht ausreichend helfen • benötigen Unterstützung von jemandem • im Beruf steht oder bis vor Kurzem gestanden hat • Ausbildungspaten • Jugendamt Weilstadt • Schulamt • an der Hauptschule Weilstadt durchgeführt • Ziel des Projekts • Schüler • individuell zu begleiten • guten Schulabschluss • Orientierung bei der Berufsfindung • Erstellung von Bewerbungsunterlagen • Suche nach Ausbildungsplatz • ehrenamtliche Personen • Erfahrung in der Arbeitswelt • sich für die Integration junger Menschen in das Berufsleben engagieren • von Projekt erhoffte man • genauere und realistischere Vorstellung über ihren Berufswunsch • welche Kompetenzen hierfür nötig • Vermittlungsquote von Jugendlichen in Ausbildungsberufe steigen

**2b Gründe:** 1. hohe Jugend-Arbeitslosigkeit • 2. wissen nicht, welche fachlichen, sozialen Kompetenzen sie besitzen • 3. Beruf nur selten Thema in Schule • 4. brauchen Unterstützung bei Berufswahl • **Initiatoren:** 1. Jugendamt • 2. Schulamt • **Teilnehmer:** 1. Schüler der Abschlussklassen der Hauptschule Weilstadt • 2. ehrenamtliche Paten • **Ziele:** 1. guter Schulabschluss • 2. Orientierung bei Berufsfindung • 3. Erstellung von Bewerbungsunterlagen • 4. Unterstützung bei Suche nach Ausbildungsplätzen • **Ergebnisse:** 1. genauere Vorstellung von Wunschberuf • 2. Vermittelungsquote steigern

**3a** 2. Struktur und Verlauf des Projekts • 3. Ergebnisse des Projekts • 4. Reflexion • 5. Ausblick / Empfehlungen • 6. Anhang

**3b** 1. Gründe für die Durchführung des Projekts • globale Formulierung der Projektziele • 2. detaillierte Beschreibung des Projektablaufs • 4. Diskussion des Verfahrens und der Ergebnisse • 5. Empfehlungen für die Zukunft / Ausblick auf weitere Maßnahmen • 6. (umfangreiche) Datensammlung

**4c** *Mögliche Lösung:* **Auswahlkriterien:** Da für das Gelingen des Projekts entscheidend war, dass die Ausbildungspaten Erfahrung im Arbeitsleben haben, entschied man sich bei der Auswahl der Ausbildungspaten erstens für Personen, die noch im Berufsleben standen, und zweitens für Rentner bzw. Pensionäre, die erst vor Kurzem aus dem Berufsleben ausgeschieden waren. Innerhalb dieser Gruppe hatten Personen Vorrang, die Erfahrung im Umgang mit jungen Menschen hatten, sowie Personen, die über ein berufliches Netzwerk verfügten. Aufgrund dieser Kriterien wählte man aus der Gruppe von Personen, die sich für das Projekt gemeldet hatten, die folgenden 15 Ausbildungspaten aus: vier ehemalige Handwerksmeister/innen, drei pensionierte Lehrer/innen, zwei ehemalige Unternehmer/innen (mittelständische Betriebe), zwei Personalchefs, einen Ingenieur, zwei Ausbilder/innen, eine Bankkauffrau. Die Lehrer/innen der Hauptschule Weilstadt wiederum hatten 30 Schüler/innen für die Teilnahme am Projekt vorgeschlagen. Die Kriterien hierfür waren, dass die Schüler/innen schlechte Noten sowie nur unklare Vorstellungen über ihren späteren Berufsweg hatten. All diese Schüler/innen hatten daher nur eine geringe Motivation, etwas zu lernen und sich zu bewerben. Von den 30 Teilnehmer/innen entschieden sich 22 auf freiwilliger Basis, an dem Projekt teilzunehmen.

**Ablauf:** Die Ausbildungspaten übernahmen nun je nach Zeithaushalt die Patenschaft für einen/eine oder zwei Schüler/innen und trafen sich mit ihren Schülern/innen das ganze Schuljahr über mindestens einmal pro Woche zwei Stunden lang an der Schule.

**Detaillierte Ziele:** Aufgabe der Ausbildungspaten war es, die Schüler/innen zu motivieren und sie bei Lernschwierigkeiten individuell zu beraten und zu unterstützen, in der Hoffnung, dass sie so einen besseren Schulabschluss erreichen würden. Außerdem sollten die Ausbildungspaten den Schülern/innen Orientierung über mögliche Berufsfelder und Aufgabenbereiche geben und gemeinsam mit ihnen ihre individuellen Stärken herausarbeiten. Eine weitere wichtige Rolle sollte die Stärkung der vorhandenen Fähigkeiten spielen. Darüber hinaus sollten die Ausbildungspaten den Schüler/innen dabei helfen, soziale Kompetenzen zu erlernen. Ein weiterer Aufgabenbereich der Ausbildungspaten bestand darin, die Schüler/innen bei der Erstellung ihrer Bewerbungsunterlagen zu unterstützen und die Bewerbungsgespräche zu trainieren. Daneben hatten die Ausbildungspaten die Aufgabe, die Schüler/innen bei ihrer Suche nach Ausbildungsplätzen zu unterstützen.

**Ergebnis:** Insgesamt kann man am Ende des Projekts von einer positiven Bilanz sprechen: Von den 22 Schülern/innen, die am Projekt teilgenommen hatten, schafften 18 den Hauptschulabschluss, davon 15 mit einem Notendurchschnitt von 3,0 und besser. Drei Schüler/innen konnten bewegt werden, die letzte Klasse zu wiederholen, und nur ein Schüler brach das Projekt ab. Von den Schüler/innen, die den Hauptschulabschluss schafften, haben 14 einen Ausbildungsplatz gefunden. Drei weitere Schüler/innen machen zurzeit ein halbjähriges Praktikum mit der Möglichkeit, einen Ausbildungsplatz zu erhalten. Und eine weitere Schülerin besucht eine Schulungsmaßnahme des Arbeitsamtes.

**Reflexion:** Als Fazit lässt sich sagen, dass die individuelle Betreuung durch die Ausbildungspaten den Schüler/innen sehr geholfen hat. Denn die individuelle Förderung steigerte die Motivation der Schüler/innen, in der Schule etwas zu leisten. Dieses verstärkte Engagement führte zu unbekannten Erfolgserlebnissen und damit zu einer Steigerung des Selbstwertgefühls der Schüler/innen. Dieser Erfolg schlägt sich auch in einer Vermittlungsquote nieder, die 50 % über der in den Jahren zuvor liegt, in denen es noch keine Ausbildungspaten gab. Insgesamt kann man also von einem positiven Ergebnis sprechen.

**Ausblick:** Aufgrund der guten Ergebnisse haben das Jugendamt Weilstadt und das kommunale Schulamt zusammen mit der Hauptschule Weilstadt entschieden, das Projekt zunächst für drei Jahre fortzusetzen.

**4e Struktur / Verlauf:** Die weiteren Schritte des Projekts verliefen folgendermaßen: … • Am Ende des Projekts … • **Ziele:** Ziel war es, … • Konkret wollte man erreichen, dass … • **Ergebnisse:** Als Ergebnis lässt sich festhalten: … • Abschließend lassen sich folgende Ergebnisse festhalten: … • **Reflexion:** Zusammenfassend lässt sich sagen, dass … • Insgesamt lässt sich eine positive / negative Bilanz ziehen. • **Ausblick / Empfehlungen:** Aufgrund der guten / schlechten Ergebnisse plant man nun … • Aufgrund der Projektergebnisse möchten wir folgende Empfehlung aussprechen: …

## Kapitel 7 – Erörterung

**1b** *Mögliche Lösung:* Thema besprechen, indem man Pro- und Contra-Argumente gegenüberstellt • Argumente gegeneinander abwägt • am Ende zu Thema Stellung bezieht

**1c** *Mögliche Lösung:* Textsorte • mit einem Sachproblem auseinandersetzt • klares Sach- und Werturteil verlangt • Deutschland vor allem im schulischen Bereich • dass Erörterung gefordert wird • an der Überschrift abzulesen • in Aussage- oder Frageform • Einleitung: der zu behandelnde Sachverhalt dargestellt • Anschließend: Pro- und Contra-Argumente gesammelt und einander gegenübergestellt • begründet und – sofern möglich – anhand von Beispielen veranschaulicht • Begründung nicht nur Bekräftigung von Argumenten, sondern auch deren Entkräftung • Schlussteil: persönliche Stellungnahme • Urteil zugunsten von pro oder contra

**2 a / b zuerst Pro-Argumente:** 2. durch Gentechnik kann Mangelerkrankungen vorgebeugt werden • 3. gentechnisch veränderte Produkte nicht gesundheitsgefährdend • 4. keine Gefahr für ökologisches System • **als Zweites Contra-Argumente:** 1. Hungerproblematik wird verschärft • 2. genmanipulierte Lebensmittel nicht geeignet, Mangelernährung zu beheben • 3. genmanipulierte Lebensmittel gesundheitlich nicht unbedenklich • 4. Eingriff in innerste Naturprozesse moralisch bedenklich

**2 c** 1. zuerst Argumente der Gegenseite • 2. Pro-Argumente: absteigend • Contra-Argumente: aufsteigend • 3. zuletzt genannte Argumente bleiben am besten in Erinnerung • 4. contra, die Contra-Argumente werden durch diesen Aufbau in den Vordergrund gerückt, außerdem Pro-Argumente in Form der indirekten Rede, als Meinung anderer, wiedergegeben → Ausdruck der Distanzierung • 5. umgekehrte Reihenfolge: erst Contra-Argumente in absteigender Reihenfolge, dann Pro-Argumente in aufsteigender Reihenfolge

**3 a / b Pro-Argumente:** 2. durch Gentechnik höhere Qualität der Lebensmittel • Bsp.: Goldreis enthält mehr Vitamin A • 3. allergieauslösende Stoffe können aus Lebensmitteln entfernt werden • Bsp.: Forschungen an Reissorten • Sterling-Reis nur als Futtermittel für Tiere • 4. kein Gentransfer bei Pflanzen zu befürchten • enorme Kontrolle und Abschirmung der Felder • Bsp.: Versuchsfelder am Max-Planck-Institut • **Contra-Argumente:** 1. durch Terminator-Technologie Pflanzen steril, dadurch Bauern gezwungen, stets neues Saatgut zu kaufen → dazu viele Bauern nicht in der Lage • Bsp. Reisbauern in Indien, Reisproduktion in Indien geht zurück • 2. Qualität Ernährung wird nicht gesteigert • Bsp.: Goldreis kaschiert Notsituation • 3. fremde DNA und Antibiotika-Resistenz-Gene können menschlichen Organismus schädigen und Erbgut verändern • kein Bsp., da keine Langzeitstudien vorliegen • 4. Auswirkungen auf Öko-System noch unklar • es kann zu unerwarteten Reaktionen und irreversiblen Folgen kommen • kein Bsp., da Langzeitfolgen nicht bekannt

**4 b** *Mögliche Lösung:* **pro:** 1. stärkt Gemeinschaftsgefühl • 2. Kleidermarken spielen so an der Schule keine Rolle • 3. Schuluniform ist preiswerter • **contra:** 1. Uniform schafft Pseudo-Gemeinschaftsgefühl • 2. fördert Statusdenken gegenüber anderen Gruppen • 3. Schüler in Persönlichkeitsbildung eingeschränkt

**4 c** *Mögliche Lösung:* **pro:** 1. durch gemeinsame Kleidung bildet man optisch eine Gruppe, zu der man sich zugehörig fühlt • 2. alle tragen während der Schulzeit die gleiche Kleidung aus den gleichen Geschäften → Schüler sind so vom Gruppenzwang befreit, bestimmte Marken zu tragen, Persönlichkeit wichtiger als Äußeres, Schüler mit weniger Geld nicht abgestempelt • 3. benötigt weniger Kleidungsstücke, da man nicht dauernd was Neues anziehen kann • Bsp. zwei Hosen, zwei Röcke, drei Blusen, vier Polo-Shirts • **contra:** 1. dass man nach außen als Gemeinschaft auftritt, heißt nicht, dass man sich als Gemeinschaft fühlt, verdeckt nur Hierarchien • 2. an Schuluniform sieht man, wer auf welche Schule geht → wer in „bessere" Schule geht, fühlt sich besser • Kinder, Jugendliche entwickeln in dieser Phase ihre Individualität, dazu gehört auch ein individueller Kleidungsstil und die Möglichkeit, sich abzugrenzen

**5 a** *Mögliche Lösung:* **eigener Standpunkt = pro:** unwichtigstes Argument: Schuluniform ist preiswerter • zweitwichtigstes Argument: stärkt Gemeinschaftsgefühl • wichtigstes Argument: Kleidermarken spielen nicht eine so große Rolle

**5 b** *Mögliche Lösung:* **Gegenposition = contra:** wichtigstes Argument: Schüler in Persönlichkeitsbildung eingeschränkt • zweitwichtigstes Argument: fördert nicht das Gemeinschaftsgefühl • unwichtigstes Argument: fördert Statusdenken

**5 c** *Mögliche Lösung:* Argument gegen wichtigstes Contra-Argument:

Stil, Art sich anzuziehen, oft nicht Ausdruck der Persönlichkeit, sondern untersteht Mode, vorherrschender Meinung • Argument gegen unwichtigstes Contra-Argument: Statusdenken können Schüler auch ohne Schuluniform entwickeln

**5 d** *Mögliche Lösung:* Beginn mit Contra-Argumenten, absteigend vom wichtigsten zum unwichtigsten Argument • anschließend Pro-Argumente, aufsteigend vom unwichtigsten zum wichtigsten Argument

**6 a** *Mögliche Lösung:* Sachverhalt beschreiben • darlegen, dass Sachverhalt umstritten • am Ende Problematik häufig in Frageform zusammenfassen

**6 b** 2n • 3j • 4j • 5n • 6j • 7j • 8n

**6 c** *Mögliche Lösung:* Schuluniform in vielen Ländern Tradition, z.B. Großbritannien • in anderen Ländern dagegen unüblich, z.B. Deutschland • dort öfters darüber diskutiert, ob Schuluniform einführen • Viele Argumente pro und contra Schuluniform • überwiegen Vor- oder Nachteile?

**6 d** *Mögliche Lösung:* Schuluniform hat in vielen Ländern, wie z.B. in Großbritannien, eine lange Tradition und wird dort auch heute noch getragen, in anderen Ländern dagegen ist sie eher unüblich, so z.B. bei uns in Deutschland. Hier wird aber seit einiger Zeit kontrovers darüber diskutiert, ob man die Schuluniform einführen soll. Für beide Positionen lassen sich durchaus wichtige Argumente anführen. Was überwiegt also nun: die Vor- oder die Nachteile der Schuluniform?

**6 e** *Mögliche Lösung:* Als Hauptargument führen die Gegner der Schuluniform an, dass die Schuluniform die Persönlichkeitsbildung der Schüler einschränke. Für Kinder und besonders für Jugendliche sei es aber wichtig, dass sie die Möglichkeit hätten ihre Individualität zu entfalten. Dazu gehöre auch die Freiheit, selbst entscheiden zu können, wie man sich anziehe und in seinem Kleidungsstil von anderen abgrenze. Ein weiteres Argument für die Gegner ist, dass die Schuluniform nicht, wie oft vorgetragen, das Gemeinschaftsgefühl stärke. Schließlich hieße es nicht, dass, wenn man nach außen als Gemeinschaft auftrete, man sich auch als Gemeinschaft fühle. Im Gegenteil. Oft verdecke die Schuluniform Hierarchien innerhalb einer Klasse und würde so verhindern, sich mit ihnen auseinanderzusetzen. Gegner der Schuluniform meinen zudem, dass die Schuluniform nur dazu führe das Statusdenken zu fördern, da man sofort sehen könne, wer auf welche Schule gehe. Was wiederum zur Folge habe, dass sich Schüler „besserer" Schulen als etwas Besseres fühlten.

Befürworter der Schuluniform wiederum sind der Meinung, dass Schüler auch ohne Schuluniform Statusdenken entwickeln könnten. Schließlich resultiere dies häufig aus dem eigenen Elternhaus. Hinzu kommt, dass Schuluniformen in ihrer Gesamtheit preiswerter als „normale" Kleidung sind, da man nicht dauernd was Neues anziehen kann. So können z.B. zwei Hosen, zwei Röcke und vier Polo-Shirts genügen. Und dies wiederum macht es gerade für Eltern mit weniger Geld einfacher. Ein weiteres wichtiges Argument, das für die Schuluniform spricht, ist, dass diese dazu beiträgt, innerhalb der Klasse und der Schule das Gemeinschaftsgefühl zu stärken. Denn wenn man optisch eine Einheit bildet, so kann das verbindend wirken, auch wenn es natürlich immer noch Unterschiede zwischen Einzelnen gibt. Das wichtigste Argument für die Schuluniform ist jedoch, dass die Schuluniform dazu beiträgt, dass unter den Schülern die Persönlichkeit zählt und nicht die Kleidermarke. Dann gibt es nämlich keinen Gruppenzwang mehr, diese oder jene Marke tragen zu müssen, um in der Klasse eine führende Position inne zu haben. Damit unterstützt man zum einen Schüler, die weniger Geld haben, zum anderen fördert man die Persönlichkeitsbildung. Denn die eigene Persönlichkeit zeigt sich nicht in der Marke, die man trägt, sondern in der eigenen Individualität. Und diese benötigt keine Kleidung, um sich auszudrücken, denn Kleidung ist meist nicht Ausdruck einer besonderen Individualität, sondern der vorherrschenden Mode.

**6f** *Mögliche Lösung:* wichtige Argumente zusammenfassen • eigenen Standpunkt zum Ausdruck bringen • Appell an Leser

**6g** 2j • 3j • 4n • 5j • 6j • 7n • 8j

**6h** *Mögliche Lösung:* Zusammenfassend muss man sagen, dass die Schuluniform viel dazu beiträgt, Schüler in ihrer Persönlichkeit zu festigen, und sie unterstützt, eine unabhängige Persönlichkeit zu entwickeln. Ich bin daher der Ansicht, dass man die Schuluniform auch in Deutschland einführen sollte. Leider fürchte ich jedoch, dass in Deutschland die Fragestellung „pro oder contra Schuluniform" weiterhin ein umstrittenes Thema bleiben wird. Dies wird so lange der Fall sein, wie man fortfährt, Kleidung als Ausdruck der Persönlichkeit zu betrachten, und nicht versteht, dass sich Individualität in anderen, wichtigeren Dingen äußert.

## Kapitel 8 – Exzerpte

**1a** *Mögliche Lösung:* Primärtext reduziert und komprimiert • Herausschreiben von Textteilen beim Lesen • als Zitate • mit eigenen Worten zusammengefasst • speichert Inhalte und Zitate • ohne Originaltext nochmals lesen zu müssen • Prüfung, ob man einen Text verstanden hat • Gedächtnishilfe

**1b** *Mögliche Lösung:* bei der Anfertigung von Haus-/Abschlussarbeiten • bei der Vorbereitung eines Vortrags / Referats • zur Bearbeitung von aktueller Fachliteratur zur Speicherung und evtl. späteren Nutzung

**2c** *Mögliche Lösung:* **Evaluation:** von „Oben" angeordnete Maßnahmen • Ziel der Qualitätsverbesserung • leicht im Sinne von Kontrolle verstanden → Abwehrhaltung • Top-Down-Richtung nicht einzig mögliche Vorgehensweise • Lehrende können Evaluationsforschung selbst in Hand nehmen • in Kooperation mit externen Forschenden • Schwächen und Stärken der eigenen Lehre erkennen • Selbstkontrolle • treibende Kraft von Evaluation ist Diskurs zwischen Lehrenden und Lernenden sowie zwischen Peers • Möglichkeit, das Profil eines Programms zu schärfen • Blick auf bislang ungenutzte Handlungsmöglichkeiten • missachtete Einflüsse und Zusammenhänge zutage treten • Beitrag zu einer „akademischen Kultur" • in der Lehrende die Verantwortung für die Aufrechterhaltung und Verbesserung der Qualität übernehmen • **Curriculum:** durch Evaluation Curriculum weiterentwickeln

**3b** *Mögliche Lösung:* Zusammenhang: Der Sputnikschock führte dazu, dass in den USA Zweifel am bisherigen Bildungssystem aufkamen, dieses evaluiert wurde und die Curricula für Bildungseinrichtungen geändert wurden.

**4a** Backhaus, Anke & Schart, Michael (2004): Entwicklung statt Kontrolle – Zum Verhältnis von Evaluation und Curriculum. In: Neuere Beiträge zur Germanistik, Bd. 3, Heft 4, S. 83–100

**4b** 2. Formen, Grundsätze und Funktionen der Evaluationsforschung • 2.1 Formen • S. 84 • 2.2 Grundsätze • S. 85 • 2.3 Funktionen • S. 85–86 • 8. Fazit • S. 97

**4c** *Mögliche Lösung:* 2. !/!! • 3. → • 4. z. B. • 5. Hinweis auf etwas, was dazu passt: ↗ • 6. im Gegensatz dazu: ≠

**4d** *Mögliche Lösung für Schlüsselwörter:* **Einleitung:** s. Lösung v. Aufgabe 2c • dazu: im folgenden Beitrag diesen zweiten, selbst initiierten Ansatz von Evaluation eingehender begründen • **Kap. 2.1:** Begriff Evaluation • jede Art von Bewertung • Verfahren zur Beurteilung des Wertes eines Produktes, Prozesses oder Programms • Ziel • Qualität des jeweiligen Produktes gesichert oder verbessert • handlungsorientiert • Unterscheidung zwischen summativer und formativer Evaluation • Erstere: retrospektive Bewertung • bereits vorliegende Resultate zu analysieren • Letztere: prozessorientiert • Rolle bei aktiver Gestaltung von Programmen • in der Planungs- bzw. Planformulierungsphase (ex-ante) • preformativ / formativ • oder begleiten Bewertungsprozess (on-going) • sowohl formativ als auch summativ bereits vorhandene Er-

gebnisse bilanzieren • **Kap. 2.2:** heute gesellschaftlich erwünschter Prozess • Evaluatoren eher beratend auf Evaluierte einwirken • Forschungsinstrumente von Fragestellung / Zweck bestimmt • alle bekannten Forschungstechniken prinzipiell einsetzbar • Kriterien: Wissenschaftlichkeit, Durchführbarkeit, Korrektheit, Genauigkeit • von maximalem Nutzen • Instrumente und Vorgehensweisen reflektiert werden müssen • Evaluationsprozesse sollten selbst wieder Evaluationen ausgesetzt werden • **Kap. 2.3:** Funktionen • Reputationsgewinn • wissenschaftliche Klärung und Bewertung • Kontrolle und Überwachung • Prozeduren verbessern oder aber verhindern • alternative Handlungsmöglichkeiten aufzudecken, zu begleiten, zu überprüfen • Einblicke in geschlossene Systeme • Chelimsky • drei Perspektiven • verschiedene Funktionen zu systematisieren • accountability perspective • Resultate zu messen • Effizienz abzuwägen • hohe Objektivität und Vergleichbarkeit angestrebt • knowledge perspective • Einsichten über Programme und Prozesse • zu neuen Methoden gelangen • developmental perspective • Entwicklung einer Institution • Prozesse und Veränderungen kritisch begleitet • entsprechend eng Verhältnis zwischen Evaluator und beteiligten Gruppen • **Fazit:** s. Lösung v. Aufgabe 2c

**4e** *Mögliche Lösung:* **Kap. 2.1:** Begriff Evaluation für jede Art von Bewertung • Nenner: „Verfahren zur Beurteilung des Wertes eines Produktes, Prozesses oder Programms" • wenn Ziel, Qualität des jeweiligen Produktes zu sichern / verbessern, dann handlungsorientiert • unterscheidet zwischen summativer u. formativer Evaluation • Erstere: retrospektive Bewertung → vorliegende Resultate analysieren • Letztere: prozessorientiert, wichtig bei Gestaltung von Programmen • in der Planungs- bzw. Planformulierungsphase (ex-ante) = preformativ / formativ • als begleitender Bewertungsprozess = formativ bzw. summativ, wenn vorhandene Ergebnisse bilanziert werden • **Kap. 2.2:** Wahl Forschungsinstrumente von Fragestellung / Zweck bestimmt • prinzipiell alle bekannten Forschungstechniken einsetzbar • Kriterien: Wissenschaftlichkeit, Durchführbarkeit, Korrektheit, Genauigkeit, maximaler Nutzen • Instrumente u. Vorgehensweisen müssen selbst evaluiert werden • **Kap. 2.3:** Chelimsky unterscheidet drei Perspektiven → verschiedene Funktionen zu systematisieren • 1. accountability perspective: Resultate zu messen / Effizienz abzuwägen, dabei hohe Objektivität u. Vergleichbarkeit angestrebt. • 2. knowledge perspective: Einsichten über Programme u. Prozesse zu gewinnen → zu neuen Methoden zu gelangen / alternative Handlungsmöglichkeiten aufzudecken • 3. developmental perspective: zur Entwicklung einer Institution, indem man Prozesse u. Veränderungen kritisch begleitet, verlangt enges Verhältnis zwischen Evaluator u. beteiligten Gruppen • **Kap. 8:** treibende Kraft: Diskurs zwischen Lehrenden u. Lernenden sowie Peers • durch Evaluation Möglichkeit: Programmprofil schärfen, ungenutzte Handlungsmöglichkeiten, missachtete Einflüsse u. Zusammenhänge zutage treten lassen, Beitrag zu „akademischen Kultur", in der Lehrende Verantwortung für Aufrechterhaltung u. Verbesserung Qualität übernehmen

## Kapitel 9 – Hausarbeit

**1a** *Mögliche Lösung:* wissenschaftliche Textsorte • Überlegungen zu Fragestellung • aus Referat oder aus mit einem Seminar in Zusammenhang stehenden Thema ergeben • Themen teilweise vergeben • häufig erwartet, Thema selbst finden • zeigen, Fragestellung selbstständig auf aktuellen Erkenntnisstand reflektieren und in logischen Aufbau bearbeiten kann • Fachliteratur zu recherchieren und einzuordnen • ausgewählte Aspekte kritisch zu bewerten und in Argumentation einfließen zu lassen • wissenschaftliche Standards eingeübt • Vorbereitung auf spätere wissenschaftliche Veröffentlichungen

**1c** *Mögliche Lösung:* 2. Lektüre eines entsprechenden Grundlagenwerks • 3. Eingrenzung des Themas • 4. Formulierung der Fragestellung / Erstellung eines Grobkonzeptes • 5. Fragestellung und Gliederung Kommilitonen (auch fachfremd) vorstellen • 6. erste Besprechung mit Dozent/in • 7. Literatursuche • 8. Exzerpieren und Auswerten der Literatur • 9. erste Rohfassung schreiben • 10. zweite Besprechung mit Dozent/in • 11. Überarbeitung • 12. letztes kritisches Lesen vor Abgabe (evtl. von einer anderen Person korrigieren lassen) • 13. evtl. erneute Überarbeitung • 14. Abgabe der Endfassung

**1d** 2G • 3F • 4A • 5E • 6D • 7C

**2a** *Mögliche Lösung:* 2. Verhältnis • 3. Konzept • 4. Erklärungsansätze • Phänomen • 5. Ansätze zur Beschreibung • 6. Epochen • 7. Kunstwerkaufsatz • aktuelle Relevanz • 8. Aspekte

**2b** B: 4, 8 • C: 2, 8 • D: 7 • E: n • F: 7 • G: 5 • H: 1 • I: 1, 3 • J: 7 • K: 3, 4, 6, 8

**2e** *Mögliche Assoziationen:* Videokonferenz • Blog • asynchrone Kommunikation • synchrone Kommunikation

**2f** *Mögliche Assoziationen:* Interessengruppen • Funktionen • technische Realisierung • Verwertung von Nutzerdaten

**2g** *Mögliche Assoziationen:* **soziale Kontakte:** Anonymität • Tarnung • Oberflächlichkeit • fehlende soziale Kontrolle • Kontakte weltweit • **Sprache:** Emoticons • Schreiben wie Sprechen • häufige Kleinschreibung

**2h** 2. Jugendliche zwischen 14 und 19 • 3. in Deutschland • 4. in den letzten drei Jahren • 5. wissenschaftliche Studien und eigene kleine empirische Untersuchung anhand von Fragebögen • 6. empirische Arbeit • 7. Medienwissenschaften • 8. keine bestimmte Theorie • 9. keine bestimmte Institution

**3a** *Mögliche Lösung:* **Chatroom:** Funktionen • **Begriff d. Kommunikation:** Kommunikation dient Sozialhandlungen • Arten der Kommunikation • **Sprache-pos.:** Förderung der Schreibkreativität • **Sprache-neg.:** umgangssprachliche Strukturen • leichter Missverständnisse • **soziale Kontakte-pos.:** mehr Kontaktmöglichkeiten • ständige Präsenz von Kontaktpersonen • **soziale Kontakte-neg.:** Oberflächlichkeit • fehlende soziale Kontrolle

**3c** *Mögliche Lösung:* 2. Der Begriff der Kommunikation • 2.1 Arten der Kommunikation • 2.2 Kommunikation in Chatrooms • 3. Auswirkungen von Kommunikation in Chatrooms •3.1. Auswirkungen auf soziale Kontakte • 3.1.1 Positive Auswirkungen • 3.1.2 Negative Auswirkungen • 3.2 Auswirkungen auf die Schriftlichkeit • 3.2.1 Positive Auswirkungen • 3.2.2 Negative Auswirkungen • 4. Umfrage • 4.1 Methodologische Vorgehensweise • 4.2 Diskussion der Ergebnisse • 5. Fazit • 6. Literaturverzeichnis

**3d** *Mögliche Lösung:* 3.1.1 permanente Präsenz von Kontaktpersonen • 3.1.2 Gefahr der Vereinsamung • fehlende soziale Kontrolle • 3.2.1 stärkerer Gebrauch der Schrift • Förderung der Schreibkreativität • 3.2.2 Fehlen der nonverbalen Kommunikation • verschriftlichte Umgangssprache

**3e** *Mögliche Lösung:* 1. dem Thema „Kommunikation im Chatroom" • welche Auswirkungen die Kommunikation im Chatroom auf die sozialen Kontakte und die Schriftlichkeit hat • 2. Ergebnisse wissenschaftlicher Studien sowie einer eigenen kleinen empirischen Untersuchung unter Jugendlichen zwischen 14 und 19 anhand von Fragebögen • 3. dem Einfluss der Kommunikation im Chatroom • Jugendliche und junge Erwachsene immer stärker in Chatrooms kommunizieren und dies starke Auswirkungen auf ihre sozialen Kontakte und ihren Schreibstil hat

**4a** *Mögliche Lösung:* Beschreibung der Fragestellung • Eingrenzung des Themas • Bezug auf Theorien • Erörterung der verwendeten Methode • Darstellung des Aufbaus der Arbeit

**4b** 2. Hinweise auf die wissenschaftliche bzw. praktische Bedeutung des Themas (warum bearbeite ich das Thema) • 3. Theorien als Ausgangspunkt • 4. Eingrenzung / Präzisierung des Gegenstands (was genau untersuche ich und was betrachte ich nicht im Rahmen der Ar-

beit) • 5. verwendete Methode (wie bearbeite ich das Thema) • 6. Nennung der untersuchten Materialien

**4d Beschreibung Gegenstand:** In der vorliegenden Arbeit geht es um … • Die vorliegende Arbeit behandelt die Frage, ob / wie … • Die vorliegende Arbeit setzt sich mit … auseinander. • **Begründung Thema:** Die Frage nach … ist von großem / besonderem Interesse, weil … • … ist gegenwärtig ein umstrittenes Thema. • **Nennung Theorien / Quellen:** Zugrunde gelegt werden … • Basis der Überlegungen sind die Theorien / Ansätze von … • **Eingrenzung Thema:** … kann in dieser Arbeit nur am Rande behandelt werden. • Auf … kann im Rahmen dieser Arbeit nicht / nur am Rande eingegangen werden. • Die Analyse beschränkt sich dabei auf … • **Gliederung:** Der erste Teil widmet sich der terminologischen Klärung … • Darauf aufbauend, wird im zweiten Teil … diskutiert / gezeigt, dass … • Auf der Grundlage von … • Im Fokus des dritten Kapitels steht … • Abschließend / Schließlich wird … • Ein Fazit und ein kurzer Ausblick auf … beschließen die Arbeit. • Zunächst wird …

**5a** *Mögliche Lösung:* in Kapitel gegliederter Fließtext • durch Absätze und Sinnabschnitte strukturiert • die in der Einleitung genannten Analyseschritte werden in logischer Reihenfolge und mit transparenter Gliederung durchgeführt • themenrelevante Hypothesen erläutert und diskutiert • zentrale Fragestellung als Roter Faden • Unterschiedliche wissenschaftliche Sichtweisen müssen möglichst umfassend verdeutlicht werden. • Verschiedene Positionen sollten möglichst objektiv verglichen werden.

**5b** *Mögliche Lösung:* Der Aufsatz von … beleuchtet … • Der Sammelband „…" hat zum Thema … • Der Bericht von … zeigt auf, dass … • … kritisiert in seinem Vortrag, dass … • Im Artikel „…" legt … dar, dass … • In ihrer Monographie zu … erläutert …, dass … • Die Veröffentlichung von … zeigt, wie …

**5c neutral:** feststellen • untersuchen • behaupten • These aufstellen • erläutern • hinweisen auf • mitteilen • nachweisen • **zustimmend:** zustimmen • begrüßen • akzeptieren • unterstützen • **ablehnend:** kritisieren • bezweifeln • ablehnen • zurückweisen • Kritik üben • **Betonung von Aspekt:** hervorheben • betonen • **Forderung / Wunsch:** fordern • aufrufen zu • bitten um • sich einsetzen für • sich aussprechen für • eintreten für • **Empfehlung:** empfehlen • plädieren für

**6a** *Mögliche Lösung:* Ergebnisse der Arbeit zusammenfassen und in größeren Zusammenhang stellen • Grenzen der Arbeit zeigen • weitere wünschenswerte Forschungsarbeiten nennen

**6b Darstellung von Ergebnissen:** In dieser Arbeit wurde nachgewiesen, dass … • Müller zieht aus der Untersuchung das Fazit, dass … • Die von Müller erzielten Ergebnisse zeigen Parallelen zu … • Die Autoren kommen zu dem Schluss, dass … • Die im ersten Kapitel beschriebenen Prinzipien können sich folgendermaßen umsetzen lassen: … • Es sollte beantwortet werden, wie … • **Zusammenfassende Äußerungen:** Zusammenfassend lässt sich sagen, dass … • Hieraus ergibt sich, dass … • Die dargestellten Ergebnisse rechtfertigen die Aussage, dass … • Zielsetzung der vorliegenden Hausarbeit war … • Im Fokus der Überlegungen standen … • **Schlussfolgerungen:** Wie die Untersuchung / Arbeit gezeigt hat, … • Somit ist schlusszufolgern, dass … • Meines Erachtens … • **Grenzen der Arbeit:** … konnte hier nur am Rande behandelt werden. • Eine Frage, die durch diese Arbeit nicht geklärt werden konnte, ist … • Eine eindeutige Beantwortung dieser Frage ist in dieser Form nicht möglich. • … konnte diese Arbeit nicht leisten. • **Forschungsdesiderate:** Wünschenswert wäre eine Langzeitstudie, um … • … ist eine lohnenswerte Aufgabe für zukünftige Untersuchungen. • Eine Frage, die noch weiterer empirischer Untersuchungen bedarf, ist … • Um diese Frage eindeutig beantworten zu können, bedarf es weiterer Untersuchungen.

# Mündlicher Ausdruck

## Kapitel 1 – Informations- und Beratungsgespräche

**1a** *Mögliche Lösung:* nicht sehr höflich • Begründung: keine persönliche Begrüßung und Vorstellung • erläutert Problem nicht richtig • zu schnippisch (z. B. Ich hab doch schon gesagt, dass …)

**1b** *Mögliche Lösung:* begrüßt Sekretärin persönlich • stellt sich vor • erläutert Problem • erläutert Dringlichkeit ihres Anliegens • bedankt sich sehr freundlich

**1c** **Problem:** bisher keine Antwort • **Anliegen:** dabei zu helfen, Professor zu erreichen • **Bestehen auf Anliegen:** 1. brauche Termin dringend • 2. bitte im Terminkalender nachschauen • 3. wichtig: ohne Fehlerkorrektur schlechtere Note • **Ende Gespräch:** danke für Tipp und Mühe

**1d** *Mögliche Lösung:* sich vorstellen und Gesprächsteilnehmer begrüßen • Problem / Anliegen kurz, aber verständlich formulieren • um Hilfe bitten • bei Problemen Anliegen erläutern und auf Wichtigkeit beharren • Vorschläge zur Lösung machen • sich für Hilfe bedanken • sich verabschieden

**2a** *Mögliche Lösung:* insistieren • höfliche Frage durch „nicht" bzw. „nicht … doch" verstärken

**2b** **direkt:** Schauen Sie doch mal nach! • Wann ist Prof. W. im Büro? • Sie können doch Herrn W. mal fragen. • Ich brauche den Termin dringend. • Wann ist er denn wieder da? • **höflich:** Schauen Sie doch mal nach, bitte! • Wären Sie so freundlich, mir zu sagen, wann Herr W. wieder erreichbar ist? • Könnten Sie mir weiterhelfen? • Könnten Sie sich freundlicherweise mit Herrn W. in Verbindung setzen und ihn fragen …? • Wissen Sie vielleicht, wann Prof. W. wieder da ist? • Können Sie mir vielleicht sagen, was ich tun kann? • **höflich insistierend:** Können Sie nicht doch mal nachschauen? • Könnten Sie mir nicht sagen, wann Prof. W. wahrscheinlich wieder im Büro ist? • Ach bitte, könnten Sie nicht doch mal nachschauen gehen? • Können Sie sich nicht mit Herrn W. in Verbindung setzen und ihn fragen?

**2c** Könnten Sie mir weiterhelfen? • Können Sie mir vielleicht sagen, was ich tun kann? • Könnten Sie mir nicht sagen, wann Prof. W. wahrscheinlich wieder im Büro ist? • Ach bitte, könnten Sie nicht doch mal nachschauen gehen?

**4a** 2. eintragen • 3. vergeben • 4. verschieben • 5. absagen • 6. streichen • 7. einhalten

**4b** früher darum kümmern sollen – dachte, vier Wochen vorher Zeit genug • nicht, wenn gar nicht im Haus – doch noch einen Termin ermöglichen

**4c** *Mögliche Lösung:* **Vorbereitung Gespräch:** gleichzeitig um Termin bitten, wenn man Entwurf von Referat schickt • früher Termin mit Prof. absprechen • **Gesprächsführung:** bei Begrüßung sagen, um welches Seminar und Referatsthema es sich handelt • sich für Fehler, sich nicht erkundigt zu haben, entschuldigen

**4d** *Mögliche Lösung:* Ich möchte gern mein Referat mit Ihnen besprechen. Wäre es möglich, einen Termin in der nächsten Sprechstunde zu erhalten? • Das ist mir zu unsicher, der Termin ist mir nämlich sehr wichtig. Deshalb rufe ich auch persönlich an. Könnte ich diese Woche einen Termin außerhalb der Sprechstunde bekommen? • Und ginge nächste Woche? • Der Termin ist für mich aber sehr wichtig, denn ich komme ansonsten mit dem Referat nicht weiter. Ich habe nämlich ein Problem und bräuchte Ihre Hilfe. Ich werde auf jeden Fall pünktlich sein. Haben Sie vielen Dank! Bis morgen Abend. Auf Wiederhören.

**5b** *Mögliche Lösung:* Stichpunkte zum Problem machen • Fragen notieren • notwendige Unterlagen zusammenstellen und mitnehmen • Prioritäten überlegen

**6b** sie hat ihre Probleme definiert • hat Fragen notiert • sie bedenkt Zeitrahmen • hat notwendige Unterlagen dabei

**6c** 2. Fragen zu drei Bereichen • 3. erste Frage bezieht sich auf • 4. fällt schwer • habe Probleme • 5. können behilflich sein? • können mir helfen? • 6. komme nicht klar • bin durcheinander

**6d** *Mögliche Lösung:* 2. Ich habe Fragen zu drei Bereichen. • Ich habe Fragen zu drei Punkten. • 3. Meine erste Frage bezieht sich auf … • Als Erstes möchte ich wissen, … • 4. Mir fällt es schwer, … • Ich habe Schwierigkeiten mit … • Ich habe dabei große Probleme. • Ich finde das sehr problematisch. • 5. Könnten Sie mir behilflich sein? • Könnten Sie mir vielleicht dabei helfen, …? • Wäre es möglich, dass Sie mir dabei helfen, …? • 6. Ich komme nicht klar. • Ich bin schon ganz durcheinander. • Ich bin schon ganz verwirrt.

**7a** 2b passt nicht, weil es hier um einen Wunsch geht und nicht um eine Frage. • 3a passt nicht, weil es sich hier um die Einleitung zu einer Information handelt und nicht um eine Frage. • 4b passt nicht, weil „erraten" nicht die Bedeutung von „Rat" bzw. „jm. etw. raten" hat. • 5c passt nicht, weil es sich hier um eine Aufforderung handelt und nicht um eine Frage. • 6c passt nicht, weil es sich hierbei um die grundsätzliche Frage handelt, ob man etwas weiß, und nicht darum, ob man in einer bestimmten Situation eine Idee hat.

**7b** 1a • 2c • 3b • 4c • 5b • 6a

**7c** Öffnungszeiten vom Prüfungsamt → im Netz nachschauen • Schwierigkeiten, in Deutsch zu schreiben → Text schreiben, den gemeinsam besprechen; in nächster Zeit notieren, bei welchen Punkten sie am meisten Fehler macht; Veranstaltung zum wissenschaftlichen Schreiben besuchen; Tandempartner suchen

**7d/e** 2. Da kann ich leider nicht. Ginge es …? • 3. Ja, das ginge. • 4. Vielen Dank für Ihre Geduld und die gute Beratung.

**7f** *Mögliche Lösung:* Studentin hat sich gut auf das Gespräch vorbereitet, weiß genau, welche Informationen sie braucht. Eine einzige Unsicherheit betrifft ihr Problem, dass sie Schwierigkeiten hat, in Deutsch zu schreiben, da hat sie sich noch nicht genug Gedanken gemacht, woran das liegen könnte. Die Beraterin geht genau auf die Fragen ein. Besonders gut klärt sie das Problem der Studentin, nicht in Deutsch schreiben zu können, indem sie genauer nachfragt, das Problem einzugrenzen versucht und Lösungsvorschläge macht.

**8a** *Mögliche Lösung:* 2. habe Fragen zu drei Bereichen • 3. Frage bezieht sich auf • 4. Ich würde gern wissen • 5. fällt mir (noch) schwer • 6. Könnten Sie mir vielleicht sagen • 7. würden Sie mir raten

## Kapitel 2 – Präsentation

**1a** *Mögliche Lösung:* 1. Redner spricht mit dem Rücken zum Publikum → so schlecht zu verstehen und kein Kontakt zum Publikum • 2. Schatten der Rednerin fällt auf Folie → so schlecht lesbar • 3. Redner wirkt chaotisch, unstrukturiert

**1b** *Mögliche Lösung:* **positive Aspekte:** Blickkontakt zum Publikum • abwechslungsreicher Vortrag • angenehmer Vortrag (Stimme nicht zu leise, Pausen, Betonungen) • **negative Aspekte:** Hektik • schlecht lesbare Folien • distanzierte Haltung zum Publikum (z. B. verschränkte Arme)

**2c** **1. Ziel:** Soll die P. informieren, eher überzeugen oder zu … motivieren? • Mit wem Ziel der P. im Vorfeld abklären? • **2. Zielgruppe:** Vorkenntnisse der Teilnehmer? • Situierung der Teilnehmer (z. B. Alter, Herkunft, Beruf)? • Kennen die TN mich schon und wie ist ihre Haltung mir gegenüber? • Haben die TN Befürchtungen in Bezug auf das Thema? • Gibt es Hierarchien / Entscheidungsträger in der Gruppe? • Ist die Teilnahme Pflicht oder freiwillig? • **3. Hauptaussage(n):** Wie könnte die Hauptaussage der P. lauten? • Wie kann ich einen Satz formulieren, der den Hauptinhalt trifft bzw. wie viele Kernsätze muss ich formulieren? • **4. Kontext:** Anzahl der Teilnehmer? • Gibt es Zeit für Diskussion? • Ist die Tageszeit günstig für eine P. oder wollen die TN eigentlich lieber nach Hause? • Wie lange soll die P. dauern? • Wie groß ist der Raum und wie ist er eingerichtet? • **5. Medien:** Womit werde ich präsentieren? • Sind Medien vorhanden oder muss ich etwas mitbringen / bestellen? • **6. Vorbereitung:** Kenne / Finde ich jemanden, dem ich die Präsentation zur Probe vorführen kann? • Wie lange brauche ich, um die P. zu erstellen (Folien, Flipchartblätter, Handout, …)?

**2e** *Mögliche Lösung:* Zeiteinteilung nicht gelungen, weil Einleitung und Schluss zusammen so viel Zeit einnehmen wie Hauptteil. Wenn man nur 50 Min. für die Präsentation zur Verfügung hat, hat man keine Zeit für eine Vorstellungsrunde.

**3c** *Mögliche Lösung:* Einleitung B ist besser, weil sie nicht mit der Begrüßung und Vorstellung beginnt, wie meistens, sondern mit zwei Sprichwörtern, die zum Nachdenken anregen und Interesse für das Thema wecken. Außerdem wird hier der Ablauf der Präsentation vorgestellt.

**3d** 2. Ich begrüße Sie herzlich • Wie Sie wissen • auch Sie ganz persönlich • Sie arbeiten jetzt • Sie werden viel neues Wissen erwerben müssen • die Ihnen gestellten Aufgaben • dass Sie diesen Weg besser verstehen • Ihre Kompetenzen zu erweitern • haben wir eine halbe Stunde Zeit • werden wir uns in Arbeitsgruppen aufteilen • wie wir uns den Weg erleichtern können • 3. Präsentation anhand von drei Folien, danach Zeit zu Diskussion • 4. Weg vom Wissen zum Können besser verstehen, so Ängste abbauen, Veränderung als Chance betrachten • 5. *Mögliche Lösung:* Einleitung recht gut, denn sie weckt Interesse für Thema, aber es fehlt eigene Vorstellung.

**3e Begrüßung:** Guten Abend, meine sehr geehrten Damen und Herren! Ich begrüße Sie herzlich zu … (sf) • Ich freue mich, Sie hier in … begrüßen zu können. (f) • Liebe Mitarbeiterinnen und Mitarbeiter, ich begrüße euch herzlich zu unserer Hausversammlung. (i) • **Vorstellung:** Zunächst möchte ich mich Ihnen kurz vorstellen. • Was halten Sie von einer Vorstellungsrunde, damit wir uns ein wenig kennenlernen? • Erlauben Sie, dass ich kurz etwas zu meiner Person sage. • **Aufbau:** Meine Präsentation gliedert sich in vier Teile. • Nach Punkt 2 machen wir eine Viertelstunde Pause. • Am Ende der Präsentation haben wir 20 Minuten Zeit für Fragen und Diskussion. • **Zusatzinformation:** Um halb vier ist eine fünfzehnminütige Kaffeepause vorgesehen. • Sie können gern jederzeit Zwischenfragen stellen. • Die Raumaufteilung für die Arbeitsgruppen steht auch an den Pinnwänden auf dem Flur.

**4a** *Mögliche Lösung:* der Tageslichtprojektor, der Beamer, das Flipchart, die Pinnwand, PowerPoint

**4b / c** *Mögliche Lösung:* 2.1 Die Entwicklung von Wissen • 2.2 Die Entwicklung von Können • 2.3 Entwicklungs-Krise & Lern-Ebene • 3. Maßnahmen zur Bewältigung der Krise

**4e** *Mögliche Lösung:* 2.1 Überforderung • 2.2 negative Lernerfahrungen aus der Schulzeit → Angst vor Misserfolg • 3. Erfolg beim Lernen durch: • 3.1 Kenntnisse über Lernprozess • 3.2 geeignete Methoden • 3.3 persönlicher Einsatz • Beginn der 2. Folie bei Punkt 3.

**5a** *Mögliche Lösung:* aus drei bis fünf Unterteilen • passende Überleitungssätze • Hauptziel? • drei (fünf) wichtigsten Aussagen? • Welche Informationen nicht unbedingt nötig? • Themensammlung • anhand der drei Fragen • Redemanuskript • Kondensieren Sie Informationen wieder • Markieren Sie Schlüsselbegriffe • Inhalte in knappen Sätzen oder Stichworten zusammenfassen • dienen zur Gestaltung der Folien bzw. Flipchartblätter • Stichpunkte auf DIN A5-Karten • gut leserlich mit großen Buchstaben nur auf einer Seite • Stütze bei der Präsentation • z. B. Zitat • Frage an die Teilnehmer • lauter oder leiser sprechen • Pause einsetzen

**5d** Folien stützen Kernaussagen nur wenig • *Mögliche Lösung:* 1. Wissen entwickelt sich kontinuierlich. • Entwicklung am Anfang ganz langsam • Ab gewisser Menge: Entwicklung exponentiell • 2. Können entwickelt sich sprunghaft • Einarbeitung in neues Fachgebiet mühsam • ausreichendes Wissen → Sprung auf neue Könnens-Ebene • 3. Auf neuer Könnens-Ebene → Entwicklungskrise • Neue Lern-Ebene etwas unterhalb des Könnens-Niveaus

**6a** Schaubild A: Folie 3 • Schaubild B: Folie 1 • Schaubild C: Folie 2

**6b** *Mögliche Lösung:* Eine grafische Darstellung ist oft anschaulicher, leichter nachzuvollziehen als eine Beschreibung mit Worten.

**7c** Ausblick geben • mit Zitat schließen • Publikum für Aufmerksamkeit danken • Zuhörer um Stellungnahme zu Thema bitten

**8a vorteilhaft:** 5, 7, 9, 11, 14 • **unvorteilhaft:** 2, 3, 4, 6, 8, 10, 12, 13, 15, 16

**8b** Zeichnung oben widerspricht Empfehlung 9 bzw. 14 • Aufgabe a, 1. Zeichnung widerspricht Empfehlung 1 • 2. Zeichnung passt zu unvorteilhaftem Verhalten 15 • 3. Zeichnung passt zu unvorteilhaftem Verhalten 8

**9** *Mögliche Lösung:* Sind die Folien klar und lesbar? • Vor wem kann ich einen Probevortrag halten? • Gibt es Rechtschreibfehler? • Wie oft muss ich die Präsentation laut üben? • Werden die Zielgruppe und der Kontext berücksichtigt? • Wie lange dauert der Vortrag, muss ich ihn kürzen? • Passt der Redetext zu den Folien? Muss ich evtl. etwas ändern? • Weckt die Einleitung Interesse? • Hinterlässt der Schluss einen guten Eindruck? • Konzentriert sich der Text auf den Folien auf die Hauptaussage(n)? • Ist die Sprache klar? • Von wem kann ich Rückmeldung zu meiner Körpersprache bekommen?

## Kapitel 3 – Vortrag

**1a** *Mögliche Lösung:* **Vortrag:** längere Rede über ein bestimmtes (wissenschaftliches) Thema • eher Monolog • von einem Rednermanuskript abgelesen • Medien sparsamer verwendet • **Präsentation:** das Darstellen einer Sache vor einem Publikum • eher dialogischen Charakter • Präsentierender bewegt sich im Raum • Publikum aktiv einbezogen • fortlaufend Medieneinsatz • zunehmend Mischformen: Vortrag / Teil präsentiert • Redner spricht immer wieder frei und bezieht Publikum gelegentlich mit ein • Medien stützen Rede

**1b** *Mögliche Lösung:* 2V • 3P • 4P • 5P • 6V

**2a** 2. **Vorbereitung:** Zielgruppe bestimmen • Hauptaussage(n) herausarbeiten • Kontext der Präsentation klären • Medien klären • 3. **Aufbau:** 2. Hauptteil • 3. Schluss • 4. **Medien:** max. 7 Wörter pro Zeile • Schrift: mind. 18 Punkt, ein Schrifttyp, wenig Farben • klare Gliederungszeichen für Unterpunkte • Symbole verwenden • Schlüsselwörter → Formulierung von Kernaussagen • Kernaussagen in Form von Aussagesätzen oder nominalisieren Stichwörtern • 5. **Körpersprache und Stimme:** das Publikum freundlich anschauen • nicht in Unterlagen herumsuchen • Hände offen vor der Körpermitte halten oder locker an der Seite hängen lassen • aufrecht, aber locker stehen • nicht Folie etc. mit Körper verdecken • mit genügend lauter Stimme sprechen

**3a** 1. Guten Morgen allerseits! 2. Ich freue mich, den Impulsvortrag zum heutigen Workshop halten zu dürfen. • Ich freue mich, dass Sie mir die ehrenvolle Aufgabe übertragen haben, den Impulsvortrag zu … zu halten. • 3a. Ich habe mir den Ablauf wie folgt vorgestellt: … • Ich habe mir den Ablauf folgendermaßen vorgestellt: … • 3b. Nach dem Mittagessen werden die Gruppen ihre Ergebnisse vorstellen. • Im Anschluss haben wir … Zeit für Fragen und Diskussion. • Um 16 Uhr ist eine Kaffeepause vorgesehen. • Danach werden wir uns in Arbeitsgruppen aufteilen. • Zunächst werde ich Ihnen einen kurzen theoretischen Einstieg liefern.

**3b** Guten Morgen, sehr geehrte Damen und Herren! Ich freue mich, dass Sie mir die ehrenvolle Aufgabe übertragen haben, den Impulsvortrag zu … zu halten. • Ich habe mir den Ablauf folgendermaßen vorgestellt: … • Zunächst werde ich Ihnen einen kurzen theoretischen Einstieg liefern. • Im Anschluss haben wir … Zeit für Fragen und Diskussion. • Danach werden wir uns in Arbeitsgruppen aufteilen. • Nach dem Mittagessen werden die Gruppen ihre Ergebnisse vorstellen.

**3c** zu Beginn unseres Seminars möchte ich etwas zu einigen Punkten sagen • Einstieg in das Thema dienen können • erstens ist der Begriff … zu definieren • Dabei ist zu hinterfragen, ob … • zweitens ist festzustellen, dass … • drittens müssen wir vor diesem Hintergrund einen

Blick auf … werfen • eine Betrachtung dieser drei Punkte wird die Grundlage für die weiterreichende Frage unseres Seminars bilden

**3e** 1. Vortrag über neue Lernformen = formeller • Vortrag über Globalisierung = informeller, da vor Studenten • 2. Beschreibung der inhaltlichen Struktur bei Vortrag über Globalisierung im Vordergrund, da Seminar • 3. Ankündigungen über Ablauf der Veranstaltung im Vordergrund, da Tagesveranstaltung • 4. **Vortrag über neue Lernformen:** Ich freue mich, dass Sie mir die ehrenvolle Aufgabe übertragen haben, … • mit Ihnen über … zu sprechen • zunächst werde ich Ihnen … liefern • im Anschluss haben wir Zeit für … • Danach werden wir uns in Arbeitsgruppen aufteilen • wie wir die Unterrichtsformen anpassen können • **Vortrag über Globalisierung:** Zu Beginn unseres Seminars • drittens müssen wir einen Blick auf … werfen • für die weiterreichende Frage unseres Seminars

**3f** **Vortrag über neue Lernformen:** Tipp 1, 2, 3, 4, 5, 6, 8, 9, 10 • **Vortrag über Globalisierung:** Tipp 1, 2, 3, 4, entspricht weniger Tipp 5, 6, 8, 9, 10, da wissenschaftliche Sprache

**3g** *Mögliche Lösung:* … Mein Name ist …, ich bin Professor/in für … an der … Ich freue mich, dass Sie mir die ehrenvolle Aufgabe übertragen haben, den Impulsvortrag zum Workshop „Wie Kinder lernen – Schule verändern" zu halten. Ich habe mir den Ablauf wie folgt vorgestellt: Zunächst möchte ich der Frage nachgehen, ob Schulen heute mehr Belehrungsstätten oder mehr Lernwerkstätten entsprechen. Zweitens möchte ich über geeignete Lernmethoden sprechen. Dabei möchte ich auf drei Punkte eingehen: Lernen durch Handeln und Sprechen, Lernen durch Fehler und Lernen durch Erklären. Drittens werde ich einen Blick auf die Rolle des Übens werfen. Eine Betrachtung dieser Punkte bildet die Grundlage für die weiterreichende Frage, welche Konsequenzen sich aus dem Gesagten für neue Schulformen, also für „die neue Schule" ergeben. Im Anschluss haben wir 30 Minuten Zeit für Fragen und Diskussion.

**4a** *Mögliche Lösung:* 2. Das führt uns zu unserem nächsten Punkt: Lernen durch Fehler. • 3. Darauf werde ich nun genauer unter Punkt „Lernen durch Erklären" eingehen. • 4. Diesen Aspekt werde ich im Folgenden unter Punkt 3 „Die Rolle des Übens" erläutern. • 5. Was bedeutet das nun für die „neue Schule"? • 6. Nachdem ich kurz die möglichen Konsequenzen skizziert habe, eröffne ich nun die Diskussion.

**4b** C: f • D: v • E: v • F: v • G: f • H: v • I: f • J: v • K: v • L: f • M: f

**4c** B: 8 • C: 2 • D: 5 • E: 13 • F: 4 • G: 7 • H: 9 • I: 12 • J: 6 • K: 3 • L: 10 • M: 11

**5a** … eröffne ich nun den Raum für Fragen und Diskussion, … in Arbeitsgruppen aufteilen. Vielen Dank!

**5b** 2C • 3E • 4A • 5B • 6D

**6a** *Mögliche Lösung:* Klären Sie zu Beginn, ob Fragen erst nach Ende des Vortrags oder ob Ihnen lieb ist, wenn Publikum Zwischenfragen stellt • Fragen Zeichen von Interesse • Fragen aus anderen Beweggründen: Besserwisserei oder negative Einstellung zu Vortragendem oder Veranstaltung • typische Fragen: Theorie von XY, der andere Ansicht vertritt • Ja-aber-Einwände • provokative Fragen • W-Fragen helfen • versachlichen Angelegenheit • Rückfrage an Publikum • durch unterschiedliche Meinungen der ursprüngliche Einwand relativiert wird

**6c** **Vielredner stoppen:** Vielleicht können wir diesen Punkt in der Diskussion noch einmal aufgreifen. Ich würde jetzt gern mit meinem Vortrag fortfahren. • Vielleicht sollten wir jetzt hier einen Punkt machen. • Ihre Ausführungen sind wirklich interessant, aber vielleicht sollten wir das jetzt abbrechen und zum nächsten Punkt kommen. • **Einwand begegnen:** Könnten Sie Ihren Einwand etwas näher erläutern? • Sie meinen also … Wie sehen die anderen das? • Gut, dass Sie diesen Punkt ansprechen. Dazu möchte ich Folgendes sagen: … • Ich habe Verständnis für Ihre Ansicht. Trotzdem … • **auf Frage später eingehen:** Das ist eine interessante Frage. Die sollten wir im Anschluss an den

Vortrag erörtern. • Wenn Sie einverstanden sind, könnten wir uns diese Frage für die Diskussion aufheben. • Darf ich auf Ihre Frage gleich unter Punkt … zurückkommen?

**7b** 2b • 3a • 4b • 5b • 6b • 7a

**7d** 2. Vielleicht sollte ich das noch einmal präzisieren. • 3. Das ist ein Punkt, mit dem ich mich noch nicht beschäftigt habe. Ich werde es aber klären und Sie dann informieren. • 4. Es ist ziemlich warm hier, sollen wir mal kurz lüften? • Sollten wir hier mal kurz innehalten? Vielleicht gibt es noch Verständnisfragen? • 5. Oh! Noch kein Herbst, aber die Blätter fallen schon! • 6. Oh! Schauen wir mal, ob wir wieder Licht ins Dunkel bringen. • Eine Sekunde, ich muss eben die Birne wechseln. • Eine Sekunde, ich bin gleich soweit. • 7. Kein Problem, dann zeige ich es Ihnen am Flipchart. • Bitte ein Minute Geduld, vielleicht kriegen wir das wieder hin. • Eine Sekunde, ich bin gleich soweit.

## Kapitel 4 – Referat

**1a** *Mögliche Lösung:* **Form:** kurzer, informativer Vortrag zu Thema, im Anschluss Diskussion • **Dauer:** ca. 15 bis 30 Min. • **Gelegenheiten:** Schule • Seminar an Universität / Fachhochschule • **Technik:** Overhead-Projektor, Beamer • **Material:** Handout • Bilder • Grafiken

**2** 1. spricht Nervosität an, was nicht so souverän ist, aber gibt sich so die Möglichkeit zur Pause und zum Neuanfang, was hilft; außerdem wirkt es „menschlich" • 2. Verweis auf bekannte Beispiele (Roman, Film, Experiment) • 3. Guten Tag allerseits! Ich begrüße euch herzlich zu meinem Referat mit dem Thema … • Ihr erinnert euch in diesem Zusammenhang vielleicht auch an … • 4. Tipp 5

**3a** Hochschule: Kant-Universität • Semester: Wintersemester 2009/10 • Referent/in: Maren Daul • Name Dozent/Dozentin: Dr. Werner • Titel des Referats: Künstliche Intelligenz – Grenzen und Möglichkeiten

**3b** vier Punkte

**3c** 2. darstellen • 3. mich der Frage zuwenden • 4. auf • 5. eingehen • 6. Definition • 7. vorstellen • 8. Im Anschluss daran • 9. kurzen Überblick über • 10. liefern • ergänzen auf Handout: Quellenangaben

**3d** 2. Was ist KI? • 2.1 Turin-Test • 2.2 Definition von KI • 3. Hauptzielsetzungen der KI • 4. Teilgebiete der KI → Grenzen und Möglichkeiten

**4a** 2. sieben • 3. würde Rahmen Referat sprengen • 4. Welches Fazit lässt sich aus diesen vielfältigen Definitionsansätzen ziehen?

**4b** 2A • 3F • 4E • 5B • 6G • 7D

**4c** *Mögliche Lösung:* Meyers Großes Taschenlexikon hebt hervor, dass Gedächtnis die Fähigkeit ist, Informationen abrufbar zu speichern und zu reproduzieren. • Laut PONS Großwörterbuch Deutsch als Fremdsprache ist Gedächtnis die Fähigkeit, sich an Dinge zu erinnern. • Im PONS Großwörterbuch Deutsch als Fremdsprache wird Gedächtnis beschrieben als die Fähigkeit, sich … • Während in Wikipedia Gedächtnis definiert ist als die Fähigkeit, aufgenommene Informationen zu behalten, zu ordnen und wieder abzurufen. • Wikipedia wiederum betont, dass man unter Gedächtnis die Fähigkeit versteht, aufgenommene … • Im NLP-Lexikon wird Gedächtnis als die Fähigkeit beschrieben, Sinneswahrnehmungen, Erfahrungen und Bewusstseins-Inhalte zu registrieren, über längere und kürzere Zeit zu speichern und bei Bedarf wieder zu reproduzieren. • Im NLP-Lexikon findet man als Erklärung: Gedächtnis ist die Fähigkeit, Sinneswahrnehmungen, … • Cruse / Dean / Ritter heben hervor, dass Gedächtnis die Fähigkeit ist, Informationen aufrufen zu können, die nicht direkt durch die aktuelle Reizsituation gegeben sind. • Auf Cruse / Dean / Ritter geht die Definition zurück, dass Gedächtnis die Fähigkeit ist, Informationen …

**5a** B. Nachdem ich … erläutert habe, möchte ich noch kurz auf … eingehen. • C. Damit komme ich zum letzten Abschnitt meines Referats. • D. Wie ihr sehen könnt, sind hier … aufgeführt. • E. Diese Argumente möchte ich im Folgenden kurz darstellen. • F. Dies möchte ich im Folgenden noch etwas genauer ausführen. • G. In diesem Zusammenhang möchte ich an … erinnern. • H. Ich freue mich jetzt auf eure

Fragen und unsere Diskussion. • I. Wenden wir uns jetzt von … dem … zu. • J. Lasst mich mein Referat mit einem Zitat eines Unbekannten beenden. • K. Ich möchte mich hier auf die Beschreibung in … beschränken.

**5b** A. 2 • B. 6 • C. 8 • D. 7 • E. 4 • F. 9 • G. 3 • H. 11 • J. 10 • K. 5

**6a** *Mögliche Lösung:* Studentin hätte im ersten Fall nur eine Pause machen und neu anfangen können, anstatt Nervosität anzusprechen. Im zweiten Fall wäre es besser gewesen, die Studentin hätte einen Witz gemacht oder Ähnliches anstatt ihre Nervosität so zu zeigen.

## Kapitel 5 – Diskussion

**1a** *Mögliche Lösung:* 1. um ein Thema / Problem, zu dem unterschiedliche Meinungen bestehen, auszuhandeln • je nach Bereich will man zu einer Lösung kommen • manchmal geht es aber auch nur darum zu zeigen, dass man rhetorisch gewandter ist • 2. privat, beruflich, universitär, öffentlich • 3. je nach Bereich und Thema von höflich, kollegial (wenn die Sachargumente im Vordergrund stehen) bis zu aggressiv, beleidigend • 4. gute Argumente haben, diese gut vorbringen, die entscheidenden Personen überzeugen

**2a** *Mögliche Lösung:* Begriff aus Marketing • finanzielle Unterstützung von Organisation oder Einzelperson durch Unternehmen • für genau festgelegten Zeitraum oder einzelne Veranstaltung • Prinzip von Leistung und Gegenleistung • in Form von kostenloser Werbung oder Ähnlichem • dient hauptsächlich der Außendarstellung • in den Bereichen Sport, Umwelt, Kultur und Soziales

**2c** 1. 2010 – 2012, Summe von 50 000 € • 2. Marketing-Abteilung einer Firma • 3. freundlich distanziert, Hierarchie spielt keine große Rolle, sind Arbeitskollegen • 4. überwiegend freundlich, harmonisch und konsensorientiert • 5. zunächst noch nicht, weil Geschäftsführerin noch nicht anwesend

**2d** 2. Keller: sozialer Bereich • Kinderschutzbund in Weißstadt • 3. Rabe: Sport • örtlicher Fußballclub „FC Weißstadt 05" 4. Meyer: Kunst / Kultur • örtliches Tanztheater „MÖWE"

**2e Vorschlag:** 3. FC Weißstadt 05 • 4. Tanztheater „MÖWE" • **Begründung:** 2. Kinder immer gut fürs Image • stärker herausstreichen, dass Playtime soziale Verantwortung übernimmt • 3. vermutlich Aufstieg in Zweite Bundesliga • dann häufige Berichterstattung im Fernsehen • 4. weltweit bekannt • **Vorteile:** 2. junge Familien mit kleineren Kindern Hauptzielgruppe für das geplante Produkt „Playtime Family Edition" • 3. als Sponsor des Clubs häufige Präsenz in den Medien (Fernsehen) • dadurch Steigerung des bundesweiten Bekanntheitsgrades • 4. „Playtime" will Exportanteil steigern • könnte als Sponsor vom weltweiten Renommee des Tanztheaters profitieren und neue Märkte erschließen

**2f gegen Kinderschutzbund:** Käufergruppe mehr Interesse an Sport • **gegen Fußballclub:** Skandale im FC Weißstadt 05 • **gegen Tanztheater:** zu elitär

**3a** *Mögliche Lösung:* 1. eher sachlich • 2. höflich • 3. mal genau richtig, mal eher zu kurz • 4. lassen sich nicht immer ausreden bzw. unterbrechen sich öfters • 5. es kommen alle drei Arten von Unterbrechungen vor: welche, um Standpunkt eines anderen zu bestätigen, um nachzufragen, um seine eigene Meinung zum Ausdruck zu bringen

**3c Kategorie 1:** Vollkommen richtig! • Hm, stimmt natürlich! • Ja, sicher! • Das sehe ich auch so! • **Kategorie 2:** Habe ich Sie richtig verstanden, Sie meinen, dass …? • Verstehe ich Sie richtig? Sie plädieren für …? • Bei mir ist Ihr Vorschlag so angekommen, dass … Das meinten Sie doch, oder? • **Kategorie 3:** Da würde ich gern kurz einhaken. • Eine kurze Zwischenfrage bitte: … • Erlauben Sie mir (dazu) eine kurze Zwischenfrage / Anmerkung?

**3d** *Mögliche Lösung:* Erlaubnis zu sprechen • gezielt eingeräumt werden • versuchen, Rederecht bewusst nehmen • dies akzeptieren oder abwehren • Sprecher Beitrag abgeschlossen hat und Rederecht abge-

ben möchte, dies signalisieren • Stimme senkt und Pause macht • demjenigen mit Kopf oder Augen zuwendet, der nächster Sprecher werden kann

**3e Kategorie 2:** 2 und 4 • **Kategorie 3:** 3 und 4

**3f** Kategorie 2: um sich das Rederecht zu erkämpfen • Kategorie 3: um eine genauere Antwort zu erhalten, aber nicht um das Rederecht zu beanspruchen

**4a** Buntspecht – Kinder für den Umweltschutz

**4b Vorschlag:** Buntspecht – Kinder für den Umweltschutz • **Begründung:** Umweltschutz generell sehr wichtig • wichtig für das Weißstädter Land als Urlaubsregion • **Vorteile:** Playtime wegen vermeintlicher Umweltskandale ins Gerede gekommen • Sponsoring im Bereich Umweltschutz könnte ramponiertes Image verbessern • idealer Sponsorpartner, da er zu Hauptzielgruppe (Kinder und deren Eltern) von Playtime passt

**4c** 1. Buntspecht – Kinder für den Umweltschutz • kann nicht Export steigern • von Fr. Meyer • 2. ideal für Zielgruppe einer Spielzeugfirma wie Playtime, aber: in Vergangenheit mehrere Auseinandersetzungen mit Vorstand, der sich nicht zu Werbezwecken einspannen lassen will • von Fr. Meyer • 3. Argument Fernsehwerbung stimmt, aber: Verein häufig mit Skandalen (unmöglicher Präsident, Hooligans) in Verbindung gebracht • könnte sich negativ auf Image der Firma Playtime auswirken • von Fr. Dr. Lanz, Fr. Meyer, Hr. Keller • 4. MÖWE sehr elitär • ungeeignet für Zielgruppe von Playtime = Familien mit Kindern • für breite Käuferschicht nicht geeignet • von Hr. Keller, Fr. Rabe

**4d** Fr. Dr. Lanz formuliert ihren Einwand höflicher, weil sie zuerst den Vorschlag lobt.

**4e** *Mögliche Lösung:* 2. Das ist ja einerseits nicht schlecht, aber andererseits bin ich nicht sicher, ob der FC Weißstadt 05 für uns als Sponsorpartner geeignet ist, denn die Hooligans randalieren doch bei jedem Spiel. • Sie haben nicht ganz Unrecht, aber ich meine trotzdem, dass der FC Weißstadt 05 für uns nicht als Sponsorpartner geeignet ist, denn … • 3. Ihr Vorschlag ist zwar nicht schlecht, aber der Verein ist doch viel zu oft in Skandale verwickelt. • Ich gebe Ihnen völlig Recht, dass wir so eine verstärkte Präsenz in den Medien hätten, aber … • 4. Na ja, das stimmt zwar schon, aber denken Sie doch nur an den unmöglichen Präsidenten. • Sie haben zwar Recht, dass wir so eine verstärkte Präsenz in den Medien hätten, aber …

**4f** Vorschlag von Geschäftsführerin, Fr. Dr. Lanz: Buntspecht – Kinder für den Umweltschutz

**4g** *Mögliche Lösung:* 1g • 2u (Kinderschutzbund bietet auch viele Vorteile) • 3n (auf Einwand, hilft nicht Exportsteigerung, wird nicht eingegangen) • 4u (Argumente für Kinderschutzbund werden nicht entkräftet) • 5g (auch weil sie die Geschäftsführerin ist) • 6u (Vorschlag von Fr. Dr. Lanz ist auch als Vorschlag sehr überzeugend, aber ohne ihre Position als Geschäftsführerin hätte man sicherlich noch länger über die anderen Vorschläge, bes. Kinderschutzbund, diskutiert und Hr. Keller hätte seinen Vorschlag wohl nicht so schnell zurückgezogen. Und auch die Marketingchefin, Fr. Meyer, hätte mehr auf ihrem Vorschlag beharrt. Außerdem stellt Fr. Dr. Lanz ihre Mitarbeiter letztlich vor vollendete Tatsachen, z. B. „Ich bin richtig begeistert und habe auch schon ein paar lose Kontakte geknüpft.")

# Transkriptionen

## Notizen und Mitschriften

**1** *Prof. Schmitt:* Ja, meine Damen und Herren, im Rahmen unserer Ringvorlesung zum Thema „Glück" möchte ich heute Herrn Prof. Dr. Reichertz begrüßen. Als Medienwissenschaftler hat er sich in verschiedenen Arbeiten mit unserem Thema beschäftigt und das Thema seines Vortrages heute lautet: „Glück als Konsumgut? Oder: Massenmedien als Produzenten von Glück." Willkommen, Herr Prof. Reichertz.
*Prof. Reichertz:* Vielen Dank. Vielen Dank für die Einladung zu einer Ihrer renommierten Ringvorlesungen! Sehr geehrte Damen und Herren, ich freue mich sehr, dass Sie so zahlreich zu meinem Vortrag erschienen sind. Ich möchte mich mit Ihnen ja heute über das Glück im medialen Kontext auseinandersetzen. Sollten Sie Fragen zu meinen Thesen haben, dann möchte ich Sie bitten, diese im Anschluss meines Vortrages zu stellen, es gibt noch genug Zeit für Diskussionen hinterher. Dankeschön.
Ich habe meinen Vortrag in sechs Kapitel gegliedert:
1. Glück – was ist das? Versuch einer Definition
2. Die Medien und die Suche nach Glück
3. Medien als Glückszuteiler
4. Werbung
5. Glück ist machbar
und 6. Medienglück
Kommen wir zum Thema 1 „Glück – was ist das? Versuch einer Definition": Was Glück im einzelnen Fall und für den einzelnen Menschen ausmacht, variiert mit Alter, Geschlecht, Nationalität, Bildung, Gesundheitszustand, Situation, Wohnort, Zeit, Religion und ist zudem noch von vielen anderen Faktoren abhängig. Meist versteht man unter Glück das Begehrenswerte, das „normal" – also in der Mehrzahl der Fälle – in einer bestimmten Situation nicht erwartbar war, nicht erwartbar sein konnte. Man kann großes und kleines Glück haben, glücklich und sehr glücklich sein. Glück und das Glücklichsein kennen also Grade und unterschiedliche Mischungsverhältnisse – ebenso wie Unglück und Unglücklichsein. Verbleiben wir aber im Bereich des Erwartbaren, dann sind wir zufrieden. Glück überschreitet das Erwartbare.

**2** Kommen wir zu Punkt 2 „Die Medien und die Suche nach Glück": Jede Gesellschaft hat die Medien ihrer Zeit dazu genutzt, Darstellungen des großen wie kleinen Glücks in unterschiedlicher Form festzuhalten und weiterzugeben. Allerdings hat sich in den letzten Jahrzehnten die Bedeutung der Medien verändert – und dies gilt vor allem in Bezug auf die wichtigsten, nämlich die vom Massenverkauf lebenden Medien wie Zeitung, Radio und Fernsehen. Diese Medien sind angesichts wachsender Konkurrenz sehr viel aktiver geworden. Sie berichten inzwischen nämlich nicht mehr nur darüber, was anderen an Glück widerfahren ist, sondern sie betätigen sich zunehmend auch selbst als Glücksüberbringer und Glücksschaffer. Kurz: Die Medien bringen oft großes wie kleines Glück – denn Glück soll auf diese Weise Kundschaft bringen oder halten. Allerdings sind die Medien als Glückszuteiler manchmal ähnlich launisch und unberechenbar wie ehemals die antiken Glücksgöttinnen – z.B. Fortuna. Wer gestern noch umjubelter Star aus „Big Brother" oder „Deutschland sucht den Superstar" war, um den sich alle Medien rissen, kann heute leicht von denselben Medien zum Deppen der Nation geschrieben werden, dessen Platten niemand hören und dessen Filme schon gar niemand sehen will.

**3** Und nun zu Punkt 3 „Medien als Glückszuteiler": Die Medien sind also zu modernen Lieferanten des Glücks geworden und das auf vielfältige Weise: So beraten sie in zahllosen Ratgebersendungen oder Artikeln ausführlich darüber, was Glück ist und wie es erlangt werden kann. Auch stellen sie in Reportagen und Talkshows großzügig Bühnen zur Verfügung, um individuelles Glück dar- und auszustellen. Sie helfen zudem in einer Fülle von Formaten ganz normalen Menschen dabei, ihr Glück zu finden – sei es, dass Reporter oder Moderatoren Streit schlichten, Liebesbotschaften überbringen oder Trauungen organisieren. Und sie schaffen oft Gelegenheiten, bei denen medienöffentlich das Glück den Einzelnen treffen kann – sei es bei Lotterien, Quizshows oder Talentwettbewerben.

**4** Kommen wir zu viertens der „Werbung": Werbung ist entgegen einem verbreiteten, gleichwohl unzutreffenden Bild nicht ein Spiegel der Gesellschaft: Werbung wählt nämlich aus, was sie zeigen will, unterschlägt vieles und überzeichnet anderes. Werbung zeigt meist das Wünschens- und Begehrenswerte, aber auch manchmal das Unerwünschte und das Unglück. Doch Werbung vermag es keinesfalls, Werte zu setzen oder Werte zu schaffen. Werbung und somit die Medien sind also nicht die Quellen der gesellschaftlichen Glücksvorstellungen. Sondern: Glücksvorstellungen entwickeln sich in der Mitte des Lebensalltags. Werbung bedient sich vor allem bereits vorhandener Werte, von denen sie glaubt, dass viele bereit sind, für die Erlangung dieser Werte Geld auszugeben. So waren Glück, Schönheit, Wohlstand, Gesundheit, Attraktivität schon lange vor der ersten Werbung zentrale Werte westlicher Gesellschaften. Werbung greift die Werte einer Gesellschaft auf, bevorzugt ohne Zweifel auch solche, die zu dem Medium passen und dem Auftraggeber genehm sind, zeigt dann allerdings nur Wege und Formen auf, wie diese Werte – mithilfe des Ankaufs von Produkten und Dienstleistungen – verwirklicht werden können.

## Protokoll

**5** *Hr. Kirchner:* Es freut mich, dass Sie zu einer positiven Bewertung unserer wirtschaftlichen Situation kommen. Die Geschäftsführung muss das Unternehmen aber mittelfristig auf erhöhte Risiken einstellen. Erhöhte Flexibilität und weiter verbesserte Qualität sind die beiden wichtigsten Punkte dafür. Das kann mit der Einführung eines Zielsystems erreicht werden. Herr Schröder, von Ihnen erwarten wir, dass Sie unser Personalwesen entsprechend neu ausrichten.
*Hr. Schröder:* Ich denke, dass wir auch im Personalbereich vor allem an der Qualität arbeiten müssen. Wir müssen die Motivation der Mitarbeiter stärken und ihre Potenziale entfalten. Der Personaleinsatz muss verbessert werden – wir brauchen die richtigen Leute am richtigen Platz. Und die Weiterbildung muss besser und systematischer werden. Sie muss rechtzeitig den neuen Produkten angepasst werden. Ich stimme Ihnen zu: Mit einem Zielsystem können wir das alles erreichen.
*Hr. Kirchner:* Sie wissen ja: Wir sind mit den Abteilungen dabei, die allgemeinen Unternehmensziele auf Ziele für jede Abteilung und für jede Gruppe herunterzubrechen. Wie können Sie im Personalwesen diesen Prozess unterstützen?
*Hr. Schröder:* Als Erstes muss das Beurteilungssystem reformiert werden. Damit würde ich gern sofort anfangen. Die Zielvereinbarung muss darin eine wichtigere Rolle spielen. Mit jedem Mitarbeiter müssen klarer als bisher Ziele vereinbart werden, die sich an den Zielen der Abteilung und der Gruppe orientieren. Gleichzeitig muss mit dem Mitarbeiter diskutiert werden, wohin er sich innerhalb der Abteilung oder des Unternehmens entwickeln will. Seine Wünsche, seine persönlichen Ziele und der Bedarf des Unternehmens müssen zusammengebracht werden. Das verstärkt die Motivation. Und wir müssen ermitteln, welche Potenziale der Mitarbeiter hat. Wenn Führungspotenzial da ist, müssen wir es fördern. Um das alles zu managen, muss der Ablauf unseres Beurteilungssystems verändert werden, auch die einzelnen Bestandteile.
*Hr. Kirchner:* Das klingt nicht schlecht. Wann können Sie dazu einen ausgearbeiteten Vorschlag liefern?

*Hr. Schröder:* Ich denke im Moment, dass wir das in der Personalabteilung nicht allein machen können und auch nicht sollen. Ich möchte vorschlagen, dass wir eine Projektgruppe einrichten, abteilungsübergreifend. Aus jeder Abteilung eine Mitarbeiterin oder ein Mitarbeiter.

*Hr. Kirchner:* Einverstanden. Wann kann die Projektgruppe anfangen?

*Hr. Schröder:* In der Kalenderwoche 14?

*Hr. Kirchner:* Geht es nicht früher?

*Hr. Schröder:* Wenn wir die Projektgruppe sehr schnell organisieren, können wir auch in der KW 13 anfangen.

*Hr. Kirchner:* Das würde ich sehr begrüßen.

*Hr. Schröder:* O. k.

*Hr. Kirchner:* Gut, verbleiben wir so. Bitte erstellen Sie dazu ein Schreiben an die Abteilungsleiter, das wir morgen beide unterschreiben. Wir bitten darin, jeweils einen Mitarbeiter zu benennen, der …

## Informations- und Beratungsgespräche

🔘 *6 Ansage:* Telefongespräch mit Sekretärin – Variante 1

*Sekretärin:* Mai, Sekretariat Prof. Weiler. Was kann ich für Sie tun?

*Studentin:* Guten Morgen. Ich habe ein Problem: Ich habe gestern und heute mehrfach versucht, Prof. Weiler telefonisch zu erreichen, aber es meldet sich niemand. Können Sie mir weiterhelfen?

*Sekretärin:* Worum geht es denn?

*Studentin:* Ich hab' schon vor zehn Tagen eine Mail an Prof. Weiler geschickt und um einen Besprechungstermin für mein Referat gebeten. Er hat bis jetzt aber immer noch nicht geantwortet.

*Sekretärin:* Hm, das ist zwar ungewöhnlich, aber Prof. Weiler ist zurzeit ziemlich viel außer Haus wegen der Umbaumaßnahmen. Er wird sicher antworten, sobald er Zeit hat. Am besten, Sie mailen ihm noch mal.

*Studentin:* Das hab' ich ja schon vor drei Tagen. Ich brauch' den Termin aber dringend. Und wie gesagt, ich hab' auch versucht, ihn anzurufen, aber ohne Erfolg. Und jetzt hab' ich auch noch auf der Institutsseite gelesen, dass seine Sprechstunde diese und nächste Woche ausfällt.

*Sekretärin:* Ja, das stimmt, aber da kann ich Ihnen auch nicht weiterhelfen. Versuchen Sie halt einfach weiter, ihn telefonisch zu erreichen.

*Studentin:* Ich hab' doch schon gesagt, dass ich ihn ein paar Mal angerufen habe! Wann ist er denn wieder da?

*Sekretärin:* Tja, das weiß ich jetzt auch nicht so genau. Prof. Weiler macht seine Termine nämlich selbst und der Terminkalender liegt drüben im Geschäftszimmer. Und ich kann jetzt unmöglich hier weg.

*Studentin:* Können Sie nicht mal kurz rübergehen und nachschauen? Es ist echt wichtig für mich!

*Sekretärin:* Nein, tut mir leid, das geht jetzt wirklich nicht. Sie müssen eben Geduld haben und auf Prof. Weilers Antwort warten. Mehr kann ich Ihnen jetzt auch nicht sagen.

*Studentin:* Mist! Tschuldigung! Danke!

*Sekretärin:* Nichts zu danken. Wiederhören.

🔘 *7 Ansage:* Telefongespräch mit Sekretärin – Variante 2

*Sekretärin:* Mai, Sekretariat Prof. Weiler. Was kann ich für Sie tun?

*Studentin:* Guten Morgen, Frau Mai. Hier Rita Daun. Ich bin Teilnehmerin am Seminar von Prof. Weiler über Spracherwerb und ich habe ein Problem: Ich habe gestern und heute mehrfach versucht, Prof. Weiler telefonisch zu erreichen, aber es meldet sich niemand. Könnten Sie mir weiterhelfen?

*Sekretärin:* Worum geht es denn?

*Studentin:* Ich habe vor zehn Tagen eine Mail an Prof. Weiler geschickt und um einen Besprechungstermin für mein Referat gebeten. Leider habe ich aber bis jetzt keine Antwort bekommen.

*Sekretärin:* Hm. Das ist zwar ungewöhnlich, aber Prof. Weiler ist zurzeit ziemlich viel außer Haus wegen der Umbaumaßnahmen. Am besten,

schicken Sie ihm noch eine Mail. Er wird sicher antworten, sobald er Zeit hat.

*Studentin:* Ja, ja, das glaube ich schon, nur – ich brauche den Termin dringend und ich habe ihm auch schon vor drei Tagen eine weitere Mail geschickt. Außerdem habe ich noch mehrfach versucht, ihn anzurufen – leider ohne Erfolg. Und jetzt habe ich auch noch auf der Institutsseite gelesen, dass seine Sprechstunde diese und nächste Woche ausfällt. Können Sie mir vielleicht sagen, was ich tun kann?

*Sekretärin:* Es tut mir leid, aber da kann ich Ihnen wirklich nicht weiterhelfen. Versuchen Sie halt einfach weiter, ihn telefonisch zu erreichen.

*Studentin:* Das mache ich doch wirklich schon die ganze Zeit. Könnten Sie mir nicht sagen, wann er wahrscheinlich wieder im Büro ist?

*Sekretärin:* Ja, das weiß ich jetzt auch nicht so genau. Prof. Weiler macht seine Termine nämlich selbst und der Terminkalender liegt drüben im Geschäftszimmer. Ich kann jetzt nicht weg.

*Studentin:* Ach bitte, könnten Sie nicht doch mal nachschauen gehen? Es ist sehr wichtig für mich! Sie wissen doch, ohne das Gespräch keine Fehlerkorrektur, ohne Fehlerkorrektur wahrscheinlich eine schlechtere Note. Bitte!

*Sekretärin:* Na gut. Warten Sie einen Moment.

Hallo, sind Sie noch dran?

*Studentin:* Ja, ja. Ich bin da.

*Sekretärin:* Also, Prof. Weiler müsste heute Nachmittag gegen 17.00 Uhr wieder hier sein. Dann hat er aber gleich eine Veranstaltung. Versuchen Sie es also möglichst kurz vor fünf Uhr.

*Studentin:* O. k., super, danke für den Tipp! Ich werd's versuchen. Dann tschüs – ja, und danke noch mal für Ihre Mühe.

*Sekretärin:* Gerne. Und auf Wiederhören.

*Studentin:* Auf Wiederhören.

🔘 *8 Ansage:* Telefongespräch mit Professor

*Professor:* Weiler, Institut für Kommunikationswissenschaften.

*Studentin:* Guten Morgen, Herr Prof. Weiler. Hier spricht Rita Daun. Ich wollte gern möglichst noch für diese oder für Anfang nächster Woche einen Termin mit Ihnen vereinbaren, um den Entwurf meines Referats zu besprechen, den ich Ihnen vor drei Wochen per Mail geschickt habe.

*Professor:* Hm, das wird schwierig, sogar sehr schwierig. Den nächsten Termin kann ich Ihnen erst am Donnerstag in vier Wochen geben.

*Studentin:* Erst in vier Wochen! In vier Wochen muss ich doch schon das Referat halten, und wenn Sie grundsätzliche Einwände haben sollten, könnte ich ja nichts mehr ändern.

*Professor:* Da kann ich jetzt auch nichts machen. Wie Sie wissen sollten, bin ich nächste Woche auf dem Kongress in Wien und diese Woche muss ich noch zu Vorbereitungen nach München. Haben Sie eigentlich nicht auf die Homepage geschaut? Da steht doch klar und deutlich, dass die Sprechstunde diese und nächste Woche ausfällt.

*Studentin:* Ja, natürlich habe ich das gelesen, aber trotzdem …

*Professor:* Was heißt hier trotzdem? Also, ich sehe wirklich keine Lösung. Der nächstmögliche Termin ist Dienstag, der 15. In der Woche davor sind schon alle Termine vergeben. Die einzige Chance wäre, dass noch jemand absagt. Vielleicht hätten Sie sich einfach früher darum kümmern sollen?

*Studentin:* Ja, vielleicht, aber ich dachte, vier Wochen vorher ist Zeit genug. Das war bisher immer so. Ich konnte ja nicht wissen, dass die Sprechstunde zwei Wochen hintereinander ausfällt. Außerdem steht doch auf der Website, dass man auch Termine außerhalb der regulären Sprechstunde vereinbaren kann.

*Professor:* Aber wohl nicht, wenn ich gar nicht im Hause bin.

*Studentin:* Bitte, könnten Sie mir nicht doch noch einen Termin ermöglichen? Die Uhrzeit wäre egal, morgens, mittags, abends. Hauptsache, wir können kurz über das Referat sprechen. An dem Referat hängen doch Punkte!

*Professor:* Sie sind ganz schön hartnäckig! Aber na gut: morgen direkt um 8.00 Uhr. Seien Sie aber bitte pünktlich! Ich muss spätestens um 9.00 Uhr zum Zug.

*Studentin:* Ich werde auf jeden Fall pünktlich sein und vielen, vielen Dank, dass Sie es möglich machen.

*Professor:* Ja, ja, ist schon gut. Also, bis morgen dann.

*Studentin:* Ja, bis morgen. Auf Wiedersehen und danke noch mal.

⬤ 9 *Ansage:* Beratungsgespräch

*Beraterin:* Herein.

*Studentin:* Guten Morgen, Frau Scholz.

*Beraterin:* Guten Morgen, Frau LeRoux, nehmen Sie doch Platz, bitte.

*Studentin:* Danke.

*Beraterin:* Sie hatten mich ja um ein Beratungsgespräch gebeten. Worum geht es Ihnen denn?

*Studentin:* Ja, also, erst einmal vielen Dank, dass Sie den Termin so schnell ermöglicht haben.

*Beraterin:* Bitte, bitte!

*Studentin:* Also, ich hab' Fragen zu drei Bereichen. Hoffentlich reicht die Zeit dafür.

*Beraterin:* Das werden wir dann ja sehen. Wir haben eine Stunde. Wenn wir nicht durchkommen, können wir ja noch einen zweiten Termin vereinbaren.

*Studentin:* Ah, prima. Da bin ich aber erleichtert! Also, meine erste Frage bezieht sich auf den Studienverlauf: Ich möchte als Minor, also als Begleitfach, „Sprachlernforschung" wählen. Ich hab' gesehen, dass es zwei Pflichtmodule und sechs Wahlpflichtmodule gibt, von denen man vier wählen muss. Ja, und da habe ich ein Problem mit dem Studienverlauf.

*Beraterin:* Inwiefern denn?

*Studentin:* Mir fällt es schwer, zu planen, was ich am besten wann belege – also die Reihenfolge der Module. Könnten Sie mir da behilflich sein?

*Beraterin:* Was genau fällt Ihnen denn da schwer? Und übrigens, haben Sie schon ins Netz geschaut? Dort können Sie sich einen Studienverlaufsplan herunterladen. In dem ist eigentlich alles erklärt.

*Studentin:* Ja, ja, das hab' ich schon gemacht. Aber ich komm' trotzdem nicht klar. Bestimmte Veranstaltungen werden nur im Wintersemester, andere nur im Sommersemester angeboten. Außerdem überschneiden sich manche Veranstaltungen mit denen meines Kernfachs. Dazu kommt noch, dass im Netz auch Veranstaltungen von vor zwei Jahren stehen. Ich bin schon ganz durcheinander.

*Beraterin:* Mh mh.

*Studentin:* Könnten Sie mir vielleicht dabei helfen, einen Plan aufzustellen, was ich am besten wann belegen sollte? Ich hab' zwar schon versucht, 'nen Plan zu machen, aber ich hab' dabei große Probleme.

*Beraterin:* Mmh, dann zeigen Sie mal, was Sie gemacht haben. Das werden wir bestimmt gemeinsam hinkriegen.

⬤ 10 *Studentin:* Meine zweite Frage betrifft mein Studium in der Schweiz. Ich hab' schon ein Jahr des Bachelor-Studiums in Lugano an der Fakultät für Kommunikationswissenschaft absolviert und wollte gern wissen, was mir davon anerkannt wird.

*Beraterin:* Haben Sie die Unterlagen dabei?

*Studentin:* Ja, hier.

*Beraterin:* Hm, hm, das müsste ich mir noch genauer ansehen. Vielleicht ist es besser, Sie gehen direkt zum Prüfungsamt damit. Dann können Sie Zeit sparen.

*Studentin:* O.k., mach' ich. Wissen Sie vielleicht die Öffnungszeiten?

*Beraterin:* Nicht genau, da müsste ich jetzt im Netz nachschauen. Aber vielleicht machen Sie das nachher selbst, dann verlieren wir jetzt keine Zeit. Sie hatten doch noch einen dritten Punkt, nicht wahr?

*Studentin:* Stimmt. Bei meinem dritten Punkt geht es um ein großes

Problem: Ich hab' echte Schwierigkeiten, in Deutsch zu schreiben. Und ich muss ja jetzt viel schreiben: Referate, Hausarbeiten und so. Ich möchte mich unbedingt verbessern. Was würden Sie mir da raten?

*Beraterin:* Könnten Sie vielleicht etwas genauer beschreiben, wo Ihre Schwierigkeiten liegen?

*Studentin:* Mmh, eigentlich hab' ich mir darüber noch gar keine richtigen Gedanken gemacht. Ich mach' nur immer so viele Fehler. Ich glaub', ich muss mal die ganze Grammatik wiederholen.

*Beraterin:* Mmh, Sie meinen also, es liegt an der Grammatik? Welche grammatischen Phänomene finden Sie denn besonders schwierig?

*Studentin:* Mmh, ich kann das jetzt gar nicht so genau sagen.

*Beraterin:* Warum wollen Sie denn dann die ganze Grammatik wiederholen?

*Studentin:* Wenn ich's richtig überlege, weiß ich's im Moment auch nicht so genau. Ich dachte nur, das wäre 'ne gute Idee. Was würden Sie denn vorschlagen?

*Beraterin:* Im Moment kann ich, glaube ich, noch gar nichts vorschlagen. Aber wie wär's mit Folgendem: Sie schicken mir einen Text, den Sie geschrieben haben. Den korrigiere ich und wir besprechen ihn beim nächsten Treffen. Zusätzlich beobachten Sie sich am besten in der nächsten Zeit beim Schreiben und überlegen noch einmal genauer, welche konkreten Punkte es sind, bei denen Sie die meisten Fehler machen. – Übrigens, Ihre Beobachtungen sollten Sie auch notieren. Dann machen wir einen neuen Termin – sagen wir mal in drei Wochen – und sprechen noch einmal über die Sache. Was halten Sie davon?

*Studentin:* Mmh, das ist ein guter Vorschlag. Nur – wenn wir den neuen Termin erst in drei Wochen machen, ist schon wieder viel Zeit vergangen. Wüssten Sie nicht etwas, was ich bis dahin schon mal machen könnte?

*Beraterin:* Hm, da fällt mir ein: Diese Woche fängt ja eine Veranstaltung zum wissenschaftlichen Schreiben an. Schauen Sie doch, ob Sie vielleicht daran noch teilnehmen können.

*Studentin:* Und wenn das nicht mehr klappt? Hätten Sie vielleicht noch einen anderen Ratschlag?

*Beraterin:* Ja, Sie könnten sich mit einem Tandempartner zusammentun und sich gegenseitig Ihre Texte verbessern. Sie können auf unserer Website unter „Tandem" schauen, ob es schon Interessierte gibt, und dort auch eine Suchanzeige aufgeben.

*Studentin:* Super, eine gute Idee. Das mach' ich gleich heute noch.

*Beraterin:* Na bestens!

⬤ 11 *Studentin:* Oh, ich seh' gerade, die Stunde ist ja leider schon um. Können wir schnell noch 'nen neuen Termin vereinbaren?

*Beraterin:* Ja, o.k., einen Moment mal. Wie wäre es am Donnerstag, 15.05., um 16.00 Uhr?

*Studentin:* Oh, da kann ich leider nicht. Da hab' ich 'ne Übung. Ginge es morgens?

*Beraterin:* Nein, da geht es bei mir nicht. Und wie wäre es mit 17.30 Uhr?

*Studentin:* Ja, das ginge. Ich hab's notiert. Ja, und vielen Dank für Ihre Geduld und Ihre gute Beratung.

*Beraterin:* Gern geschehen. Bis zum nächsten Mal und viel Erfolg bei der Tandemsuche!

*Studentin:* Danke noch mal und einen schönen Tag noch.

## Präsentation

⬤ 12 *Redner:* Guten Abend, meine sehr geehrten Damen und Herren! Ich begrüße Sie herzlich und freue mich, dass Sie trotz der fortgeschrittenen Stunde so zahlreich erschienen sind. Wie Sie wissen, steht Ihr Unternehmen – und somit auch Sie ganz persönlich – vor großen Veränderungen. Sie arbeiten jetzt mit einer ausländischen Firma zusammen. Das bedeutet, Sie werden viel neues Wissen erwerben müssen, um die Ihnen gestellten Aufgaben besser erfüllen und umsetzen zu können. Und der Weg vom Wissen zum Können ist kein leichter. Das möchte ich anhand von drei Folien verdeutlichen.

In dieser kurzen Präsentation geht es mir also vor allem darum, dass Sie diesen Weg besser verstehen, auf diese Weise vielleicht Ängste abbauen und die Veränderung als Chance betrachten, Ihre Kompetenzen zu erweitern. Nach der Präsentation haben wir eine halbe Stunde Zeit für Fragen und Diskussion. Danach werden wir uns in Arbeitsgruppen aufteilen, um zu überlegen, wie wir uns den Weg zu neuem Wissen und neuen Kompetenzen erleichtern können.

🔘 13 Lassen Sie uns beginnen: Wenn wir uns die Folie 1 anschauen und auf den Verlauf der Kurve achten, was sehen wir da? Die Kurve steigt über einen längeren Zeitraum nur sehr langsam an, dann aber plötzlich geht es ganz steil nach oben. Also: Wissen entwickelt sich kontinuierlich – Motivation natürlich vorausgesetzt – und motiviert sind Sie ja sicherlich alle, sonst wären Sie nicht hier! Allerdings geht es am Anfang ganz langsam, das Wissen schleicht sich sozusagen in unser Gehirn. Dann aber, ab einer gewissen Menge, geht die Entwicklung exponentiell, also ganz steil nach oben.

🔘 14 Schauen wir nun auf die Folie 2: Hier verläuft die Kurve in Sprüngen, d. h. Können entwickelt sich sprunghaft nach einem immer ähnlich ablaufenden Schema.

Warum ist der Unterschied wichtig? Die unterschiedlichen Prozesse zu kennen bedeutet, das, was passiert, zu verstehen. Sich in ein Fachgebiet einzuarbeiten, ist am Anfang sehr mühsam. Das hat mit der Arbeitsweise des Gehirns zu tun. Den Sprung auf eine neue Könnens-Ebene wagen wir dann, wenn ausreichend Wissen vorhanden ist, also ab dem Zeitpunkt, an dem der Wissens-Zuwachs exponentiell verläuft. Wenn also die erste Wissens-Basis erarbeitet ist, geht es an den ersten Könnens-Sprung. Man springt sozusagen von „Null" – also „ich kann etwas nicht", z. B. ich bin noch nie ein Auto gefahren – auf „Eins" – „ich kann etwas grundsätzlich", z. B. ich habe gerade meine erste Fahrstunde hinter mir und bin Auto gefahren. Wenn das nur alles so einfach wäre.

🔘 15 Betrachten wir nämlich Folie 3, so stellen wir Folgendes fest: Ist man auf einer neuen Könnens-Ebene angekommen, geht es oft nicht auf diesem hohen Niveau weiter. Es folgt ein leichter Abwärtstrend, eine Art Entwicklungskrise.

Wieso diese Krise? Man ist an einem kritischen Punkt angekommen – Position 1 – und stellt sich viele Fragen: „Bin ich wirklich so gut, z. B. im Autofahren? Beherrsche ich alle Kniffe und Techniken?" Und man begreift: „So gut, wie ich dachte, bin ich vielleicht doch noch nicht". Es schließt sich daher nun eine neue Lern-Ebene – Position 2 – an, die etwas unterhalb des eigentlichen Könnens-Niveaus liegt.

Sicherlich kennen Sie diese Situation. Sagen wir mal, Sie lernen eine Sprache. Nach anfänglichen Schwierigkeiten, vielleicht mit der Aussprache oder dem fremden Grammatiksystem, geht es ziemlich schnell vorwärts. Dann kommt ein bestimmter Punkt, an dem Sie den Eindruck haben, es geht gar nicht mehr vorwärts. Die Fortschritte sind für Sie nicht mehr erkennbar. Und natürlich werden Sie mutlos und denken: „Das lerne ich nie!", obwohl das natürlich überhaupt gar nicht stimmt.

🔘 16 Was können wir nun dagegen tun? Ich gebe Ihnen nur einige kurze Beispiele, denn genau das wird das Thema sein, mit dem wir uns nachher in den Arbeitsgruppen beschäftigen werden:

1. effiziente Lernmethoden einsetzen
2. kreative Arbeitstechniken benutzen, z. B. Wortnetze bilden
3. Austausch mit anderen bzw. von anderen lernen
4. die eigene Einstellung überdenken – Es ist noch kein Meister vom Himmel gefallen!

Und last but not least: 5. üben, üben, üben.

Wie schon Thomas Mann zur Frage nach seinem Können als Schriftsteller sagte: „Das ist nichts, was einem in den Schoß fällt."

In diesem Sinne bedanke ich mich bei Ihnen für Ihre Geduld und stehe Ihnen natürlich jetzt gerne für Fragen oder Diskussionsbeiträge zur Verfügung. Herzlichen Dank!

## Vortrag

🔘 17 *Rednerin:* Guten Morgen, sehr geehrte Damen und Herren. Ich freue mich, dass Sie mir die ehrenvolle Aufgabe übertragen haben, den Impulsvortrag zum heutigen Workshop hier in der Pädagogischen Akademie zu halten und mit Ihnen über „Neue Lernformen und neue Lehrkultur in der Erwachsenenbildung" zu sprechen. Ich habe mir den Ablauf folgendermaßen vorgestellt: Zunächst werde ich Ihnen einen kurzen theoretischen Einstieg in den Themenbereich liefern. Im Anschluss haben wir 30 Minuten Zeit für Fragen und Diskussion. Danach werden wir uns in Arbeitsgruppen aufteilen und überlegen, welche Konsequenzen sich aus dem Gesagten für die Arbeit mit den Lernern ergeben, wie wir die Unterrichtsformen anpassen können. Nach dem Mittagessen werden die Gruppen ihre Ergebnisse vorstellen.

🔘 18 *Professor:* Guten Tag allerseits. Zu Beginn unseres Seminars möchte ich etwas zu einigen Punkten sagen, die unserem gemeinsamen Einstieg in das Thema dienen können.

Also, erstens ist der Begriff der Globalisierung genau zu definieren. Dabei ist auch zu hinterfragen, ob es sich dabei nicht nur um einen Modebegriff handelt, der in wissenschaftlichem Kontext nichts zu suchen hat.

Zweitens ist festzustellen, dass in den 90er-Jahren die internationale Verflechtung vor allem im wirtschaftlichen Bereich einen qualitativen Sprung machte. Er lässt sich empirisch vor allem a) in der Entwicklung der Informations- und Kommunikationstechnologien und b) in der Entwicklung der Finanzmärkte nachweisen.

Drittens müssen wir vor diesem Hintergrund einen Blick auf die Entwicklung der transnationalen Konzerne, der weltweiten Warenströme und der Transportkosten werfen.

Eine Betrachtung dieser drei Punkte wird die Grundlage für die weiterreichende Frage unseres Seminars bilden, nämlich die Frage, wie die Globalisierung die internationalen politischen Beziehungen verändert.

🔘 19 *Rednerin:* Erich Kästner sagte einmal „Der Mensch soll lernen, nur Ochsen büffeln." Lernen ist also immer schon ein Thema, das uns bewegt. Die Frage ist nur wie und wie am besten? Schon seit Langem verzeichnet man ein Unbehagen an der „klassischen" Pädagogik, die dazu tendiert, die Orte des Lernens und Lehrens in „Disziplinaranlagen" zu verwandeln. Diese Kritik besteht bis heute fort. Zweifellos wird hier ein zugespitztes Bild der „klassischen" Pädagogik gezeichnet. Denn in den vergangenen Jahrzehnten hat sich bereits vieles verändert. Aber betrachtet man die Ergebnisse der Lernforschung der letzten Jahre, so gilt es doch, Lern- und damit Lehrprozesse neu zu begreifen.

🔘 20 Den Ausgangspunkt des Redens über „neue Lernformen" bildet die Erkenntnis darüber, dass eine lange nicht hinterfragte pädagogische Annahme über die „Belehrbarkeit" des Menschen viel zu kurz greift. Lernen wird hier als Vorgang verstanden, bei dem dem Lerner sozusagen wie durch einen „Trichter" neues Wissen eingeflößt wird. Diesen Vorgang sehen Sie auf dieser Folie hier illustriert.

Ein solches Verständnis von Lernen ist jedoch viel zu eng gefasst,
– weil es das Lernen des Menschen jenseits von Unterweisung und Instruktion nicht berücksichtigen kann,

- weil es die komplexe „Arbeit" des menschlichen Gedächtnisses in kognitiver, emotionaler und motorischer Hinsicht beim Lernen außer Acht lässt,

- weil es somit übergeht, dass Lernprozesse mit zum Teil schwierigen inneren Konflikten und Auseinandersetzungen der Lerner einhergehen,

- und weil es letztlich auch noch „blind" dafür ist, dass Lernen nicht losgelöst von Einstellungen und Erwartungen zum Lernen abläuft, die die Lerner im Laufe ihres Lebens entwickelt haben.

⊙ 21 Dies alles bedenkend, spricht man heute daher von der „Lernfähigkeit des Menschen" statt von seiner Belehrbarkeit. Dieser Ansatz macht Lernen neu begreifbar: Lernen wird nun nicht mehr als linearer Vermittlungsprozess vom Lehrer zum Lerner angesehen. Dies hat zur Folge, dass man nicht mehr davon ausgeht, dass gelernt wird, was gelehrt wird. Sondern das Lernen wird als ein komplexer Vorgang der Veränderung von Denk- und Verhaltensmustern betrachtet. Dieser Vorgang kann zwar von außen angeregt und moderiert werden, doch in Hinsicht auf das, was tatsächlich gelernt wird und was nicht, wird er durch die Lerner selbst gesteuert. Das gilt natürlich auch schon für das Lernen von Kindern, exemplarisch dargestellt auf dieser Folie hier. Aufgrund dieses veränderten Verständnisses von Lernen müssen sich jedoch auch die Schwerpunkte der pädagogischen Arbeit grundlegend verändern. Was bedeutet das nun in der Praxis?

Dieses neue Verständnis von Lernen erfordert für den Erwachsenenbildner eine möglichst feinfühlige Erfassung der Situation der Lerner. Die pädagogische „Kernaufgabe" verlagert sich somit auf die Schaffung von geeigneten Lerngelegenheiten, die es den Lernern ermöglichen, über ihr eigenes Lernen zu reflektieren, eventuelle Lernwiderstände zu erkennen und ihren eigenen Lernprozess zu gestalten. Es geht hierbei nicht allein darum, dass Lehrende eine besondere Aufmerksamkeit bzw. Empathie für die Lerner haben – dies war und ist auch in ganz klassischen Unterrichtssituationen der Fall. Ziel ist vielmehr die Herausbildung einer „neuen Lehrkultur", d.h. einer „Lehrkultur", die ihr pädagogisches Handeln vollständig und systematisch am Lerner orientiert.

⊙ 22 Daher sollte sich die Planung und Durchführung von Bildungsmaßnahmen an folgenden Eckpunkten orientieren:

- Bei Beginn einer Veranstaltung sollten die Lerninteressen der Lerner abgefragt werden; diese sollten dann das pädagogische Handeln des Lehrenden bestimmen.

- Es sollte ein offener Unterricht realisiert werden, der die Lerner entscheiden lässt, was wann wo und wie gelernt wird; zudem sollten aktivierende Methoden eingesetzt werden.

- Die Lerner sollten in allen inhaltlichen und methodischen Fragen beraten werden.

Folglich muss auch die Rolle der Lehrenden viel breiter definiert werden: Sie sind gleichzeitig Vermittler von Informationen, Hersteller von lernaktiven Situationen, Anreger und Lenker von Lernprozessen sowie Berater bei der Informationsverarbeitung. Mit den hier skizzierten Vorstellungen zu „neuen Lernformen" und „neuer Lehrkultur" sollte der pädagogische Anspruch deutlich geworden sein, mit dem sich Bildungseinrichtungen konfrontieren, wenn sie sich mit diesen Themen beschäftigen.

⊙ 23 Nach diesem etwas theoretischen Einstieg eröffne ich nun den Raum für Fragen und Diskussion, bevor wir uns im Anschluss in Arbeitsgruppen aufteilen. Vielen Dank!

## Referat

⊙ 24 *Studentin:* Hallo! Guten Tag! Also, ich bin ja heute als Erste in unserem Seminar mit dem Referat dran. Der Titel ist „Künstliche Intelligenz – Grenzen und Möglichkeiten".

Also, ich bin leider gerade total aufgeregt, eine Sekunde, eine Sekunde. Also, noch mal: Guten Tag allerseits! Ich begrüße euch herzlich zu meinem Referat mit dem Titel „Künstliche Intelligenz – Grenzen und Möglichkeiten".

„Träumen Androiden von elektrischen Schafen?", so der Titel des Romans von Philip K. Dick, der später unter dem Titel „Blade Runner" verfilmt wurde. Die Frage, ob Maschinen intelligent sein oder vielleicht sogar Gefühle entwickeln können, ist eine der Grundfragen der Künstlichen Intelligenz.

Joseph Weizenbaum, der Vater des berühmten Programms „Eliza", sagte: „Regelmäßigkeit ist die fürchterlichste Eigenschaft der Maschine." Ihr erinnert euch in diesem Zusammenhang vielleicht auch an das bekannte Beispiel: „Eliza" konnte Schlüsselwörter, wie z.B. „Vater", erkennen und darauf reagieren, zunächst scheinbar wie ein Mensch. Z.B. sagte der Benutzer: „Ich habe Probleme mit meinem Vater.", Eliza antwortete darauf: „Erzählen Sie mir mehr über Ihre Familie!" Aber dann sagte der Benutzer: „Der Krieg ist der Vater aller Dinge.", und auch hier antwortete Eliza: „Erzählen Sie mir mehr über Ihre Familie." War das intelligent? Was also ist Intelligenz überhaupt und was unterscheidet künstliche von menschlicher Intelligenz?

⊙ 25 In meinem Referat werde ich zunächst die Erklärungen und Definitionsansätze zum Begriff „Intelligenz" darstellen. Dann werde ich mich der Frage zuwenden: Was ist „Künstliche Intelligenz"?, im Folgenden „KI". In diesem Zusammenhang werde ich kurz auf den „Turing-Test" eingehen und dann eine allgemeine Definition von KI vorstellen. Im Anschluss daran werde ich die Hauptzielsetzungen der KI skizzieren.

Schaut: Hier auf der Übersichtsfolie ist das der Punkt 3. Schließlich werde ich einen kurzen Überblick über die Teilgebiete der KI liefern und daran exemplarisch die Möglichkeiten und Grenzen der KI aufzeigen. Dies alles könnt ihr dann auch im Handout nachverfolgen, das ich verteilt habe. Dort findet ihr auch die genauen Quellenangaben zur Literatur, die ich für dieses Referat zusätzlich zur Pflichtlektüre verwendet habe.

⊙ 26 Ich komme jetzt zu meinem ersten Punkt: Was ist „Intelligenz"? Vorausschicken möchte ich, dass es bis heute keine allgemeingültige Definition von Intelligenz gibt. Je nach Fachrichtungen, also je nachdem, ob es sich z.B. um Philosophen, Biologen, Psychologen, Soziologen oder Linguisten handelt, variieren die Erklärungen und Definitionsansätze. Dies möchte ich anhand der folgenden Auswahl illustrieren:

Laut Wikipedia bezeichnet Intelligenz „im weitesten Sinne die geistige Fähigkeit zum Erkennen von Zusammenhängen und zum Finden von Problemlösungen". Im Brockhaus findet man lediglich als Erklärung „Verständnis, Erkenntnis, Denkfähigkeit, Klugheit", während in „Meyers Großem Taschenlexikon" von 2003 Intelligenz definiert ist als „übergeordnete Fähigkeit, die sich in der Erfassung und Herstellung anschaulicher und abstrakter Beziehungen äußert und dadurch die Bewältigung neuartiger Situationen durch problemlösendes Verhalten ermöglicht und somit Versuch-und-Irrtum-Verhalten und Lernen an Zufallserfolgen entbehrlich macht."

Bei Cruse, Dean und Ritter, 1998, Fachrichtungen Biologie und Kybernetik, wird Intelligenz beschrieben als „die Fähigkeit zu problemlösendem, einsichtigem Verhalten". Und der Psychologe Ernst Pöppel, 1990, hebt hervor, dass sich der psychologische Intelligenzbegriff im Wesentlichen darauf bezieht, Menschen auf Grund bestimmter Leistungen – wie z.B. Gedächtnis, räumliches Vorstellungsvermögen oder analytisches Denken – zu kennzeichnen, wobei der soziale Kontext häufig eine wichtige Rolle spielt. Dietrich Dörner, ebenfalls Psychologe, wiederum betont, dass Intelligenz beim Menschen untrennbar mit Motivation und Emotion verbunden ist. Ich zitiere: „Intellektuelle Prozesse werden beim Menschen geleitet von Wissbegier und Neugier;

ohne solche Motive keine Intelligenz." Zitatende. Auf Howard Gardner, Professor für Kognition und Erziehung, geht eine der jüngsten Theorien der Intelligenz zurück: Gardner vertritt die Auffassung, dass wir nicht eine, sondern mehrere unabhängige Intelligenzen – also eine „multiple Intelligenz" – besitzen, z. B. die sprachlich-linguistische, die logisch-mathematische, die musikalisch-rhythmische oder die körperlich-kinästhetische Intelligenz. Es gibt viele glühende Befürworter, aber auch zahlreiche starke Gegner dieser Theorie. Ich möchte jedoch nicht weiter darauf eingehen, weil es den Rahmen dieses Referats sprengen würde.

Welches Fazit lässt sich nun aus diesen vielfältigen Beschreibungen und Definitionsansätzen ziehen? Das „System Mensch" ist dann intelligent, wenn …

🔴 27 Wenden wir uns jetzt vom „System Mensch" dem „System Maschine" zu. Damit komme ich nun zu der Frage: Was ist „Künstliche Intelligenz"?, also Intelligenz von technischen Systemen – Punkt 2 hier auf meiner Übersichtsfolie und entsprechend in eurem Handout.

In diesem Zusammenhang möchte ich an den berühmten „Turing-Test" aus den 50er-Jahren des letzten Jahrhunderts erinnern. Er hatte das Ziel, die Ausgangsfragen des britischen Experten für Computerentwicklung und Informatik „Alan Turing" zu beantworten, welche lauteten: „Können Maschinen denken?" und „Wie kann man messen, ob eine Maschine intelligent ist?"

Bei diesem Test führt ein menschlicher Fragesteller über eine Tastatur und einen Bildschirm mit zwei ihm unbekannten Gesprächspartnern eine Unterhaltung – ohne Sicht- und Hörkontakt. Der eine Gesprächspartner ist ein Mensch, der andere eine Maschine. Beide versuchen, den Fragesteller davon zu überzeugen, dass sie denkende Menschen sind. Wenn der Fragesteller nach der intensiven Befragung nicht klar sagen kann, welcher von beiden die Maschine ist, hat die Maschine den Turing-Test bestanden, d. h., die Maschine hätte künstlich menschliche Intelligenz vollkommen nachgebildet.

Es ist die Frage, ob eine derartige Maschine überhaupt jemals realisierbar ist. Schon deshalb erscheint der Turing-Test als ungeeignet für die Bewertung praktischer KI-Systeme. Außerdem sind noch eine Reihe von anderen kritischen Argumenten vorgebracht worden. Diese Argumente möchte ich im Folgenden kurz darstellen: Einerseits versuchte Turing mithilfe von „Tricks" …

🔴 28 Was also ist „Künstliche Intelligenz"? Die Informatikerin Elaine Rich hat 1983 den gemeinsamen Nenner aller KI-Ingenieure so zusammengefasst: „Künstliche Intelligenz ist die Lehre davon, wie Computer Dinge tun können, in denen Menschen besser sind – wenigstens im Moment noch." Ist ihre Aussage auch heute noch gültig?

Bis heute gibt es für Künstliche Intelligenz keine allgemein anerkannte Definition, sondern wiederum, wie bei der natürlichen Intelligenz, lediglich eine Reihe von Erklärungen und Definitionsansätzen. Ich möchte mich hier auf die Beschreibung in Meyers Großem Taschenlexikon von 2003 beschränken, in der es heißt – ich zitiere: „KI – interdisziplinärer Zweig der Computerwissenschaften, mit dem Ziel, bestimmte abstrakte, berechenbare Aspekte menschlicher Erkenntnis- und Denkprozesse auf Computern nachzubilden und mithilfe von Computern Problemlösungen anzubieten, die Intelligenzleistungen voraussetzen. Die Idee der vollständigen oder weitgehenden Ersetzung des menschlichen Geistes durch die Maschine ist begleitet von – vor allem philosophischen – kontroversen Diskussionen." Zitatende.

Die KI hat also zwei Hauptzielsetzungen: Zum einen menschliche Erkenntnis- und Denkprozesse nachzubilden, zum anderen …

🔴 29 Nachdem ich die Hauptzielsetzungen der KI erläutert habe, möchte ich nun anhand der folgenden Übersicht noch kurz auf wesentliche Teilgebiete der KI eingehen. Die Übersicht findet ihr auch in eurem Handout.

Ähm, oh, wo ist denn die Übersicht? – Tut mir leid, da muss ich eben suchen, ich hatte sie doch vorhin noch, ganz bestimmt. Ach, da ist sie ja – auf dem Boden. Gott sei Dank! Also, wie schon erwähnt: Auf der Übersicht sind wesentliche Teilgebiete der KI dargestellt. Wie ihr sehen könnt, sind hier fünf Gebiete aufgeführt:

Erstens: Spieleprogrammierung, speziell Schachprogrammierung, als Zweites ist „automatisches Beweisen" zu nennen, dabei geht es um Verfahren zur Überprüfung von Programmen auf Fehlerfreiheit und zur Ermittlung von Widersprüchen in Datenbanken.

Der dritte Teilbereich ist die „Verarbeitung von natürlicher Sprache", will heißen, Erkennen und Rekonstruktion von gesprochener oder geschriebener natürlicher Sprache und automatische Sprachübersetzung.

Bereich 4 ist die Bildverarbeitung, und zwar Mustererkennung und Analyse natürlicher Szenen und Umgebungen.

Und schließlich Bereich 5: „Expertensysteme", d. h. automatische Problemlösungen der KI für Spezialgebiete. Diese haben auf absehbare Zeit die größte Bedeutung für die KI. – Zu diesem Punkt wird ja auch Stefan in der nächsten Sitzung sein Referat halten.

Damit komme ich zum letzten Abschnitt meines Referats „Grenzen der KI": Die Erfolge des Einsatzes der KI in den fünf Bereichen sind sehr unterschiedlich. Sie sind immer dann besonders groß, wenn es darum geht, große Datenmengen zu verarbeiten. Da ist die Maschine dem Menschen in der Regel überlegen. Wer schon einmal gegen einen Schachcomputer gespielt hat, weiß das natürlich aus frustrierender Erfahrung – es sei denn, er wäre ein Schachgenie. Und studieren ohne Google können wir uns doch kaum noch vorstellen.

Wenn es sich jedoch um Intelligenzleistungen handelt, die z. B. mit Selbsterkenntnis oder gar Gefühlen zu tun haben, werden die Grenzen der KI sofort deutlich. Dies möchte ich im Folgenden, bezogen auf die 5 Teilbereiche, noch etwas genauer ausführen. Wie bereits erwähnt ist die Frage, ob …

🔴 30 Lasst mich mit dem Zitat eines Unbekannten mein Referat beenden: „Computer werden den Menschen immer ähnlicher, sie können bald alles, außer denken." Ich freue mich jetzt auf eure Fragen und unsere Diskussion.

## Diskussion

🔴 31 *Fr. Meyer:* Liebe Kollegin, lieber Kollege, ich möchte Sie recht herzlich zu unserer heutigen Besprechung begrüßen. Wie Sie alle wissen, geht es heute um eine Entscheidung in Sachen Sponsoring, und zwar für den Zeitraum von 2010 bis 2012. Zur Debatte steht diesmal die Summe von 50 000 €.

Leider ist Frau Dr. Lanz noch in einer wichtigen Besprechung. Sie kommt aber so bald wie möglich zu uns in die Marketing-Abteilung, hat uns aber gebeten, schon mal anzufangen.

🔴 32 Ich schlage daher vor, dass wir Ideen dazu sammeln, welchen Bereich wir als Spielzeughersteller „Playtime" in den nächsten drei Jahren sponsern wollen. Außerdem könnten wir auch gleich Vorschläge zu konkreten Organisationen oder Personen machen. Frau Rabe, würden Sie bitte alle Punkte auf dem Flipchart notieren.

*Fr. Rabe:* Ja, natürlich.

*Hr. Keller:* Ich möchte gleich den Kinderschutzbund hier in Weißstadt vorschlagen.

*Fr. Meyer:* Entschuldigung, aber das haben Sie falsch verstanden. Es geht im Moment erst mal um den Förderbereich im Allgemeinen. Und dann erst um konkrete Vorschläge. Am besten können wir gleich mit den Vorschlag der Geschäftsführung notieren. Frau Dr. Lanz schlägt nämlich den Bereich Umweltschutz vor. Was da genau, wird sie uns später sicherlich persönlich verraten. Haben Sie das, Frau Rabe?

*Fr. Rabe:* Ja, hab' ich.

*Hr. Keller:* Na ja, ich denke, Umweltweltschutz ist ja ein weites Feld, aber eigentlich ist der soziale Bereich auch mal wieder an der Reihe. Und da eben ganz konkret der Kinderschutzbund hier in Weißstadt. Engagement für Kinder ist ja immer gut fürs Image.

*Fr. Rabe:* Ja, genau!

*Hr. Keller:* Und wir sollten auch an unsere Kundschaft denken. Schließlich sind junge Familien mit kleineren Kindern für uns als Spielzeughersteller die Hauptzielgruppe.

*Fr. Rabe:* Vollkommen richtig!

*Hr. Keller:* Ich denke da auch an die Zukunft. Im nächsten Jahr soll ja unsere neue Spielekonsole „Playtime Family Edition" endlich auf den Markt kommen. Und da wäre es nicht schlecht, wenn wir im Vorfeld stärker herausstreichen würden, dass wir auch soziale Verantwortung übernehmen.

*Fr. Rabe:* Habe ich Sie richtig verstanden? Sie meinen, dass Familien unsere Produkte kaufen, weil wir uns für den Kinderschutzbund stark machen. Hm, da ist sicher was dran. Aber interessiert sich diese Käufergruppe nicht in erster Linie für Sport? Gerade in der heutigen Zeit. Ich habe neulich gelesen, dass Sponsoring im Sportbereich das meiste bringt. Und da vor allem natürlich Fußball. Da bietet sich der FC Weißstadt 05 doch direkt an. Der Aufstieg in die 2. Bundesliga ist so gut wie sicher. Das bedeutet natürlich auch eine verstärkte Präsenz in den Medien, vor allem im Fernsehen.

*Fr. Meyer:* Hm, das stimmt natürlich!

*Fr. Rabe:* Und das wäre dann für uns als Sponsoren eine kostenlose, na ja, beinahe kostenlose Fernsehwerbung.

*Hr. Keller:* Verstehe ich Sie richtig? Sie plädieren für den FC Weißstadt 05? Na ja, wenn man an die ganzen Skandale denkt, die auf das Konto dieses Vereins gehen, scheint mir das fraglich. Das kann nach hinten losgehen. Aber Frau Meyer, was schlagen Sie denn vor?

*Fr. Meyer:* Frau Rabe, bei mir ist Ihr Vorschlag so angekommen, dass wir mit dem FC Weißstadt 05 unseren bundesweiten Bekanntheitsgrad steigern könnten. Das meinten Sie doch, Frau Rabe, oder?

*Fr. Rabe:* Ja, genau!

*Fr. Meyer:* Aber meiner Meinung nach geht es um mehr als nur eine Steigerung des Verkaufs in Deutschland. Der Export ist wichtig für unser Unternehmen, wenn wir auf Dauer auf dem Markt bestehen wollen. Das hat absoluten Vorrang!

*Hr. Keller:* Das sehe ich auch so!

*Fr. Meyer:* Und um mal was zum Thema Sport zu sagen: In den letzten drei Jahren haben wir ja vor allem Sportveranstaltungen im Umkreis von Weißstadt gesponsert. Und jetzt sollten wir uns doch überlegen, ob nicht mal ein anderer Bereich an der Reihe ist. Mein Vorschlag geht jedenfalls in eine ganz andere Richtung, ich denke nämlich an den Bereich Kunst und Kultur.

*Hr. Keller:* Da würde ich gern kurz einhaken. Was bringt denn ein Engagement im Kulturbereich für uns als Spielzeughersteller?

*Fr. Meyer:* Na, da kommt es ganz drauf an, wen wir fördern. Wir wollen doch den Export steigern und neue Märkte erobern. Und da bietet sich unser Tanztheater MÖWE doch geradezu an. Die Choreografien von Elena Plausch haben das Theater doch in der ganzen Welt bekannt gemacht. Warum sollen wir uns das nicht zunutze machen? Als Sponsor von MÖWE könnten wir doch vom weltweiten Renommee des Theaters profitieren und uns auf diesem Umweg neue Märkte erschließen. Schließlich ist unsere Produktpalette sehr anspruchsvoll und gehört zum oberen Bereich in der Spielzeugindustrie. Das passt doch wunderbar zusammen!

*Fr. Rabe:* Eine kurze Zwischenfrage bitte: Ist das Tanztheater nicht ein bisschen elitär?

*Hr. Keller:* Erlauben Sie mir dazu auch eine kurze Anmerkung?

*Fr. Meyer:* Ach, da kommt ja Frau Dr. Lanz.

33 *Fr. Meyer:* Guten Tag, Frau Dr. Lanz. Schön, dass Sie es so schnell geschafft haben.

*Fr. Dr. Lanz:* Schönen guten Tag an alle!

*Fr. Rabe:* Guten Tag!

*Hr. Keller:* Guten Tag!

*Fr. Dr. Lanz:* Entschuldigen Sie bitte meine Verspätung. Ich sehe, Sie haben alle schon fleißig vorgearbeitet. Wie ist denn der Stand?

*Fr. Meyer:* Also, wie Sie auf dem Flipchart sehen, gibt es bisher folgende Vorschläge: Als Erstes haben wir hier Ihren Vorschlag, den Bereich Umweltschutz zu berücksichtigen. Dazu werden Sie uns sicher gleich noch etwas sagen. Als Nächstes haben wir dann den sozialen Bereich. Da hat Herr Keller den Kinderschutzbund hier in Weißstadt vorgeschlagen. Zu den Argumenten kommen wir später. Als Drittes hat sich Frau Rabe für den FC Weißstadt 05 ausgesprochen, also den Bereich Sportsponsoring. Und last but not least dann mein Vorschlag, mit dem Tanztheater MÖWE den Bereich Kultursponsoring ins Boot zu holen.

*Fr. Dr. Lanz:* Ja, Ihre Vorschläge gefallen mir im Großen und Ganzen gut. Nur zum Thema FC Weißstadt 05 muss ich gleich etwas anmerken. So einen Skandalverein – entschuldigen Sie bitte den Ausdruck – können wir uns nicht ans Bein binden, wenn ich das mal so salopp sagen darf. Der Club ist doch ständig in Skandale verwickelt.

*Fr. Meyer:* Wenn ich den Gedankengang von Frau Rabe noch mal aufgreifen darf, da ging es darum, dass der Club, wenn, ja wenn er wirklich in die 2. Bundesliga aufsteigt, in den Medien – vor allem im Fernsehen – präsent sein wird. Das trifft schon zu. Aber Sie haben natürlich Recht. Herr Keller hat eben auch schon auf die Skandale hingewiesen, der unmögliche Präsident, die …

*Hr. Keller:* Die Hooligans sorgen doch ständig für Schlagzeilen. Nein, das ist wirklich nichts für Playtime. Ich bin absolut dagegen.

*Fr. Dr. Lanz:* Ich denke, da sind wir uns alle einig. Was mich sehr interessiert, sind die Argumente für den Kinderschutzbund. Da sind wir ja sehr nah an unserer Zielgruppe.

*Hr. Keller:* Der Vorschlag kam von mir. Wie Sie schon angemerkt haben, Frau Dr. Lanz, sind wir hier sehr nah an unserer Hauptzielgruppe. Ich kann nur sagen: näher geht es eigentlich nicht. Ideal geradezu für unser neues Produkt, die „Playtime Family Edition".

*Fr. Dr. Lanz:* Daran dachte ich auch gerade. Aber wir sollten uns auch ansehen, was dagegen sprechen könnte.

*Fr. Meyer:* Ich gebe Ihnen völlig Recht, dass der Kinderschutzbund eigentlich ideal für unsere Zielgruppe ist. Nur gab es leider in der Vergangenheit gerade hier in Weißstadt mehrere Auseinandersetzungen mit dem Vorstand des Kinderschutzbundes. Es ist ja nicht das erste Mal, dass wir versuchen, hier Kontakte zu knüpfen. Man hat uns bisher aber deutlich zu verstehen gegeben, dass man sich nicht zu Werbezwecken einspannen lassen will.

*Fr. Dr. Lanz:* Na ja, soviel ich weiß, hat der Vorstand inzwischen gewechselt. Und nächste Woche gibt es eine Veranstaltung im Rathaus. Vielleicht könnte ich da mal vorfühlen.

*Fr. Meyer:* Wenn ich mal auf meinen Vorschlag von vorhin zurückkommen darf. Unser Hauptziel für die nächsten Jahre ist ja eine deutliche Steigerung der Exportzahlen. Da geben Sie mir doch sicher Recht, Frau Dr. Lanz. Ich finde, wir sollten versuchen, das weltweite Renommee des Tanztheaters zu nutzen. Damit könnten wir unseren Bekanntheitsgrad in der Welt steigern und uns neue Märkte erschließen. Die neuesten Zahlen beweisen …

*Hr. Keller:* Ich möchte noch mal das Argument von Frau Rabe aufgreifen – von vorhin: Wie elitär das Tanztheater ist, und so. Das fand ich sehr einleuchtend. MÖWE ist ja wirklich ein tolles Theater und wir Weißstädter können stolz darauf sein, aber das ist doch nichts für Familien mit Kindern, nicht in Deutschland und auch nicht global.

*Fr. Rabe:* Das möchte ich auch noch mal betonen. Das Tanztheater richtet sich doch eher an eine Elite und ist damit für eine breite Käuferschicht, wie wir sie uns wünschen, eher ungeeignet.

*Fr. Dr. Lanz:* Da muss ich Ihnen Recht geben.

*Fr. Meyer:* Na ja. Aber, Frau Dr. Lanz, wir sind alle schon sehr gespannt auf Ihren Vorschlag aus dem Bereich Umweltschutz. Können Sie uns ein bisschen genauer erklären, worum es sich handelt?

*Fr. Dr. Lanz:* Ja gern! Also, heutzutage ist der Umweltschutz ja generell ein wichtiges Thema, z. B. der Klimaschutz, aber auch die Erhaltung der Wälder und was sonst noch alles dazugehört. Und gerade auch für unsere Gegend hier, das Weißstädter Land als Urlaubsregion, meine ich, ist ein funktionierender Umweltschutz besonders wichtig. Wie Sie alle wissen, ist Playtime im letzten Jahr wegen vermeintlicher Umweltskandale ins Gerede gekommen. Das ist natürlich alles Unsinn! Sie wissen, wie genau wir bemüht sind, alle Auflagen einzuhalten. Meine Überlegung ist, durch Sponsoring im Bereich Umweltschutz unser ramponiertes Image ganz allgemein zu verbessern, und zwar zunächst einmal hier in der Region, mittel- und langfristig dann aber auch deutschlandweit.

*Fr. Meyer:* Das finde ich auch sehr, sehr wichtig. Gerade auch der regionale Bezug. Und die deutschlandweite Zielsetzung natürlich. Aber ließe sich denn das Ganze auch für eine Exportsteigerung nutzen? Da sehe ich noch keinen richtigen Anknüpfungspunkt.

*Fr. Dr. Lanz:* Ich will meinen Gedankengang gerne näher erläutern. Haben Sie schon mal von der Organisation „Buntspecht" gehört?

*Fr. Rabe:* Ehrlich gesagt, nein!

*Hr. Keller:* Ich auch nicht!

*Fr. Rabe:* Aber der Begriff gefällt mir. Der wirkt so positiv. Sehr ansprechend, wirklich!

*Fr. Dr. Lanz:* Genau! Also, Buntspecht heißt eigentlich „Buntspecht – Kinder für den Umweltschutz". Und wenn Sie das hören, wissen Sie sicher schon, warum mir der „Buntspecht" als idealer Sponsoring-Partner vorschwebt. Da haben wir nämlich unsere Hauptzielgruppe Kinder bzw. deren Eltern. Und da haben wir auch den wichtigen Bereich Umweltschutz. Ich muss sagen, ich bin richtig begeistert und habe auch schon ein paar lose Kontakte geknüpft.

*Hr. Keller:* Das hört sich sehr gut an. Ich ziehe meinen Vorschlag Kinderschutzbund damit zurück.

*Fr. Dr. Lanz:* Und, Frau Meyer, was ich noch sagen wollte: Das Thema Exportsteigerung bleibt natürlich unser Thema Nr. 1, ganz unabhängig vom Sponsoring!

*Fr. Meyer:* Ja, wunderbar! Und ich denke, der Vorschlag Buntspecht ist damit einstimmig angenommen.

*Fr. Rabe:* Prima!

*Hr. Keller:* Sehr gut!

## Quellen

### Bildquellen
S. 32: dpa Picture-Alliance (Globusgrafik), Frankfurt • S. 33: dpa Picture-Alliance (Globusgrafik), Frankfurt

### Lesetexte
S. 47–49: Anke Backhaus, Michael Schart (2004): Entwicklung statt Kontrolle – Zum Verhältnis von Evaluation und Curriculum. In: Neue Beiträge zur Germanistik, Bd. 3, Heft 4, S. 83–100 (Artikel wurde für den Abdruck hier gekürzt und leicht verändert) • S. 84: Definition „Gedächtnis" (http://www.nlp.at/lexikon_neu/) © Johannes Kepler, Universität Linz, Zentrum für soziale und interkulturelle Kompetenz und Junfermann Verlag, Paderborn

### Hörtexte
Kap. Notizen und Mitschriften: Glück als Konsumgut? Oder: Massenmedien als Produzenten von Glück © Jo Reichertz, Universität Essen • Kap. Präsentation: Der Weg vom Wissen zum Können © Sven Lehmann, SL-Marketing & Management, Eilenburg • Kap. Vortrag: Neue Lernformen und neue Lernkultur in der Erwachsenenbildung © Dr. Katrin Dollhausen, Deutsches Institut für Erwachsenenbildung, Bonn

Trotz intensiver Bemühungen konnten wir nicht alle Rechteinhaber ausfindig machen. Für Hinweise ist der Verlag dankbar.

## Audio-CD

**Aufnahmeleitung:** Ernst Klett Sprachen GmbH
**Produktion:** Bauer Studios GmbH, Ludwigsburg
**Sprecher:** Magali Claire Armengaud, Christian Büsen, Coleen Clement, Christoph Gawenda, Jo Jung, Jochen Lohmeyer, Christiane Mauer-Timerding, Stefanie Plisch de Vega, Inge Spaughton
**Tontechnik:** Michael Vermathen, Bauer Studios GmbH, Ludwigsburg
**Presswerk:** Osswald GmbH & Co., Leinfelden-Echterdingen
**Gesamtzeit:** 60:28